权威·前沿·原创

皮书系列为
“十二五”“十三五”国家重点图书出版规划项目

河南省社会科学院哲学社会科学创新工程试点项目

河南蓝皮书
BLUE BOOK OF HENAN

河南法治发展报告（2020）

ANNUAL REPORT ON RULE OF LAW DEVELOPMENT OF HENAN(2020)

依法治省与知识产权保护

主　　编／周　立　张林海
执行主编／李宏伟　王运慧

社会科学文献出版社
SOCIAL SCIENCES ACADEMIC PRESS (CHINA)

图书在版编目（CIP）数据

河南法治发展报告．2020：依法治省与知识产权保护／周立，张林海主编．--北京：社会科学文献出版社，2020.1
（河南蓝皮书）
ISBN 978-7-5201-5894-7

Ⅰ.①河… Ⅱ.①周… ②张… Ⅲ.①社会主义法制-研究报告-河南-2020 Ⅳ.①D927.61

中国版本图书馆 CIP 数据核字（2019）第 290685 号

河南蓝皮书
河南法治发展报告（2020）
——依法治省与知识产权保护

主　　编／周　立　张林海
执行主编／李宏伟　王运慧

出 版 人／谢寿光
责任编辑／王玉霞　徐崇阳
文稿编辑／胡相铎

出　　版／社会科学文献出版社·城市和绿色发展分社（010）59367143
　　　　　地址：北京市北三环中路甲 29 号院华龙大厦　邮编：100029
　　　　　网址：www.ssap.com.cn
发　　行／市场营销中心（010）59367081　59367083
印　　装／天津千鹤文化传播有限公司

规　　格／开　本：787mm×1092mm　1/16
　　　　　印　张：21　字　数：312 千字
版　　次／2020 年 1 月第 1 版　2020 年 1 月第 1 次印刷
书　　号／ISBN 978-7-5201-5894-7
定　　价／128.00 元

河南蓝皮书系列编委会

《河南法治发展报告（2020）》
课题组

组　　长　周　立

副 组 长　张林海　李宏伟

课题组成员　（排名不分先后）

李宏伟　王运慧　王圭宇　王宁宁　李浩东
赵新河　刘　旭　周欣宇　李建伟　吴瑞格
张建东　郝国胜　刘德飞　许辉猛　高景贺
涂先明　董一晨　焦艳娜　张继文　祁雪瑞
赵　筝　栗　阳　王韶华　张嘉军　王福蕾
宋旺兴　朱正宏　高新峰　粱锦学　马　斌
刘太键　刘　迪　张汉元　吴霄霄　王　松
郭宇凌　吕　辉　尹思嘉　李　莹

主要编撰者简介

周　立　河南省社会科学院党委副书记，研究员。河南省科技文化研究会常务理事、中国生态经济学会理事、华北水利水电大学硕士研究生导师。长期从事决策咨询研究和社科研究工作，主要研究领域为农村经济、区域经济和科技创新等方面。先后获得河南省科技进步奖、河南省发展研究奖（河南省实用社会科学研究成果奖）、中国发展研究奖等省部级以上科研奖励20多项，其中省级一等奖5项；先后发表论著100多篇（部），完成包括河南省社会科学规划项目、河南省软科学计划项目、河南省政府决策研究招标课题和河南省政府责任目标课题等重大研究项目150多项；承担完成省委、省政府领导交办的重大调研课题30多项，有多项研究成果提交省委、省政府后得到省领导的批示并被省委、省政府决策时采纳，产生了良好的经济与社会效益。

张林海　河南省社会科学院法学研究所所长，副研究员。中国法学会会员，河南省法学会经济法学研究会副会长，河南省第十二届人大常委会立法咨询专家，郑州市人大常委会法律咨询委员会委员，郑州市人民政府法律专家咨询团委员。先后担任《法治的衡量与实现》《法治河南热点问题研究》《平安河南建设研究》《河南法治蓝皮书》《中原崛起与中国特色社会主义河南实践研究》等的主编及副主编，其中，获河南社科优秀成果三等奖以上奖励3项，主持或参与省部级以上课题5项。

李宏伟　河南省社会科学院法学研究所副所长，副研究员，中国社会科学院法学研究所法治指数（河南）协同创新基地办公室执行主任。郑州市委、市政府民商事专家咨询委员，中共孟津县委专家咨询委员，中共登封市委专家咨询委员，郑州市中级人民法院特邀咨询专家组成员，郑州市管城区人民法院民商事案件专家咨询委员，河南省法学会破产法学研究会常务副会长，河南省法学会商法学研究会副会长，河南省法学会航空港区政策法律研究会副会长。主要从事公司法学、破产法学、金融法学和区域法治建设研究。近年来，公开发表论文30余篇，主持或参与完成省部级以上课题13项，合著或参编出版著作10余部，获省级三等奖以上奖项5项。

王运慧　河南省社科院法学研究所副研究员，民商法学硕士，农业与农村法治研究中心主任。中国法学会立法学研究会会员，河南省民法学研究会常务理事、农业与农村法治研究会理事。主要从事民商法学、区域法治建设研究。独立公开发表论文20余篇；合著著作10余部；参与完成国家及省部级课题多项；参与或独自撰写的对策建议多次得到省领导的批示肯定；获河南省政府发展研究奖三等奖以上奖励2项，获河南社科优秀成果三等奖2项。

摘　要

党的十八大以来，在习近平新时代中国特色社会主义思想的指引下，党中央、国务院做出了一系列知识产权方面的重大部署，引领知识产权事业实现了大发展、大提升、大跨越，取得了举世公认的巨大成就。与此同时，河南以促进高质量发展、营造良好营商环境为目标，不断创新知识产权保护机制，在立法、执法、司法方面对知识产权的保障不断加强，在商标、专利、版权等传统领域以及地理标志保护、农业知识产权等新兴领域也采取了一系列保护措施，取得了明显成效，为知识产权强省建设和优化营商环境奠定了良好基础，从科技化、智慧化方面极大推动了政府治理的现代化。为此，《河南法治发展报告（2020）》的主题确定为"依法治省与知识产权保护"，借此总结和记录新时代河南坚持习近平总书记提出的"两个最"论述，即"加强知识产权保护是完善产权保护制度最重要的内容，也是提高中国经济竞争力最大的激励"，从立法、执法、司法、守法等方面全面加强知识产权法治保障的重要历程。

《河南法治发展报告（2020）》共分五个部分，即总报告、分报告、专题篇、案例篇、附录。总报告以《河南知识产权法治保障的现状与对策建议》为题，分析了河南知识产权法治保障的总体状况，介绍了近年来河南知识产权法治保障取得的成效与存在的问题，从立法、执法、司法、守法等方面有针对性地提出了对策和建议。分报告共包括 4 篇报告，主要是围绕河南省知识产权"创新驱动""审判过程""法院建设"等热点问题进行深入研究。专题篇，共包括 7 篇报告，主要是从"快速维权"等专题方面进行相关问题的探讨论证。案例篇，共包括 6 篇报告，主要包括 3 篇以具体案例呈现的分析报告和 3 篇河南省高级人民法院典型案例，丰富的实例和严谨的论证体现了本书特有的实践指导意义。附录部分收录了2019年河南省十大法治热点。五个部分的报告虽各有侧重，但都体现了依法严格保护知识产权的坚定立场和鲜明态度，阐明了法治保障在知识产权的创造、运用、保护和管理的全链条和每一环都具有重要意义。

李克强总理曾强调：保护知识产权就是保护创新火种。中国要推动创新就必须加大对知识产权保护力度，河南要打造创新驱动发展大舞台，也必须加强知识产权的法治保障。在全面推进依法治国的新时代，河南将更加重视法治思维和法治方式在知识产权保护领域的作用，以知识产权保护领域的国家政策和法律法规为基础，以本省政策支持为引领，以知识产权的地方立法为前提，注重从立法、执法、司法和守法等全过程加强对知识产权的保障力度，带动全省形成保护创新、勇于创新的浓厚氛围，在法治的全面保障下迈向知识产权强省，助推河南高质量发展使中原更加出彩。

关键词： 河南　法制建设　依法治省　知识产权保护　法治保障

目　录

Ⅳ　案例篇

Ⅴ　附录

皮书数据库阅读使用指南

总 报 告

General Report

B.1

河南知识产权法治保障的现状与对策建议

河南省社会科学院课题组*

摘　要： 加强知识产权的法治保障是推进依法治省的重要组成部分，也是提升河南省核心竞争力的重要途径，有利于为企业营造良好的营商环境、调动社会公众创新的积极性、提升河南整体形象。近年来，河南省的知识产权法治保障力度不断增强，成效明显，但也存在一些问题。为推进知识产权强省建设，营造良好法治化营商环境，河南省要在已有成绩的基础上，在立法、执法、司法、守法等方面进一步完善和强化知识产权法治保障，并提出加强知识产权的立法保护、加强知识产权的行政执法保护、加强知识产权的司法保护、提高公众知

* 课题组组长：李宏伟，法学研究所副所长；副组长：王运慧，法学研究所副研究员；执笔：王宁宁，郑州大学法学院2019级宪法学与行政法学硕士研究生；王圭宇，郑州大学法学院宪法学与行政法学教研室主任，硕士生导师，法学博士。

识产权保护意识四个方面的对策建议，以期早日实现知识产权强省战略目标，为中原发展贡献智慧力量。

关键词： 依法治省　知识产权保护　知识产权强省

2019年6月19日，国务院知识产权战略实施工作部际联席会议办公室印发的《2019年深入实施国家知识产权战略加快建设知识产权强国推进计划》[①]，明确了2019年推进国家知识产权战略实施的重点任务及具体措施。这一重要文件的发布对于深入推进知识产权强国战略，推动我国经济社会科技创新，推动产业结构调整具有重要意义。加强对知识产权的法治保障，推动各行业对知识产权的保护是实现科技创新由"数量多"向"质量高"转变的必然选择，也是"知识产权大省"向"知识产权强省"转变的必然要求。2019年是河南省建设知识产权强省的关键之年。在贯彻习近平总书记2018年博鳌亚洲论坛年会上做出的"两个最"的重要论述精神，即"加强知识产权保护是完善产权保护制度最重要的内容，也是提高中国经济竞争力最大的激励"过程中，河南省要根据本省知识产权发展现状，补短板、强弱项，从立法、执法、司法、守法等方面全面加强知识产权的法治保障。

一　河南加强知识产权法治保障的重大意义

知识产权在促进科技创新、推动产业升级、发展市场经济以及保护私人财产利益等方面发挥着越来越重要的作用。当前，我国正处在经济发展方式

① 国务院知识产权战略实施工作部际联席会议办公室：《2019年深入实施国家知识产权战略加快建设知识产权强国推进计划》，国家知识产权局官网，http：//www. sipo. gov. cn/gwyzscqzlssgzbjlxkybgs/gzdt_ zlbgs/1139877. htm，访问日期：2019年10月16日。

转型的关键时期，河南省更需要在“中部崛起”过程中探寻新路径、释放新潜能，推动科技创新的跨越式发展，主动融入新一轮的科技革命，重视知识产权在经济发展中的推动作用。

（一）全面落实依法治省、建设知识产权强省的需要

习近平总书记指出，全面推进依法治国是国家治理领域一场广泛而深刻的革命[①]。当前，我国正处在经济发展方式转型的关键时期，加强对知识产权的法治保障是全面推进依法治国的必然要求。2018 年 12 月 7 日，中共河南省委常委会召开会议学习习近平总书记在第五个国家宪法日之际做出的重要指示，提出要强化本省的法治建设，以切实推进全面依法治省工作[②]。加强知识产权的法治保障，不仅是全面依法治省的重要环节，也是推动本省经济高质量发展的重要途径。在全面依法治省的背景下，河南省应当全面推进知识产权领域的科学立法、严格执法、公正司法、全民守法工作，发挥法治对全省经济社会发展的引领、促进和保障作用。2017 年 5 月 11 日，河南省人民政府印发的《关于新形势下加快知识产权强省建设的若干意见》[③]，标志着河南省知识产权强省试点省建设工作的步伐进一步加快。可以说，加强对知识产权的法治保障，是努力建成知识产权强省的需要，更是推进依法治省进程、贯彻依法治国方略的现实需要。

（二）保护市场主体合法权益、优化营商环境的需要

“法治是最好的营商环境”[④]。法治的作用在于能够平等保护市场主体之间的合法权益。2019 年 10 月 23 日，国务院总理李克强签署国务院令，公

---

① 《中共中央关于全面推进依法治国若干重大问题的决定》，《人民日报》2014 年 10 月 29 日。

② 《省委常委会召开会议　学习习近平总书记在第五个国家宪法日之际作出的重要指示》，《河南日报》2018 年 12 月 10 日。

③ 河南省人民政府：《关于新形势下加快知识产权强省建设的若干意见》（豫政〔2017〕17 号），2017 年 5 月 11 日。

④ 《习近平主持召开中央全面依法治国委员会第二次会议》，新华网，http：//www.xinhuanet.com/politics/2019－02/25/c_ 1124161654.htm，访问日期：2019 年 10 月 8 日。

布了《优化营商环境条例》[①]，这将有利于进一步加强对市场主体的保护，优化市场环境。知识产权制度在社会主义市场经济发展中具有引领性作用，因此加强对知识产权的法治保障就是保护创新创造的活力，有利于促进我国经济的高质量发展。最高人民法院依法审理的“乔丹”商标争议行政纠纷、广东省高级人民法院依法审理的“华为公司诉美国交互数字公司滥用市场支配地位”等案件，对维护公平竞争的市场环境具有重要作用。强化知识产权的法治保障，充分迸发市场活力，让市场竞争更加公平，有利于培育起一批知识产权强企，大幅提升全省发明专利拥有量。河南自贸区自2017年挂牌以来，覆盖郑州、洛阳、开封三地，拥有外资企业200多家。为促进营商环境法治化、国际化，实现营商环境与法律发展的同步协调，郑州市仲裁委于2017年9月设立“郑州仲裁委国际商事仲裁院”，河南自贸区郑州片区法院和检察院也于2019年2月同时获批[②]，相关的司法、仲裁、调解机构纷纷建立。河南自贸区多元争端解决机制的日趋完善，标志着河南省营商环境的法治化与国际化。河南省在向“知识产权强省”的跨越中，需要培育一批知识产权密集型产业，同时加强对企业知识产权的法治保障，推动企业营商环境的不断优化，发挥知识产权司法保护的主导作用，加强完善河南自由贸易区、郑洛新国家自主创新示范区的法律服务体系，营造良好的法治化营商环境，为企业发展提供一片肥沃的土壤，为现代化经济体系的建设提供服务。

（三）推动中原更加出彩、提升河南省整体形象的需要

近年来，河南形象的建设越来越受到重视，河南省先后采取了多项措施提升河南形象。就目前来说，“科技河南”“创新河南”的形象建设略有不足。加强对河南省驰名商标、专利及著作的法治保障，让更多的发明创造受到法律的保护，形成品牌效应，提升河南品牌在全国的知名度，有利于河南省的形象建设。例如，“郑州宇通集团”“三全”“双汇”“王守义十三香”

---

① 《优化营商环境条例》（国令第722号），《人民日报》2019年10月24日。

② 《河南自贸区营商环境渐趋国际化、法治化》，中国新闻网，http://finance.chinanews.com/cj/2019/02-17/8756668.shtml，访问日期：2019年10月8日。

“信阳毛尖”“南街村”“好想你”等河南省知名品牌已经在全国形成品牌效应。因此，加强知识产权的法治保障，在全省形成保护知识产权的良好氛围，促进新一批企业品牌的崛起，既有利于打造“科技河南”“创新河南”形象，又有利于深入贯彻依法治省、建设知识产权强省的战略目标，为中原发展添彩，走出一条具有河南特色、河南品牌的出彩之路，从而提升河南省在全国的整体形象。

（四）助力万众创新、调动人民创造性的需要

社会公众是创新的主体，保护知识产权就是保护创新。习近平总书记在2018年博鳌亚洲论坛年会上指出，加强知识产权保护是完善产权保护制度最重要的内容，也是提高中国经济竞争力最大的激励[①]。提高中国经济竞争力首先在于激励大众创新、提升人们的积极主动性。而知识产权制度设立的目的，就在于保护人们在科技和文化领域的智力成果。只有在健全的知识产权制度下，人们的创新创造能力才能得到最大的发挥，才能让人们勇于创新、乐于创新。例如，在河南省郑州市2018年度知识产权十大典型案例中的“杨某、胡某、秦某、任某侵犯著作权罪”一案中[②]，被告人在未经著作人许可的情况下非法印刷《经济法》《韩心怡讲民诉之金题卷·8》等图书，其中杨某、胡某复制发行侵权出版物共计37321册，秦某、任某复制侵权出版物共计29702册，四名被告人均被判处有期徒刑。严厉打击了全省侵害知识产权的刑事犯罪行为。只有加强知识产权的法治保障，社会公众才会更积极地参与到创新创造中去；只有营造这种人人知法懂法守法的环境，才能调动全社会的主动性与创造性，推动全省知识产权的高质量发展。

---

① 《开放共创繁荣　创新引领未来——在博鳌亚洲论坛2018年年会开幕式上的主旨演讲》，《人民日报》2018年4月11日。

② 《郑州中级人民法院发布2018十大知识产权司法保护典型案例》，百度网，https：//baijiahao. baidu. com/s? id = 1631791683026844680&wfr = spider&for = pc，访问日期：2019年10月8日。

二 河南知识产权法治保障的现状分析

近年来，河南省知识产权系统以知识产权强省建设为目标，做了大量卓有成效的工作。而在全省范围内对知识产权的法治保障工作也从政策和立法、严格执法、公正司法方面一一展开，统筹构建起集严保护、大保护、快保护、同保护于一体的知识产权保护体系。

（一）河南省知识产权保护的政策现状

2019 年 1 月在北京召开的全国知识产权局局长会议强调，要进一步加强知识产权战略谋划和宏观统筹，做好面向 2035 年知识产权强国战略纲要的制定工作①。河南省在加强知识产权保护工作方面极为重视。2008 年，河南省人民政府印发了《河南省知识产权战略纲要》②，为本省知识产权的发展描绘蓝图，并提出到 2020 年建设成知识产权强省的战略目标。2016 年，河南省成为首批被国家知识产权局确定的支撑型知识产权强省建设试点省份。为了充分发挥知识产权在全省经济发展中的支撑和引领作用，河南省人民政府印发了《河南省建设支撑型知识产权强省试点省实施方案》③，确定了建设知识产权强省的总体思路，制定了试点任务、实施步骤、保障措施，为建设知识产权强省提供了具体实施方案及目标。党的十九大报告指出，中国特色社会主义进入了“新时代”④，要加快建设创新型国家，倡导创新文化，强化知识产权创造、保护、运用，为全省知识产权工作指明了方向。为

① 《全国知识产权局局长会议在京召开》，国家知识产权局官网，http：//www. sipo. gov. cn/zscqgz/1135205. htm，访问日期：2019 年 10 月 8 日。

② 《河南省人民政府关于印发河南省知识产权战略纲要的通知》（豫政〔2008〕59 号），2008 年 11 月 23 日。

③ 《河南省人民政府关于印发河南省建设支撑型知识产权强省试点省实施方案》（豫政〔2016〕66 号），2016 年 10 月 14 日。

④ 习近平：《决胜全面建成小康社会 夺取新时代中国特色社会主义伟大胜利——在中国共产党第十九次全国代表大会上的报告》，《人民日报》2017 年 10 月 28 日。

进一步推进知识产权强省建设，2017 年 5 月河南省人民政府又印发了《河南省人民政府关于新形势下加快知识产权强省建设的若干意见》，提出要加快建成知识产权强省的战略目标。2017 年 7 月，河南省知识产权局印发了《河南省知识产权事业发展“十三五”规划》①，在回顾“十二五”规划期间本省知识产权事业所取得的成绩的基础上，全面部署了“十三五”规划期间知识产权工作的发展目标、主要任务以及重大专项工程。例如，实施“知识产权 + 现代农业”工程等，发挥知识产权在各领域的驱动和导航作用。在专利方面，河南省知识产权局还制定了《河南省专利事业发展“十三五”规划》②，推动全省专利事业的发展。在知识产权审判领域，2019 年 1 月 23 日，中共河南省委办公厅、河南省人民政府办公厅联合发布的《关于加强知识产权审判领域改革创新若干问题的实施意见》③，是对国家知识产权审判领域改革的具体贯彻与落实，重点解决知识产权领域存在的举证难、赔偿低、周期长等现实难题。

从上述河南省发布的各项知识产权保护政策来看，目前河南省关于知识产权保护的政策文件大部分是由中共河南省委、河南省人民政府制定的。它们是根据中央的相关政策制定的本省知识产权发展规划，主要涉及总体思路、主要任务，实施目标等内容，对全省的知识产权发展起着引领和促进作用。上述文件只有两部“规划”是由河南省知识产权局发布的，提出了到 2020 年建成知识产权强省的目标，并规定了具体举措和保障措施，全面部署全省的知识产权工作。目前，河南省处在知识产权强省建设的巩固提高阶段，需要切实贯彻实施本省在知识产权强省建设中的各项政策规定。

---

① 《关于印发〈河南省知识产权事业发展“十三五”规划〉的通知》，河南省知识产权局官网，http：//zjxx. hnpatent. gov. cn/gover/detail/4/17. shtml，访问日期：2019 年 10 月 8 日。

② 《关于印发〈河南省专利事业发展“十三五”规划〉的通知》，河南省知识产权局官网，http：//zjxx. hnpatent. gov. cn/gover/detail/4/18. shtml，访问日期：2019 年 10 月 8 日。

③ 《关于加强知识产权审判领域改革创新若干问题的实施意见》，《河南日报》2019 年 4 月 7 日。

（二）河南省知识产权保护的立法现状

我国知识产权法律保护体系是以“单行法”的形式出现，分别对专利、商标、著作权等进行专门立法。河南省知识产权保护虽有大量的政策性文件予以支持，但缺乏综合性的地方立法。在“法律图书馆”① 中进行检索，与知识产权、专利、商标、地理标志等关键词有关的文件有 150 多件，其中河南省地方性法规 1 件，地方政府规章 3 件（见表 1），其余文件大多数是政府的“红头文件”，即以政府办公室名义，通过“意见”“通知”“实施方案”等形式发布的文件。

表 1　河南省知识产权地方性法规及地方政府规章的制定情况

省份	文件数量	法规名称
河南省	4	河南省专利保护条例(2005 年修正) 河南省专利奖励办法 河南省著作权管理办法 河南省著名商标认定和保护办法

依据《中华人民共和国立法法》（以下简称《立法法》）第八十二条的规定，设区的市的人民政府可以制定地方政府规章，但是地方政府规章的制定必须经市政府常务会议或者全体会议决定，并由省长、市长签署命令予以公布。因此，按照《立法法》的规定，诸如《河南省人民政府关于新形势下加快知识产权强省建设的若干意见》《洛阳市人民政府关于加快知识产权强市建设的若干意见》等文件并不属于地方政府规章，而是属于其他规范性文件。在全省各设区的市制定的有关知识产权、专利、商标、地理标志的“办法”共有 43 件，其中地方性法规有 2 件，地方政府规章有 1 件（见表 2）②。

① 需要指出的是，绘制本表的数据信息是通过在“法律图书馆”进行搜索获取的。“法律图书馆”网址为 http://www.law-lib.com/，访问日期：2019 年 10 月 8 日。

② 需要指出的是，此表仅对“关键词”进行搜索，不包括各设区的市有关知识产权的全部文件。

表 2　河南省各设区的市知识产权相关文件的制定情况

设区的市	文件数量	法规名称
郑州市	3	郑州市专利促进和保护条例（地方性法规） 郑州市知名商标认定和保护办法 郑州市专利资金管理暂行办法
洛阳市	5	洛阳市专利促进与保护条例（地方性法规） 洛阳市知识产权专项资金管理办法 洛阳市专利申报专项经费管理办法 洛阳市小微企业授权专利奖励办法（试行） 洛阳市中小微企业知识产权维权援助资金管理办法（试行）
开封市	1	开封市商标奖励办法（地方政府规章）
平顶山市	1	平顶山市专利申请资助资金管理办法（试行）
安阳市	4	安阳市专利奖励办法 安阳市商标奖励办法 安阳市知名商标认定实施办法 安阳市知识产权专项资金使用管理办法
鹤壁市	1	鹤壁市专利权质押融资专项资金管理办法（暂行）
新乡市	4	新乡市专利资助奖励暂行办法 新乡市专利申请资助资金管理办法（试行） “新飞”商标管理办法（试行） 新乡市知识产权优势示范企业认定管理暂行办法
焦作市	1	焦作市四大怀药地理标志产品保护办法
濮阳市	4	濮阳市专利资助资金管理办法 濮阳市专利发展专项资金管理办法（试行） 濮阳市专利权质押融资专项资金管理办法 濮阳市推进名牌战略工作奖励办法
许昌市	4	许昌市地理标志产品保护管理办法 许昌市专利权质押贷款管理办法 许昌市专利资助资金管理办法 许昌市专利申请资助资金管理办法
漯河市	3	漯河市专利申请资助资金管理办法 漯河市知识产权社会信用建设管理办法（试行） 漯河市知识产权优势企业认定和奖励暂行办法
三门峡市	1	三门峡市专利申请资助资金管理办法（试行）

续表

设区的市	文件数量	法规名称
商丘	3	商丘市专利申请资助资金管理办法 商丘市知识产权质押融资奖补项目管理办法 商丘市知名商标认定和保护办法
周口	1	周口市商标奖励办法
驻马店市	4	驻马店市知识产权强企培育备案管理办法(试行) 驻马店市知名商标认定和保护办法 驻马店市专利申请资助专项资金管理试行办法 驻马店市专利质押融资奖补项目管理办法
南阳市	2	南阳市专利奖励办法 南阳市市专利申请资助资金管理办法(试行)
信阳市	1	信阳市实施商标品牌战略工作考核办法
共　计	43	

从总体上说，河南省各设区的市知识产权立法集中在专利和商标方面，知识产权以及地理标志方面的立法较少（见图1）。河南省知识产权的相关立法有河南省人大常委会通过的《河南省专利保护条例》、河南省人民政府印发的《河南省著作权管理办法》《河南省著名商标认定和保护办法》，以及《河南省专利奖励办法》。这些相关立法规定了专利、著名商标、著作的保护和管理办法以及法律责任。河南省17个设区的市中，郑州市知识产权立法较为完备，主要有《郑州市专利促进和保护条例》《郑州市知名商标认定和保护办法》等文件；洛阳市制定有《洛阳市专利促进与保护条例》等文件；其他设区的市自取得地方立法权以来，即使没有立刻出台相关知识产权保护的法规，也仍在不断加强地方法治建设力度。例如，新乡市已经把《新乡市专利促进和保护条例》纳入立法项目库①。

需要指出的是，大部分设区的市的人民政府在河南省相关政策的引导下

① 《新乡市人大常委会立法项目库》（新乡市第十三届人大常委会第二次主任会议通过），新乡市人大官网，http：//www. xxrd. gov. cn/lifagongzuo/1041. html，访问日期：2019 年 10 月 19 日。

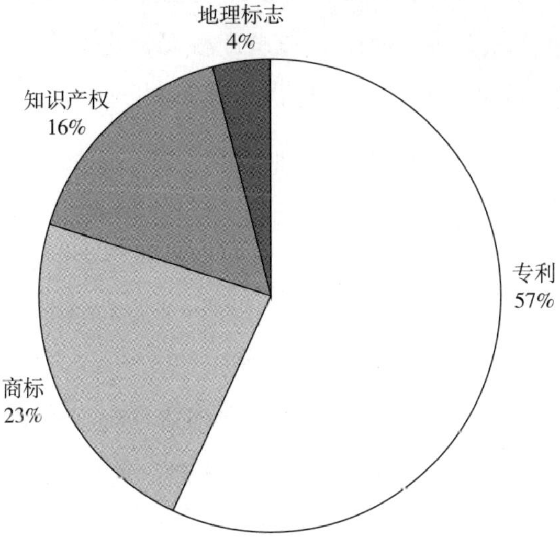

图1　河南省各设区的市相关文件的分布领域

制定了本地区的知识产权发展规划。例如，安阳市人民政府出台的《安阳市人民政府关于新形势下加快知识产权强市建设的实施意见》[①]，推动了本市的知识产权发展。另外，一些设区的市虽然没有相关的立法，但在其下辖的县（区、市）中制定了相关规定。例如，信阳市固始县制定的《固始县专利资助专项资金管理办法》。

（三）河南知识产权执法保障现状

一是河南省通过制定各项措施，为知识产权的发展提供便民高效的服务。2018 年 4 月，郑州商标审查协作中心成为全国第五个商标审查协作中心[②]，该中心的设立将“一揽子”解决企业商标的申请、受理、审核、发证等事宜。这意味着，河南及周边省份的商标申请人不用再赴北京办理，办证时限也将缩短。此外，漯河市商标受理窗口于 2018 年 9 月 20 日正式启动，

① 《安阳市人民政府关于新形势下加快知识产权强市建设的实施意见》（安政〔2018〕9 号），2018 年 4 月 3 日。

② 《河南人将可以在家门口注册商标已有 8 个受理窗口》，《河南日报》2018 年 4 月 4 日。

成为全省第九个商标受理窗口，这些窗口的设立将进一步提升办理商标注册的效率。2018年8月1日，河南省知识产权局又公布了停征专利登记费、公告印刷费、著录事项变更费，以及PCT专利申请收费等多项减免措施①。

二是河南省知识产权局为积极推动全民学习，开展了一系列知识产权培训班及宣传活动。例如，2019年9月25日在郑州举办了河南省知识产权保护能力提升培训班②，旨在增强全省建设知识产权强省的自信心，以及提高知识产权工作的紧迫感，使知识产权工作更好地服务科技创新、服务地方经济的高质量发展。再如，在2019年"知识产权宣传周"活动中，河南省开展了"第四届知识产权中原论坛""典型案例宣传展示活动""郑州市中级人民法院庭审进校园"等一系列法治宣传活动，进一步增强了全社会的知识产权保护意识。

三是加大知识产权执法实施力度，严格行政执法。例如，2018年6月5日河南省启动知识产权执法维权"雷霆"专项行动③，严厉打击知识产权侵权假冒行为。同时，在强力推进执法维权的专项行动中，健全执法条件、完善执法配置，进而强化法治保障。2018年9月，河南省发布的《河南省专利行政执法记录仪使用管理办法》④明确规定在查处假冒专利行为、处理专利侵权纠纷、调解专利纠纷等执法活动中，管理专利工作的部门可以进行现场执法视音频记录。

（四）河南知识产权司法保障现状

自河南法院设立知识产权法庭以来，知识产权的司法保障有了许多

① 《关于停征和调整的部分专利收费》，河南省知识产权局官网，http：//zjxx.hnpatent.gov.cn/service/detail/6/50.shtml，访问日期：2019年10月9日。

② 《2019年河南省知识产权保护能力提升培训班在郑州举办》，河南省人民政府官网，http：//www.henan.gov.cn/2019/09-20/955077.html，访问日期：2019年10月9日。

③ 《河南举行知识产权执法维权"雷霆"专项行动启动仪式》，国家知识产权局官网，http：//www.sipo.gov.cn/zfwq/zfwqtpjj/1126331.htm，访问日期：2019年10月9日。

④ 《专利执法更规范！河南出台专利行政执法记录仪使用管理办法》，河南省人民政府官网，https：//www.henan.gov.cn/2018/09-29/693199.html，访问日期：2018年9月25日。

突破。例如，知识产权法庭采取网上立案、利用微信工作群进行调解、交换证据、归纳争议焦点、电子送达等打破传统的审判模式，为当事人创造了灵活的救济途径，同时也有效解决了原被告双方的知识产权纠纷。河南知识产权法庭与时代同步、不断创新的审判模式提高了审判机关的便民化、信息化、集约化水平。2016～2018 年，河南省法院受理的知识产权纠纷案件逐年增多，共计 18513 件(见图 2)①，其中，郑州知识产权法庭自 2018 年 3 月 2 日至 2019 年 4 月 24 日共受理案件 6153 件，审结 4940 件②，在解决知识产权纠纷中发挥着重要作用，增强了全省知识产权领域的审判威慑作用，有利于带动全民守法，营造良好的知识产权法治保障氛围。

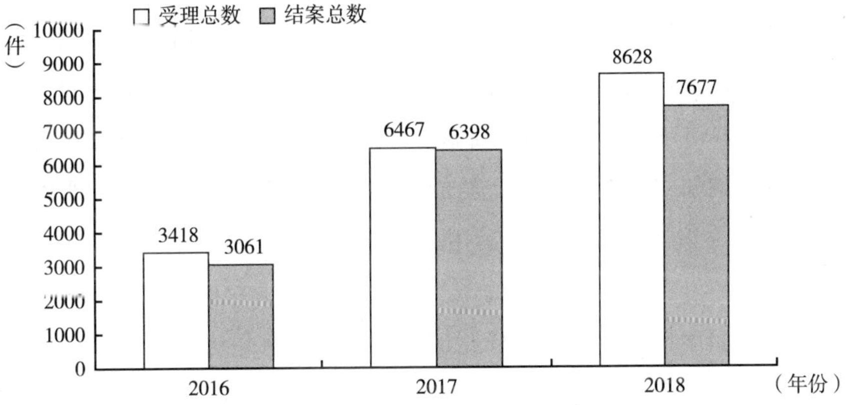

图 2　2016～2018 年河南省法院受理知识产权案件总况

---

① 相关数据来自以下文献：《网售盗版“微软”，获刑三年多　全省法院 2016 年新收知识产权案件 3418 件，九成已审结》，《人民日报》2017 年 4 月 25 日；《河南法院 2017 年新收知识产权案件 6467 件　审结率达 98%》，东方网，http：//mini. eastday. com/mobile/180423174345829. html#，访问日期：2019 年 10 月 15 日；《省高院发布知识产权司法保护典型案　侵权品牌玉米种赔偿近五千万》，《大河报》2019 年 4 月 25 日。

② 《郑州市中级人民法院新闻发布会》，映象网，http：//news. hnr. cn/201904/25/32777. html，访问日期：2019 年 10 月 2 日。

三　河南知识产权法治保障中存在的主要问题

2019 年 9 月 11 日，国家知识产权局副局长何志敏在郑州调研时强调，加深对知识产权的认识、提高知识产权价值、培育知识产权高层次人才对于加快建设创新型国家尤为重要①。因此，加快推进知识产权法治保障工作，是河南省面临的一项重要任务。但目前河南的知识产权法治保障还存在一些短板和不足，亟待完善和强化。

（一）知识产权立法保障不足

2005 年 12 月 2 日，河南省人大常委会对《河南省专利保护条例》进行了第一次修订。经过十几年的实施，河南省专利申请量和授权量显著提升、专利技术运用水平明显提高，对全省的专利发展起到一定的推动和保障作用，但随着经济环境的变化以及专利工作的深入开展，之前的规定已经需要更新完善。例如，2008 年颁布实施的《国家知识产权战略纲要》明确指出要提升我国知识产权“创造、运用、保护和管理”四个方面的工作质量，而在《河南省专利保护条例》的条文中只突出了“专利保护，鼓励发明创造”的立法目的，缺乏对基本原则的规定，造成在司法实践中判断依据不足等弊病，这已经不能适应当前经济社会发展的新形势、新情况、新变化。在立法的种类上，除河南省外，多数省份也都制定了专利方面的地方性法规。而且，在河南省没有制定地方性法规的著作权、商标权、植物新品种等方面，其他省份也有相关的地方性立法（见表 3）②。

① 《国家知识产权局副局长何志敏一行到郑州调研》，河南省知识产权局官网，http：//zjxx. hnpatent. gov. cn/home/detail/3/6366. shtml，访问日期：2019 年 10 月 8 日。

② 需要指出的是，绘制本表的数据信息是通过在“法律法规数据库”进行搜索获取的。“法律法规数据库”网址为 http：//search. chinalaw. gov. cn/search2. html，访问日期：2019 年 10 月 16 日。

表 3　全国部分省份知识产权地方性法规制定情况

关键词	数量	名称
著作权	2	广西壮族自治区著作权管理条例 山东省著作权保护条例
商标权	8	湖北省著名商标认定和促进条例 吉林省著名商标认定和保护条例 安徽省著名商标认定和保护条例 湖北省著名商标认定和促进条例 甘肃省著名商标认定和保护条例 四川省著名商标认定和保护条例 浙江省著名商标认定和保护条例 河北省商标监督处罚条例
植物新品种	1	云南省园艺植物新品种注册保护条例

在 2015 年《立法法》修改之后，设区的市拥有了制定地方性法规的权力，并在 2018 年修宪时载入了《中华人民共和国宪法》第一百条。但在赋予设区的市制定地方性法规权力的同时，《立法法》也对设区的市行使地方立法权的事项范围进行了限定，明确规定只有在三种情况下才可以进行地方立法，但对条文最后“等方面的事项”没有具体限定。因此，对有关知识产权方面的事项，河南省只有郑州和洛阳在《立法法》修改之前分别制定了《郑州市专利促进与保护条例》和《洛阳市专利促进与保护条例》，其余设区的市均没有制定地方性法规。在实践中，为加快建设知识产权强省，河南省知识产权局在 2018 年开展知识产权强县工程试点工作，经过严格程序确定了一批试点县（市、区）①，为建设知识产权强省、实现经济提质增效提供了有力支持。在目前设区的市能否制定知识产权方面的地方性法规尚不明确的情况下，应当通过省级层面上的立法予以补强。一方面可以强化知识产权的法治保障；另一方面可以起到加强对知识产权保障的顶层设计的作用。

① 《国家知识产权强县工程试点示范县公布　河南 3 个区获批》，大河网，https：//news. dahe. cn/2019/07－09/508953. html，访问日期：2019 年 10 月 9 日。

（二）知识产权行政执法保护不足

知识产权是旨在保护权利人智力劳动成果的一类权利。在很多情况下，对知识产权的侵害，不仅会让权利人利益受损，而且可能会损害社会公共利益，因此，使用国家行政权力对侵害知识产权的行为予以打击十分必要。2019年最新修订的《中华人民共和国商标法》①（以下简称《商标法》）第六十条规定，对侵犯注册商标专用权的行为，利害关系人除可以向人民法院申请外，也可以向工商行政管理部门请求处理。在专利权、著作权等领域，法律也赋予行政执法部门查处侵权假冒案件的职权。由此可见，我国行政执法在知识产权保护体系中占据着重要地位，形成了行政执法与司法两条途径协调运作的体系，并成为我国知识产权保护的一大特色。行政执法方式也多种多样，法律赋予行政执法部门行政检查、行政强制、行政处罚等权力，为有效查处侵犯知识产权的行为奠定了法律基础。例如，根据《商标法》第六十条和第六十二条的规定，行政执法部门对侵犯他人注册商标专用权的行为进行查处时，可以采取询问当事人、复制有关资料、实施现场检查、查封扣押相关物品等措施，可以实施责令侵权方立即停止侵权行为，并可行使没收、销毁侵权商品和制造工具，罚款等行政处罚。

2017年1月13日，为了提升知识产权的保护和运用水平，依据“十三五”规划时期对我国知识产权事业的总体安排和布局，河南省知识产权局印发了《河南省知识产权事业发展“十三五”规划》，为本省知识产权工作的具体开展、全面提高知识产权治理能力提供有力支撑。其中，明确提出要加强知识产权综合行政执法，推进知识产权执法队伍建设。目前，知识产权行政执法过程中存在的问题主要包括：一是执法队伍素质不过硬，需要提高办案能力和水平，培养一支公正文明的执法队伍；二是执法监管方式落后，随着互联网迅速发展，侵权方式也随之变化，应利用互联网等技术提高对违

① 根据2019年4月23日第十三届全国人民代表大会常务委员会第十次会议《关于修改〈中华人民共和国建筑法〉等八部法律的决定》第四次修正。

法行为线索的发现能力、加强新技术新方式在执法过程中的应用以及电子商务领域的执法监管力度；三是区域、部门之间缺少协作机制，应加强区域、部门之间的交流与协作。例如，2018 年在重庆自贸区签署的《中国（重庆）自由贸易试验区知识产权协作执法与联合执法工作协议》①，成功地在当地建立了知识产权协作执法和联合执法机制，通过在执法机构、执法内容、执法机制等方面的协作，进一步加大了在自贸区内知识产权保护的力度。

（三）知识产权司法保护不足

2019 年 1 月，河南省发布的《关于加强知识产权审判领域改革创新若干问题的实施意见》，是在中央的相关政策指引下，制定的本省第一个知识产权审判领域的文件，有利于全省知识产权审判体系和审判能力向现代化迈进。2018 年在审判知识产权案件数量上，全省法院共受理一审知识产权民事、刑事和行政案件 8628 件，同比增长 33.4%，结案 7677 件，同比增长 20%；二审知识产权民事、刑事和行政案件 896 件，同比增长 238%，结案 822 件，同比增长 254%。② 在分布地区上，知识产权案件较为集中地发生在郑州、洛阳等经济科技文化发展水平较高的地区。根据河南省高级人民法院发布的统计数据，由于区域之间的发展不平衡，郑州知识产权法庭受理全省知识产权纠纷案件占全省知识产权纠纷案件总数的 59.2%，受理案件最少的知识产权法庭所受理的案件仅占全省知识产权纠纷案件的 0.28%③。

《关于加强知识产权审判领域改革创新若干问题的实施意见》明确指出，要推进落实知识产权裁判方式改革、审判机制改革以及加强知识产权审判队伍建设。同时，该实施意见还进一步提出，做好本省知识产权审判体系和队伍的建设，推动知识产权纠纷案件的公正有效解决是建设知识产权强省

---

① 《中国（重庆）自贸区建立知识产权协作执法与联合执法工作机制》，国家知识产权局官网，http：//www. sipo. gov. cn/dtxx/1133607. htm，访问日期：2019 年 10 月 9 日。

② 《河南高院通报 2018 年全省法院知识产权司法保护状况》，河南省高级人民法院官网，http：//www. hncourt. gov. cn/public/detail. php？id = 177508，访问日期：2019 年 10 月 3 日。

③ 《河南高院发布〈知识产权司法保护〉白皮书　大数据读懂法院为保护原创都做了啥》，大河网，https：//news. dahe. cn/2019/04 – 24/475625. html，访问日期：2019 年 10 月 26 日。

的有力保障。随着郑州知识产权法庭的挂牌设立，受理的案件逐渐增多，知识产权司法保护方面存在的问题也浮现出来。首先，在知识产权司法队伍方面。在目前的情况下，不仅要及时充实知识产权的审判队伍，也要不断提升知识产权法官的专业理论知识与综合素质能力。其次，知识产权诉讼周期较长。在多数情况下，提起知识产权诉讼会耗费大量人力、物力、财力，导致很多大企业不愿意第一时间寻求司法救济。最后，知识产权行业自律有待加强，目前的专利代理人水平参差不齐，不利于建立代理行业的正常秩序。

（四）知识产权法治保护意识薄弱

我国知识产权制度发展较晚，相关的知识产权法律制定大多借鉴国外经验，公众对知识产权的认识相对落后。例如，时至今日，在市场上依然可见盗版书籍、高仿制品等，而且还会有许多消费者花低价钱购买这些商品，这无疑对知识产权造成巨大冲击，成为盗版、高仿、山寨制品滋生的“温床”。2019 年《河南省政府工作报告》[①] 指出，本省知识产权的发展要求严格保护企业知识产权，加快形成法治化、国际化、便利化的营商环境。形成“三化”的知识产权环境，需要每一位公民的认真遵守和配合，更需要增强社会公众知识产权的保护意识。整体上而言，河南省仍有部分地区对知识产权在推动经济发展中的作用没有足够的认识，相应的公民也缺乏知识产权法治保护的意识。社会公众知识产权保护意识的薄弱，主要受制于以下几个因素：一是公众自身的法治意识淡薄，欠缺相关知识产权知识，加之对知识产权领域不熟悉，导致生活中侵犯知识产权的现象时有发生；二是社会对知识产权保护的宣传力度不够，缺乏面向大众的宣传模式，致使缺乏知识产权基本知识的人们对知识产权的保护意识淡薄；三是立法时对公众意见缺乏系统地收集和采纳，致使未能充分吸收民意，各地有关知识产权的保护条例大多相似，缺乏充分因地制宜的知识产权保护制度。

---

① 陈润儿：《政府工作报告——2019 年 1 月 16 日在河南省第十三届人民代表大会第二次会议上》，河南省人民政府官网，http：//www. henan. gov. cn/2019/01 –23/732229. html，访问日期：2019 年 10 月 3 日。

四　河南完善知识产权法治保障的对策建议

知识无价，保护知识产权的制度是否周详完备，是一个地区经济健康发展与否的重要标志和保障。实现知识产权强省，要切实做好知识产权的法治保障，塑造良好的知识产权高地形象，为河南高质量发展提供机遇。因此，要从立法到执法、司法等方面找差距、补短板，为新时代河南知识产权发展、营商环境优化提供法治支撑。

（一）加强知识产权的立法保护

知识产权在我国飞速发展的这 40 多年，对保护、激励人们发明创造的积极性，以及提高我国整体创新能力都起到重要的推动作用。在向知识产权强国的跨越式发展中，各省的发展都离不开国家政策、制度的支持和法律的保障。在国家有关知识产权政策及法律的指引下，加强各个省份知识产权的综合立法，以及省级以下行政单位的知识产权立法，是加强知识产权法治保障的第一步。

首先，完善省级知识产权立法。2018 年郑州知识产权法庭挂牌设立，审理范围涉及专利、著作、驰名商标、植物新品种、集成电路布图设计、商业秘密、计算机软件、地理标志等诸多方面，但目前全省地方性法规只有《河南省专利保护条例》，在著作权、驰名商标、植物新品种、集成电路布图设计等领域没有相关法规，应该制定地方性法规加以规范。根据国家知识产权局公布的《2019 年深入实施国家知识产权战略加快建设知识产权强国推进计划》指出，在推进知识产权战略实施的关键时期，要做好《专利法修正案（草案）》审议工作，以及《商标法》《著作权法》的修订工作。可见，为了适应市场经济的发展，国家对知识产权领域单行法律进行修改，以夯实知识产权的立法保护。就河南省而言，也应对已有的《河南省专利保护条例》进行修改以及制定著作权、商标权等方面的地方性法规。当然，河南省在制定知识产权领域的地方性法规时，应当注意借鉴其他省份的既有立法经验，例如《广西壮族自治区著作权管理条例》《湖北省著名商标认定和促进条例》等地方性法规。总之，河南省需要结合本省的实际情况，并适当参考其他省份成熟的立法经验，从而制定出适应本省知识产权保障的地方性法规，以加强本省知识产权的法治保障，助力本省向知识产权强省迈进。

其次，加强设区的市知识产权的相关政策支持。2015 年《立法法》修订之后，赋予了设区的市地方立法权，设区的市的人大及其常委会可以在城乡建设与管理、环境保护、历史文化保护等方面制定地方性法规。河南省 17 个设区的市行使地方立法权之后，各设区的市的立法活动也只限于上述三个方面，没有任何关于知识产权的地方立法。目前，除郑州和洛阳外，其他各设区的市实施的与知识产权有关的规定是以“红头文件”的形式发布，缺乏规范性与科学性，不利于地方知识产权法治化发展。在加速推进知识产权强县、知识产权强省的过程中，要强化对知识产权保护领域“红头文件”的审查力度，确保其不与上位法相抵触，进而强化本地区知识产权的法治保障，带动经济的高质量发展。

（二）加强知识产权的行政执法保护

2018 年党和国家机构改革之后，重新组建了国家知识产权局，由国家市场监督管理总局管理。2018 年 11 月，中共中央办公厅、国务院办公厅联合印发的《关于深化市场监管综合行政执法改革的指导意见》[①]，对市场监管综合执法工作进行了全面部署。知识产权行政执法活动作为市场监管综合执法的重要组成部分，其执法能力、执法成效与知识产权法治保障建设密切相关；要推进知识产权行政执法的法治化，就必须规范行政执法体系。

首先，整合市场监管综合执法队伍之后，既要让专业人士“进得来”，也要让有经验的人才“留得住”。具体而言，第一，新职能部门根据新的任务调整执法力量，培养团队合作意识和能力，尽快从执法队伍的“物理整

① 中共中央办公厅、国务院办公厅：《关于深化市场监管综合行政执法改革的指导意见》（中办发〔2018〕62 号），2018 年 11 月 26 日。

合”过渡到“化学融合”。第二，坚持“逢进必考”的选拔方式，对专业性要求较高的知识产权领域提出更为严格的要求。第三，积极开展业务培训、组织人员学习等方式培育一批专业素养极高、办案能力极强的知识产权执法队伍。

其次，在新的互联网经济背景下，探索“互联网+监管”的模式。一方面使现代科技手段融入市场监管过程中，严厉打击利用互联网实施的侵权行为，利用大数据、云计算及时发现、检测违法行为的实施；另一方面使其与行政执法相结合，利用新的科技手段对执法全过程进行透明式管理。目前，河南省已经开始实行执法过程的全程记录，对执法公示、执法决定的审核也与互联网相结合，促进行政执法的快速便捷和透明公正，推进行政执法的法治化建设。

最后，对于跨区域的知识产权侵权案件，应建立区域性的协作机制。在知识产权机构改革之后，实现了知识产权各项内容的综合执法，这是强化知识产权法治保障的一大进步。除此之外，在知识产权案件的具体受理过程中，对线索发现、证据的实地调查、证据移送、证据互认、协同办案方面也要加强不同区域之间的合作，发挥好“晋冀鲁豫”等跨区域的协作机制，推动知识产权执法的便捷化。在涉及市场监管、地方财政、人力资源和社会保障等部门的工作时，应加强各部门之间的协作配合，提高执法效率，提升执法效果。

（三）加强知识产权的司法保护

司法改革是全面推进依法治国的重要领域，加强知识产权司法保护、营造一流的法治环境，有利于不断提高知识产权司法保护的权威性和实效性。2019 年是推动知识产权法治进程的关键一年，要大力推进在审判队伍、保护体系、行业自律等方面的改革，为知识产权的司法保护提供有力支撑。

首先，通过设立独立的知识产权法院、选任知识产权专业人员、加强审判队伍建设三方面，提升审判机构的独立性和审判人员的专业性。在知识产权法院建设方面，目前，全国只有北京、上海、广州三地设有知识产权法院，在17个省份设立了20个知识产权法庭。河南省在郑州设立知识产权法庭，随着案件数量的逐渐增多，可以考虑在河南自贸区覆盖的洛阳、开封等设区的市也设立知识产权法庭，在条件成熟时设立知识产权法院。在专业人员的选任方面，可以参照2017年8月最高人民法院印发的《知识产权法院技术调查官选任工作指导意见（试行）》[①]对担任技术调查官的条件进行限制，提高专家辅助人、技术鉴定人等相关专业人员的素养，从源头提高知识产权的司法保护能力。目前，在审判队伍实行员额制的背景之下，要尽可能避免知识产权领域“案件多、法官少”的现象出现，减轻法官的压力。同时，还可以借鉴日本法院的相关经验，将知识产权案件分为“技术型”和“非技术型”案件[②]，对于技术型案件进行专业化审理。

其次，加强知识产权司法保护力度，更加注重提高知识产权案件审理的效率。一方面可以通过完善法院同行政机关、检察机关等部门在知识产权方面的信息传送、共享以及案件移送机制，高效便捷的审理知识产权案件。另一方面，完善知识产权案件中的证据规则体系，明确当事人举证与法院依职权调取证据、保全证据等证据规则。加强知识产权司法保护，给企业更多的时间去研发新产品，而不是缠身于知识产权侵权纠纷，将更有利于推动全省知识产权事业的发展。

最后，加强知识产权全行业自律。2019年7月中央全面深化改革委员会通过的《关于强化知识产权保护的意见》，把知识产权的行业自律提升到新的政治站位和战略高度[③]。在加强知识产权法治保障的措施中，河南省可通过严格专业人员执业资格、举行专业代理人执业宣誓仪式等方式强化行业自律。例如，2018年7月5日，山东省举行专业代理人职业宣誓仪式[④]，把

① 最高人民法院：《知识产权法院技术调查官选任工作指导意见（试行）》（法发〔2017〕24号），2017年8月14日。

② 任巍：《河南省知识产权司法保护机制的探索与完善》，《河南科技》2018年第15期。

③ 《中央深改委会议审议通过〈关于强化知识产权保护的意见〉引发知识产权领域热烈响应》，国家知识产权局官网，http://www.sipo.gov.cn/zscqgz/1140832.htm，访问日期：2019年10月9日。

④ 《山东省首次举行专利代理人执业宣誓仪式》，人民网，http://ip.people.com.cn/n1/2018/0716/c179663-30149291.html，访问日期：2019年10月9日。

职业宣誓推广到知识产权工作的各方面，有效地提高服务质量、树立质量意识，从而在全省营造出良好的行业氛围，有力推进知识产权强省建设。这个做法值得借鉴。

（四）增强公众知识产权保护意识

公众对知识产权的关注度在一定程度上关系到知识产权的保护程度。因此，在加强知识产权法律体系建设的同时，要加大对知识产权的宣传保护力度，提高公民的知识产权法治保障意识，充分发挥社会公众参与到知识产权领域的重要作用。对此，提出以下几点建议：一是加强知识产权的法治教育。对在校学生开展有关知识产权保护的答题竞赛、专题讲座等活动提升专业素养；对在职在编人员可在其单位设立知识产权培训班，邀请专家学者进行讲授，培养公众的知识产权法治意识；对社区的普通公众可以开设知识产权法治保护小课堂，通过讲授典型案例、发放法律小册子等措施使社会公众深入了解加强知识产权保护的重要作用。二是加强面向大众的知识产权宣传活动。可以通过增设河南法制频道知识产权访谈节目、河南法制报知识产权专栏以及互联网等平台的宣传，在充分发挥社会公众监督作用的同时也能加强社会公众知识产权的法治意识，无形中营造出保护知识产权的良好氛围。三是可在立法过程中通过多种途径收集社会公众的意见，在执法过程中做到公开透明以便于监督，在司法过程中通过法院判决向公众说理等一系列措施，使社会公众对知识产权有更多的了解，进而增强社会公众的知识产权法治保障意识，助力知识产权强省的建设。

党的十九届四中全会指出，建设中国特色社会主义法治体系、建设社会主义法治国家是坚持和发展中国特色社会主义的内在要求。依法治省、知识产权强省是建设法治国家的重要构成。当下，我国已经建立起比较完备的知识产权法律规范体系，《专利法》《商标法》《著作权法》等国家法律也随着经济社会的发展而不断完善，这就为知识产权的法治保障奠定了良好的法律基础。在全面推进依法治国的新时代，河南省将更加重视法治思维和法治方式在知识产权保护领域的作用，以知识产权保护领域的国家政策和法律法规为基础，以本省政策支持为引领，以知识产权的地方立法为前提，注重从立法、执法、司法和守法等全过程加强对知识产权的保障力度，带动全省形成保护创新、勇于创新的浓厚氛围，在法治的全面保障下迈向知识产权强省，助推河南高质量发展使中原更加出彩。

参考文献

习近平：《决胜全面建成小康社会　夺取新时代中国特色社会主义伟大胜利——在中国共产党第十九次全国代表大会上的报告》，《人民日报》2017 年 10 月 28 日。

吴汉东、刘鑫：《改革开放四十年的中国知识产权法》，《山东大学学报》（哲学社会科学版）2018 年第 3 期。

吴汉东：《试论知识产权制度建设的法治观和发展观》，《知识产权》2019 年第6 期。

宋晓明：《大力推动知识产权审判现代化　为科技创新提供有力司法保障》，《人民法院报》2018 年 4 月 25 日。

张茅：《开启新时代知识产权保护新篇章》，《人民日报》2019 年 4 月 26 日。

任巍：《河南省知识产权司法保护机制的探索与完善》，《河南科技》2018 年第 15 期。

分报告

Topical Reports

B.2

河南创新驱动发展战略下知识产权保护路径研究

李浩东*

摘　要： 创新驱动发展战略在河南省委、省政府的大力支持下取得了显著的成效，但与发达地区相比仍存在短板和不足，例如创新驱动不足、自主创新能力缺乏、中小企业融资渠道不畅、研发投入不足、企业作为市场创新主体的地位没有完全确立等问题，本文提出大力推动技术创新，将创新作为经济发展的第一动力，完善知识产权自主创新机制加大研发投入，建设自主创新人才队伍、加强知识产权的创造、应用和保护的保护路径。

关键词： 河南　知识产权创新驱动机制　知识产权专利申请

* 李浩东，河南省社会科学院法学研究所助理研究员。

目前，在知识经济和经济全球化背景下，以创新驱动取代资源依赖成为当今世界经济社会发展的必然趋势。以知识产权为代表的创新驱动取代要素驱动的发展路径选择，已经成为促进当今世界各国经济发展的重要抓手。实施创新驱动发展战略，加快产业技术创新，已经成为提高国家或地区话语权的基本方略。

我国诸多省市把创新驱动作为重要的发展战略，以保证其经济可持续增长，为赢得未来谋篇布局。2016年10月，中共河南省委、河南省人民政府积极贯彻落实中央关于建设创新型国家战略部署，紧密结合河南省发展实际，出台了相应的实施意见。2018年河南省人民政府下发了《关于强化实施创新驱动发展战略进一步推进大众创业万众创新深入发展的实施意见》（豫政〔2018〕8号），提出了路径选择和具体措施。2018年底，河南省省长陈润儿主持召开省政府常务会议，研究讨论加快自主创新体系建设，促进创新驱动发展，而在创新驱动发展过程中，知识产权保护必不可少，这是实现创新驱动发展的基石。为此，深入研究河南省技术创新的现状与问题，加强创新驱动发展战略下知识产权的保护，对加快河南省技术创新步伐，促进经济发展具有重要意义。

一　河南省技术创新与专利申请现状

近年来，河南省认真落实中央部署，大力推行科教兴豫、人才强省和自主创新跨越三大发展战略，全省创新能力有所增强，科技创新取得了可喜的成绩。河南省“十二五”规划期间获得国家科技奖励106项，填补了自然科学奖等方面的空白，全社会累积研发投入达到440亿元，相比2010年增加108.2%，专利申请量和授予量再创新高，分别达到6.2万件和3.3万件。与此同时，河南省公布了一批地方性法规，制定了一系列自主创新的政策。在这些措施的影响下，创新对经济发展的支撑作用进一步彰显。科技进步贡献率显著提高，将近53%。2020年，全省规模以上高新技术产业实现工业增加值比重预计将达到50%左右，建成创新型省份，打造中西部地区技术创新高地。

专利是反映一个地区技术创新与进步的重要指标。近年来，河南专利申请和授权量逐年稳步提升。据河南省知识产权局信息披露，在各项工作的推动下，2017 年河南年专利申请数为 55407 件，较上年同期增长 12.7%，其中发明 7914 件，实用新型 35822 件，外观设计 11671 件。企业作为创新主体，仍为专利申请的主力军，2017 年全省当年专利授权量达 29606 件，企业职务发明就占了 74%，其他机构只占剩余的 26%，如图 1 所示。其中，中航光电科技股份有限公司、郑州宇通客车股份有限公司高居 2017 年河南企业发明专利授权量前两名的位置，如图 2 所示。

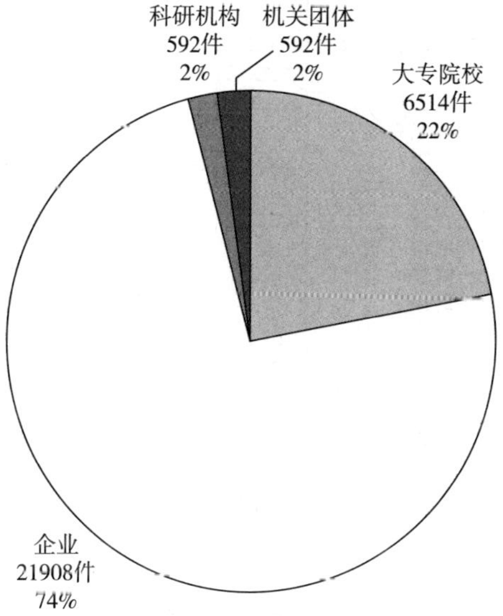

图 1　2017 年专利授权量构成

资料来源：河南省知识产权局 2017 年统计年报。

二　河南省技术创新与知识产权保护存在的问题及原因

在省委、省政府的高度重视下，河南技术创新和知识产权保护虽然取得了长足进步，但与京、沪、粤、苏、浙等发达省份相比还存在较大差距。由于河南科技基础较为薄弱、传统发展模式的惯性依然存在，“十三五”规划时期，河南发展面临资源瓶颈制约、环境压力加大的严峻挑战，与建设创新型河南、实现中原崛起的战略目标还有很大差距，具体而言有以下问题。

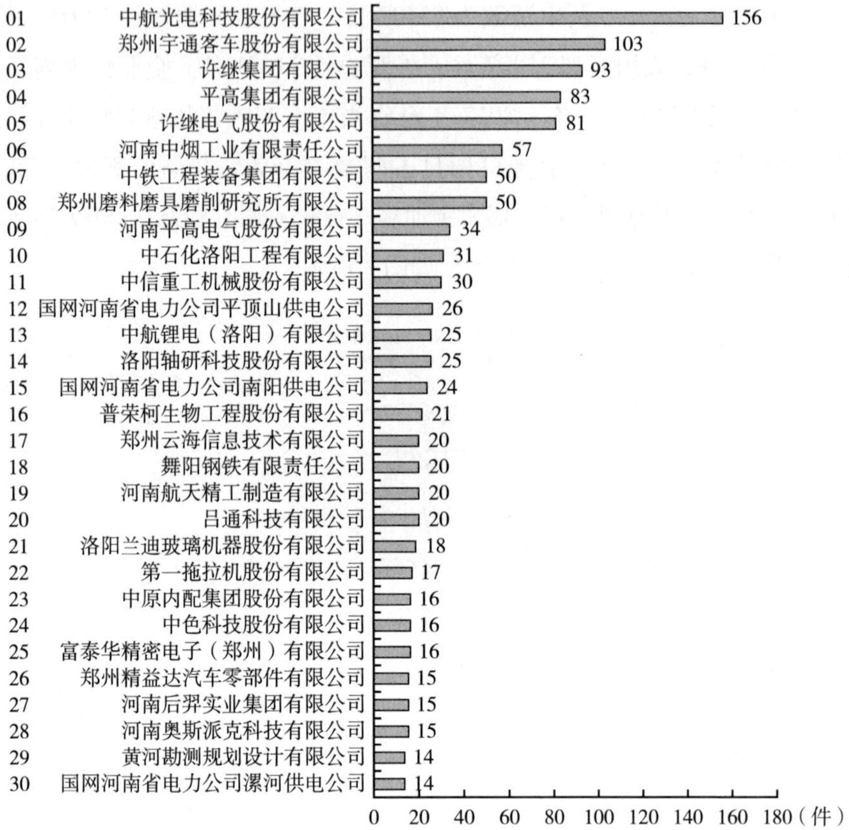

图 2　2017 年河南企业发明专利授权量排名

资料来源：河南省知识产权局 2017 年统计年报。

（一）自主创新能力相对缺乏

目前，河南缺乏从要素驱动向创新驱动转变中，如何较好地配置创新驱动因素的思考。此外，知识产权保护力度偏弱，办理程序、手续冗杂，影响了专利权人行使其合法权益的积极性。自主创新能力主要体现在发明方面。河南省发明专利，每万人口发明专利拥有量与全国平均水平相比差距较大。每万人口发明专利拥有量在全国和中部六省的排位比较靠后。企业自主创新的动力和能力明显不足，在核心技术和关键技术方面缺少积累和支撑。随着省委、省政府深入实施粮食生产核心区、中原经济区、郑州航空港经济综合实验区三个国家战略，河南省自主创新能力得到大幅提升；然而在横向比较之下，河南省自主创新能力提升的步伐还需加快，科研产出效率和市场应用水平相对较低，拥有发明专利的企业数量仍然较低。

（二）中小企业融资渠道不畅，研发投入不足

中小企业是技术创新的主体，根据国家统计局2016～2018年的统计数据，70%以上的技术创新来自中小企业，而中小企业融资渠道狭窄限制了技术创新和R&D资金供给。2018年河南投入研发费用的比例仅占本省国内生产总值的1.3%，这个投入比例位居全国第二十五位，而且这些资金主要用于科研机构和高等院校，地方政府可用的科技经费严重不足。出资方更愿意服务国有大中型企业的体制改革，而不愿意给中小企业的技术创新进行贷款。实践中，新建的高新技术企业受资产规模营利水平等条件限制，极难获准进行股票融资和债券融资。因此，对各类企业来说，技术创新和R&D资金来源不得不依赖企业自身和各种不规范的民间融资。特别是处于发展阶段的中小企业依然面临融资难等法律和社会问题。在民间借贷还不规范的情况下，河南省中小企业技术创新缺乏经济和法律保障①；由于中小企业信用状况普遍较差，从金融机构贷款也十分不易。据有关资料显示，河南省有六成以上的中小企业资金紧张，其中民营中小企业近70%的资金需求来自董事或大股东的个人积蓄和入股人员的内部集资，中小企业创新亟待资金扶持②。

（三）企业作为市场创新主体地位没有完全确立，缺乏创新人才

现代市场中，企业是技术创新的主体，但目前大部分技术创新研究还局

① 李刚、熊玉清：《论提升我国中小企业竞争力的有效途径》，《当代经济》2010年12月8日。

② 周玲：《南宁市中小企业产品竞争力研究》，《中共南宁市委党校学报》2011年2月28日。

限在大学或科研机构，即使要搞技术创新，也完全依赖政府的财政投入。河南省企业的技术创新数量和质量还处在价值链的底端，与外省相比，2018年河南省企业技术创新专利量仅是深圳的1/3，是广东省的1/14。人才是最重要的战略资源，河南目前极度缺乏知识产权创新人才。知识产权研究人员占人口总数的比例，美国、日本和欧洲分别为7.6%、7.5%和4.2%。美国的化学工业平均千名雇员中科技人员有76人，以制药业的比例最高，达108人，以炼油业最低为28人。据估算，我国知识产权研究人员占人口比例约为2%，远远低于发达国家的水平。2018年河南省的企业知识产权研发人员占全省人口的比例与发达省份相比尚有较大的差距。目前，河南省院士数量仅有15人，尚无国家重点实验室建立。

人才缺乏导致创新的互动合作环境不够优化。首先，企业作为科技创新和产学研合作主体地位还不突出，产学研合作没有明确的主攻方向。企业技术支撑普遍不足，技术创新能力不强，而科研院所选题多与市场脱节，相互之间缺乏密切合作，没有形成合力。其次，缺少地区创新合作，主要是人才合作、资源合作、信息合作。最后，缺少法律支撑，企业的创新目前往往依赖于一把手的创新意识，随机性比较大，没有形成良好的体制机制。在国际知识产权保护方面相对较弱，体制机制不完善，相关法律条款比较滞后，一旦发生侵权行为，则往往处在消极被动的地位。

三　河南省创新驱动发展战略下知识产权保护路径的思考

基于上述种种问题及原因，我们认为河南要想实现发展，必须制定创新驱动发展战略落地的具体措施，以科学发展观、可持续发展为统领，深入实施自主创新等河南三大发展战略。以提升技术创新，满足人民需求为根本目的，构建河南省自主创新体系。以引进和培育知识产权人才为依托，加强对河南省技术创新力度。以市场为导向，以突破关键技术、核心技术为抓手，着力解决河南省经济社会发展中的突出难题。

（一）大力推动技术创新，将创新作为经济发展的第一动力

技术创新是社会经济发展的重要支撑。河南省要实现发展，必须以创新驱动战略为统领，发展科教强省等战略，整合产业集聚区、郑州航空港经济综合实验区等创新平台，形成一体化的创新驱动战略体系。做好资源的优化配置工作，大力推动创新，将创新发展作为经济发展的重要支撑，辅以配套的法规和政策，不断提升创新能力和水平，改变长期粗放的经济发展模式，走集约型、效益型发展道路。

（二）完善知识产权自主创新机制

首先，坚持市场导向机制。充分发挥市场在资源配置中的基础性作用，促进全社会科技资源的有效整合和合理配置。其次，完善知识产权保护机制。实施《河南省知识产权战略纲要》，鼓励在重点领域和关键技术形成自主知识产权。推动核心技术的专利化和标准化，促进知识产权成果的转化和应用。最后，推行产学研用紧密结合机制。创新产学研用结合组织形式，以契约化为保障，以利益为纽带，调动科研机构和高等院校的研究人员的积极性，开展以市场为导向的应用技术研究。

（三）加大研发投入，建设自主创新人才队伍

面对融资渠道不畅的问题，政府应及时出台相关政策，拓宽融资渠道，加大对关键技术和核心技术的攻关投入。建立专项资金，确保对中小企业技术创新的支持。确定企业的创新主体地位，为企业技术创新开通绿色通道。注重发挥科研院所在知识产权创造中的重要作用。尽快出台相应法律政策，为企业发展保驾护航。

建设自主创新人才队伍，要完善创新人才吸引制度，对关键和核心技术领域要注重引进外省或海外高层级人才；注重创新人才培育，建立科学完善的绩效考核指标，配套重点实验室和相关科研经费，在创新人才子女上学，住房保障等方面予以政策倾斜；优化人才结构，促进人才合理流动；改革和

完善分配和激励机制，允许国有高新技术企业对技术骨干和管理骨干实施期权等激励政策。

（四）加强知识产权的创造、应用和保护

第一，鼓励形成自主知识产权，制定和完善知识产权管理制度。在制定制度时要紧紧围绕河南省优先发展的核心领域，加大对拥有自主知识产权创新成果的支持力度，减少对模仿性技术的政策扶持，尽快形成一批具有自主知识产权的产业和企业。第二，加大对自主创新的奖励力度。尊重和承认脑力劳动创造的知识财富，形成有效的奖励保护实施细则。要鼓励和支持发明人用知识产权获取合法报酬，形成一套卓有成效的奖励激励机制，最大限度地调动科技人员的积极性，从而推动经济社会发展。第三，保护知识产权。加大保护知识产权的执法力度，严厉查处和打击各种侵权、假冒等不法行为，切实保护知识产权所有人的合法权益。第四，积极参与制定行业标准。第五，充分发挥行业协会的作用，促进知识产权信息交流，组织共同维权。行业保护协会的职能一般包括：组织企业进行有关知识产权保护对策与方案的经验交流，共同探讨知识产权保护、管理与服务，避免侵权风险，提高知识产权保护水平及应诉技巧；对侵权行为加以防范与打击，保护会员企业的合法权益；协助会员企业协调处理有关知识产权国内外纠纷。加强政府对行业协会知识产权工作的监督指导。

参考文献

约瑟夫·熊彼特：经济发展理论，商务印书馆，2000.

C. Freeman，L. Soete. *The Economics of Industrial Innovation*，London and Washington，1997.

Lundvall，Bengt－Ake. *Introduction*，in Bengt－Ake Lundvall（ed.），*National Systems of innovation－Towards a Theory of Innovation and Interactive Learning*. London：Printer Publishers，（1992）pp 1－22.

Porter, M. E. "The competitive advantage of nations", *Harvard Business Review*, (1990), (March – April) pp 74 – 90.

Furman, J. L., Porter, M. E., Stern, S. "The determinants of national innovative capacity", *Research Policy*, (2019), 31 (6) pp 899 – 933.

Furman, J. L., Hayes, R. "Catching up or standing still? National innovative productivity among Follower' countries", *Research Policy*, (2014), 33 (9) pp 1329 – 1354.

OECD. OECD Fact book 2008: Economic, environmental and social statistics, Paris: OECD, 2018.

Gassmann, O. "Opening up the innovation process: towards an agenda", *R&D Management*, (2016), 36 (3) pp 223 – 228.

Strangea, W., Hejazib, W., Tangc, J. M. "The uncertain city: Competitive instability, skills, innovation and the strategy of agglomeration". *Journal of Urban Economics*, (2016), 59 (3) pp 331 – 351.

Luis, M. A., Bettencourta, J. L., Deborah, S. "Invention in the city: Increasing returns to patenting as a scaling function of metropolitan size", *Research Policy*, (2017), 36 (1) pp 107 – 120.

B.3

河南农业知识产权发展现状及法律保护

高景贺*

摘　要： 随着社会发展，农业知识产权对农业发展具有重要意义。河南省在促进农业知识产权发展与保护方面虽取得了一定的成绩，但是仍然存在法律意识不足、法律制度不够全面、管理体系不完善、农业知识产权运用效果不佳、人才不足、激励不足等问题。针对河南省农业知识产权发展存在的问题，本文提出加强宣传，增强意识完善法律，健全体系、加强执法，提供保障、培养人才，赢在未来、多元激励，激发热情的建议。

关键词： 河南省　农业知识产权　法律保护

随着社会和科技的发展，农业知识产权的内容不断丰富，对国家竞争力、国家粮食安全等方面的重大意义也逐渐凸显。河南省作为传统的农业大省，不能故步自封，只有大力发展新农业才能提高农产品竞争力，提高农业收入，建立新型农业经济。在努力提升农业科技创新能力的同时，也应重视对农业知识产权的保护。河南省对农业知识产权的保护与发展虽取得了一定的成绩，但与此同时，农业知识产权保护方面也存在一定的问题。

---

* 高景贺，北京市中银（深圳）律师事务所高级合伙人，中银知识产权专业委员会主任。

一　河南省农业知识产权发展现状

在国家大力发展知识产权的背景下，河南省作为传统农业大省在农业知识产权保护方面持续发力，农业知识产权稳步发展。

（一）农业知识产权法律制度

我国为了发展知识产权制定了不少法律法规以规范相关市场。比如专利法及实施条例，商标法及实施条例、实施细则，《植物新品种保护条例》《植物新品种保护条例实施细则（农业部分）》《农业植物新品种权侵权案件处理规定》《农产品地理标志管理办法》等一系列法律法规都为我国农业知识产权保驾护航。在全国层面的法律法规之外，河南省还制定了符合自己省情的一些地方性法规。2008 年出台的《河南省知识产权战略纲要》把农业作为重点产业，对农业知识产权发展做出了战略部署。河南省农业厅也积极响应号召，出台了一系列办法和方案，比如出台的 2009 年《河南省 2009 年农业植物品种权行政执法实施方案》，2018 年出台的《河南省林业厅 2018 年打击侵犯林业植物新品种权专项行动方案》。在各种政策的支持下，打击了侵权行为，维护了产权人权益。

（二）从专利申请量、授权量看发展情况

近年来，我国加大了对知识产权的保护力度，出台了一系列法律法规的同时，又辅以管理制度对其落实执行，知识产权稳步发展。在此背景下，河南省发明专利的授权量、专利拥有情况也不断增加。国家知识产权局发布的《2017 年中国专利统计简要数据》中显示，河南省在 2017 年以发明专利授权量 7914 件位列全国各省份发明专利授权量第 12 名，排名较为靠前（见图 1），在 2017 年的发明专利拥有量为 28615 件（见图 2）。河南省的数据与其他省份相比，虽然不算顶尖，但是也可以说是有所成就。

从 2012 年至 2017 年河南省专利申请量和授权量同期对比（见表 1）中可以看出，河南省近几年知识产权呈现比较迅猛的发展趋势。从申请量来

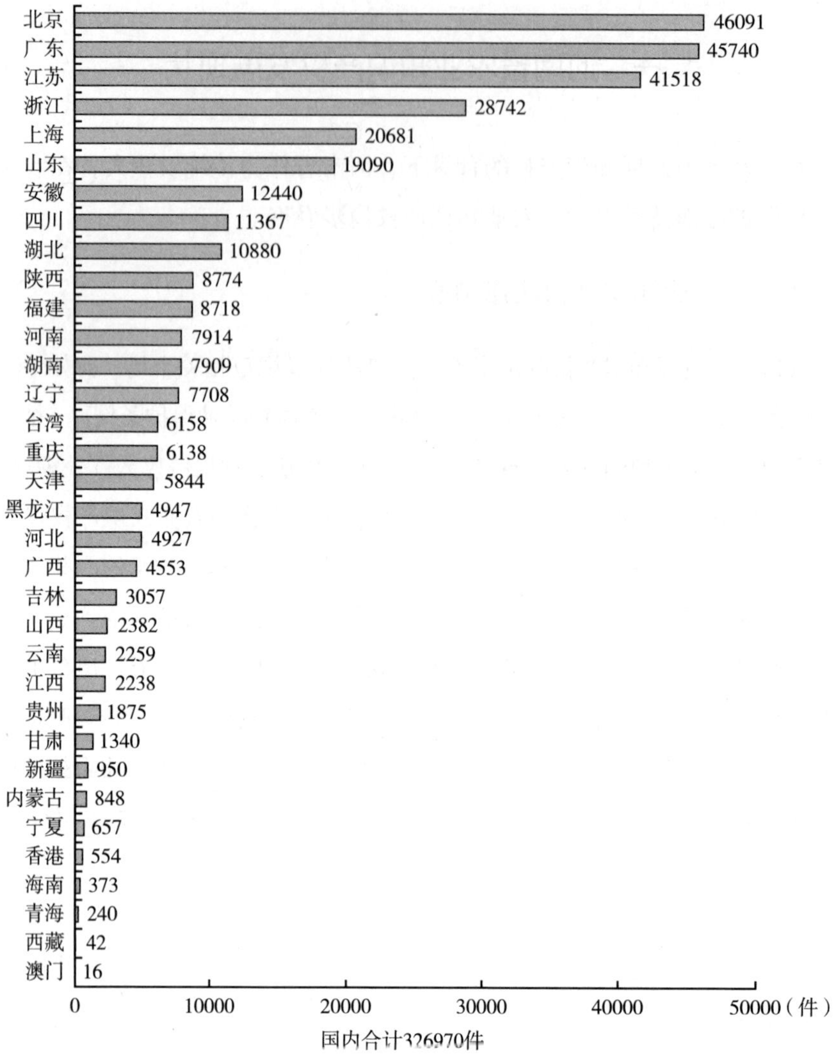

图1　2017年国内各地区发明专利授权量

资料来源：国家知识产权局《2017年中国专利统计简要数据》。

看，2012年到2017年发明的增长率分别为：23.5%、42.8%、26.1%、8.6%、33.9%、24.5%；实用新型的增长率分别为：23.4%、24.7%、4.4%、32.8%、25.9%、30.1%；外观设计的增长率分别为46.0%、22.2%、10.5%、1.5%、20.2%、14.1%。从授权量来看（见表2），2012～2017年，发明的增长

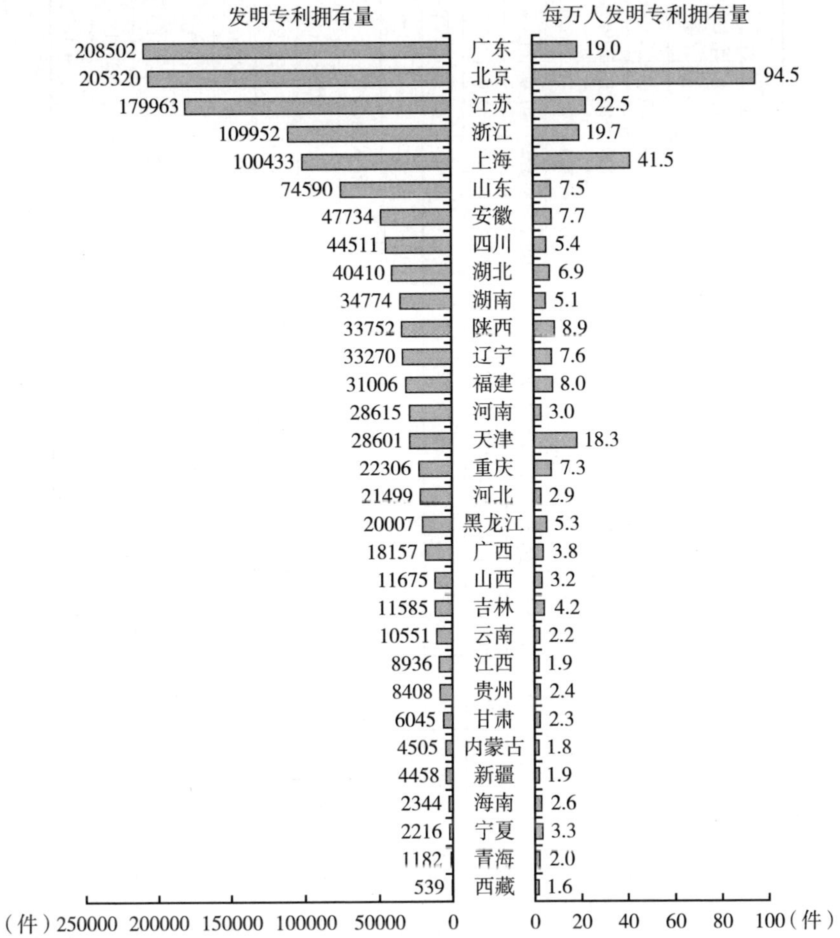

图 2　2017 年国内各地区发明专利拥有状况

注：本表国内数据不包括港澳台；发明专利拥有量，也称有效发明专利量，指截至报告期末专利权处于维持状态的发明专利的数量。

资料来源：国家知识产权局《2017 年中国专利统计简要数据》。

率分别为：28.7%、0.2%、10.1%、54.1%、26.5%、16.2%，实用新型的增长率分别为43.8%、12.9%、11.3%、38.5%、-1.2%、11.3%，外观设计的增长率分别为30.8%、4.7%、22.8%、54.6%、3.5%、15.1%。除了 2016 年实用新型的增长出现 -1.2%，其他年份的发明、实用新型、外观设计在申请量和授权量上都保持了波动性增长。从总量增长看（见表1），2012～2017 年河南省专利

表 1　2012～2017 年河南省专利申请量同期对比

年份	类别	总量（件）	总量增长率（%）	发明			实用新型			外观设计			非职务			职务		
				数量（件）	占比（%）	增长率（%）	数量（件）	占比（%）	增长率（%）	数量（件）	占比（%）	增长率（%）	数量（件）	占比（%）	增长率（%）	数量（件）	占比（%）	增长率（%）
2012	申请	43442	27.5	10910	25.1	23.5	23594	54.3	23.4	8938	20.6	46.0	14468	33.3	29.7	28974	66.7	26.4
2013	申请	55920	28.7	15580	27.9	42.8	29420	52.6	24.7	10920	19.5	22.2	18500	33.1	27.9	37420	66.9	29.2
2014	申请	62434	11.6	19646	31.5	26.1	30716	49.2	4.4	12072	19.3	10.5	18689	29.9	1.0	43745	70.1	16.9
2015	申请	74373	19.1	21338	28.7	8.6	40778	54.8	32.8	12257	16.5	1.5	22399	30.1	19.9	51974	69.9	18.8
2016	申请	94669	27.3	28582	30.2	33.9	51358	54.3	25.9	14729	15.6	20.2	27859	29.4	24.4	66810	70.6	28.5
2017	申请	119243	26.0	35626	29.9	24.5	66805	56.0	30.1	16812	14.1	14.1	33092	27.8	18.8	86151	72.2	28.9

年份	类别	职务												
		总量（件）	大专院校			科研单位			工矿企业			机关团体		
			数量（件）	占比（%）	增长率（%）	数量（件）	占比（%）	增长率（%）	数量（件）	占比（%）	增长率（%）	数量（件）	占比（%）	增长率（%）
2012	申请	28974	2470	8.5	10.9	1122	3.9	36.2	24670	85.1	27.2	712	2.5	52.5
2013	申请	37420	4254	11.4	72.2	983	2.6	-12.4	30887	82.5	25.2	1296	3.5	82.0
2014	申请	43745	6336	14.5	48.9	1062	2.4	8.0	34695	79.3	12.3	1652	3.8	27.5
2015	申请	51974	9980	19.2	57.5	1418	2.7	33.5	39047	75.1	12.5	1529	2.9	-7.4
2016	申请	66810	14438	21.6	44.7	1668	2.5	17.6	48822	73.1	25.0	1882	2.8	23.1
2017	申请	86151	16528	19.2	14.5	1731	2.0	3.8	65182	75.7	33.5	2710	3.1	44.0

资料来源：河南省知识产权局专利统计年报 2017 年版。

表 2　2012～2017 年河南省专利授权量同期对比

年份	类别	总量（件）	总量增长率（%）	发明			实用新型			外观设计			非职务			职务		
				数量（件）	占比（%）	增长率（%）	数量（件）	占比（%）	增长率（%）	数量（件）	占比（%）	增长率（%）	数量（件）	占比（%）	增长率（%）	数量（件）	占比（%）	增长率（%）
2012	申请	26833	39.3	3168	11.8	28.7	13739	69.84	43.8	4926	18.36	30.8	7742	28.9	25.2	19091	71.1	46.0
2013		29482	9.9	3173	10.8	0.2	21153	71.75	12.9	5156	17.49	4.7	8529	28.9	10.2	20953	71.1	9.8
2014		33366	13.2	3493	10.5	10.1	23539	70.55	11.3	6334	18.98	22.8	8405	25.2	-1.5	24961	74.8	19.1
2015		47766	43.2	5384	11.3	54.1	32592	68.23	38.5	9790	20.50	54.6	12395	25.9	47.5	35371	74.1	41.7
2016		49145	2.9	6811	13.9	26.5	32197	65.51	-1.2	10137	20.63	3.5	13369	27.2	7.9	35776	72.8	1.1
2017		55407	12.7	7914	14.3	16.2	35822	64.65	11.3	11671	21.06	15.1	15565	28.1	16.4	39842	71.9	11.4

年份	类别	职务												
		总量（件）	大专院校			科研单位			工矿企业			机关团体		
			数量（件）	占比（%）	增长率（%）	数量（件）	占比（%）	增长率（%）	数量（件）	占比（%）	增长率（%）	数量（件）	占比（%）	增长率（%）
2012	申请	19091	1708	8.9	98.6	534	2.8	13.9	16469	85.3	42.8	380	2.0	77.6
2013		20953	2108	10.1	23.4	398	1.9	-25.5	18057	86.2	9.6	390	1.9	2.6
2014		24961	3412	13.7	61.9	454	1.8	14.1	20509	82.2	13.6	586	2.3	50.3
2015		35371	6135	17.3	79.8	571	1.6	25.8	27806	78.6	35.6	859	2.4	46.6
2016		35776	8105	22.7	32.1	529	1.5	-7.4	26312	73.5	-5.4	830	2.3	-3.4
2017		39842	8732	21.9	7.7	636	1.6	20.2	29606	74.3	12.5	863	2.2	4.6

资料来源：河南省知识产权局专利统计年报 2017 年版。

申请总量增长率分别为27.5%、28.7%、11.6%、19.1%、27.3%、26.0%（见表1）；2012～2017年河南省专利授权总量增长率分别为39.3%、9.9%、13.2%、43.2%、2.9%、12.7%，数据也较为可观（见表2）。

从不同行业的角度来看，农业知识产权的发展也可圈可点。2016年河南省科研院所发明专利拥有量10件以上的排名中（见图3），中国农业科学院棉花研究所以92件发明专利拥有量排名第一，第二名是河南省农业科学院，90件；中国农业科学院农田灌溉研究所49件，占据了第四名的位置，而河南省农业科学院植物保护研究所也以12件的成绩上榜。可见在科研院所发明专利中，涉农的发明专利也占有一席之地。2016年河南省科研院所获权发明专利5件以上的排名中（见图4），河南省农业科学院以30件获权发明专利排名第一，中国农业科学院棉花研究所也以28件获权发明专利排名第二。另外有中国农业科学院农田灌溉研究所获权发明专利9件，河南省农业科学院芝麻研究中心获权发明专利7件，河南省农业科学院畜牧兽医研究所获权发明专利6件，国家林业局泡桐研究开发中心获权发明专利5件，都有着不错成绩。从以上数据可以看出，从获权发明专利的主体上，农业相关的院所表现突出。

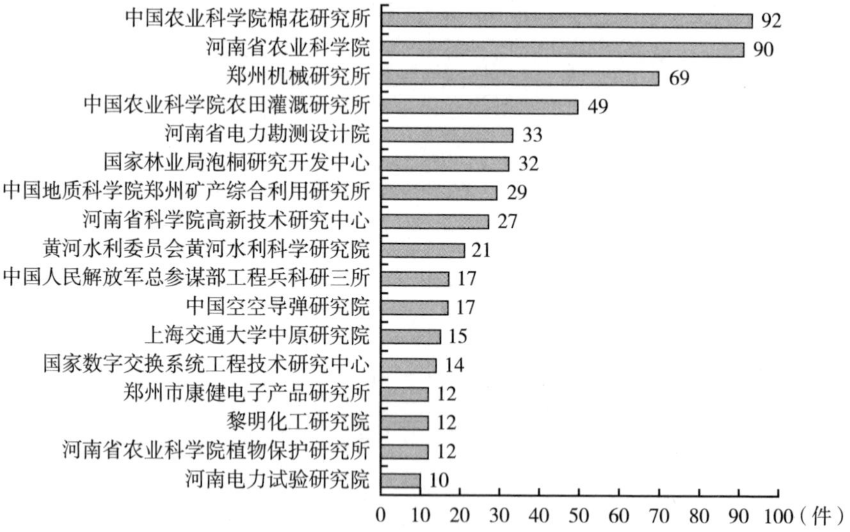

图3 2016年河南省科研院所发明专利拥有量10件以上排名

资料来源：河南省知识产权局专利统计简报2017年第1期。

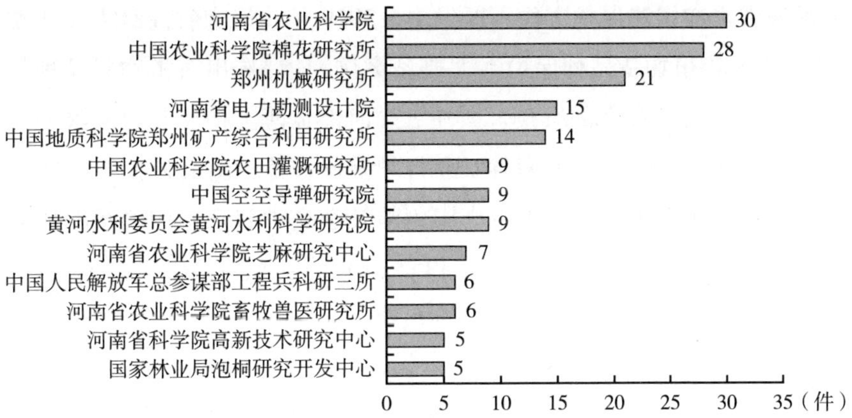

图 4　2016 年河南省科研院所获权发明专利 5 件以上排名

资料来源：河南省知识产权局专利统计简报 2017 年第 1 期。

（三）植物新品种保护情况

河南省作为传统的农业大省，在植物新品种权保护方面的表现可圈可点。“郑单 958”“郑麦 9023”等可以说是在全国赫赫有名的植物新品种，“郑单 958”玉米杂交种是我国具有自主知识产权的玉米种子，对抵制外来种子占据中国玉米市场有着重要作用。同时，河南省也不断有新的植物新品种通过审查。例如，2016 年，河南省林科院选育的“豫皂 1 号（20160120）”“豫皂 2 号（20160121）”皂荚新品种，被国家林业局授予 2016 年植物新品种权。2019 年 6 月 28 至 29 日，河南省林科院选育的“红玛瑙”和“黑珍珠”两个接骨木新品种也通过国家植物新品种实质审查。

表 3　2013～2014 年国家植物新品种保护情况统计

排名	地区	申请书(份)	授权数(个)	2013 年同期申请数量(个)	2014 年申请数量(个)
1	北京	989	199	1	51
2	山东	906	351	5	6
3	河南	906	339	7	12
4	四川	851	451	6	6
5	江苏	833	316	15	5

资料来源：《江西农业知识产权保护存在的主要问题及对策研究》。

河南省也在司法保护方面不断发力。2019年，河南省高级人民法院发布了《2018年植物新品种保护十大典型案例》，评选出对植物新品种权司法保护有较高指导意义的案例。其中，“河南金博士种业股份有限公司与北京德农种业有限公司、河南省农业科学院侵害植物新品种权纠纷案”是全国第一例关于在玉米杂交种生产中，涉及杂交种和亲本的关系问题而产生纠纷诉诸法院的案件，该案所涉4952万元的巨额赔偿也引起了法律界、农业科技界的广泛关注。

（四）地理标志的保护情况

河南省的农业地理标志保护方面也在推进。例如，“灵宝香菇”国家级农产品地理标志示范样板创建通过验收，“桐柏香椿”特色农产品顺利通过农业农村部审定，正式获得国家农产品地理标志保护认证，“鄢陵蜡梅”通过国家质量监督检验检疫总局科技司的地理标志产品保护技术审查，已经被国家实施地理标志产品保护。

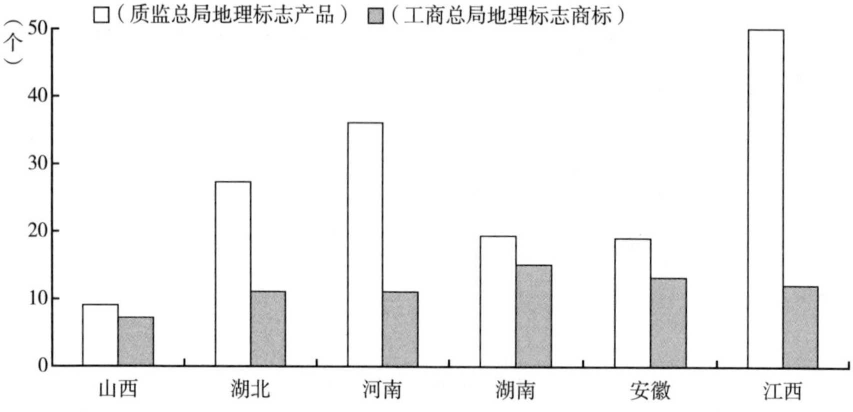

图5　2009年中部六省地理标志产品和商标数量

资料来源：《山西省农业知识产权发展现状及路径研究》。

（五）涉农商标保护情况

从统计数据可知，截至2015年，河南省驰名商标中占比较大的类别中，第30类（米、面等及其制品）26件，第29类（肉、奶、蛋等食品）11件；第33类（酒）8件，都是涉农商标（见图6）。

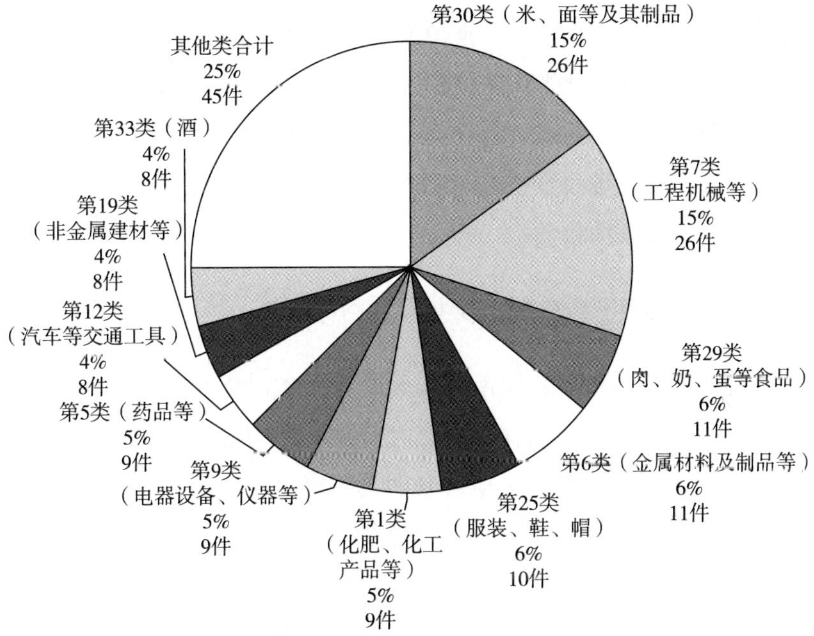

图6 河南省中国驰名商标类别统计饼状图（截至2015年）

资料来源：《河南省中国驰名商标分析报告》（截至2015年）。

分析河南省驰名商标的组成情况，可以发现，农产品、农产品加工及涉农行业的驰名商标占了较大的比例，这跟河南省农业大省、农产品加工大省的情况是相符合的。河南省的食品行业发展较为突出，有多个驰名商标企业在同行业中属于领头羊地位，例如，“双汇”“好想你”“三全”“思念”“白象”“莲花”等企业。

二 河南省农业知识产权发展过程中存在的问题

河南省在农业知识产权的发展过程存在以下几个较为明显的问题。

（一）重视程度不够，维权意识不强

由于我国知识产权保护的发展整体起步较晚，河南省农业知识产权的发展历史也不长，由此产生的一个现象就是民众对农业保护知识产权的意识较为淡薄。虽然近年来随着知识产权的发展，人们意识到了知识产权可以产生巨大的经济效益，但是在现有的社会，愿意花费较多精力和成本去维护知识产权的人还在少数。维权意识不高还体现为如果司法维权的成本较高，知识产权人可能会放弃维护权益。

（二）法律制度不健全，保护机制不完善

随着全球经济的发展，河南省作为农业大省需要有一个全面、系统的农业知识产权保护体系，来保证自己在全球经济的浪潮中能够比较好地防止农业知识产权受到侵害。根据自身的具体情况，河南省需要在国家宏观指导政策与法律法规之外制定更加细致的法律规定，符合国家规定并且与国际接轨的同时，贴近省情并更具有操作性。目前河南省保护农业知识产权的法律制度并不完善，仍有改善空间，也没有制定专门的农业知识产权保护的法律规定。

（三）管理体系不完善，管理水平待提高

除了要有完备的法律体系外，河南省还需要有完善的管理体系才能在实践中落实对农业知识产权的保护。但目前，知识产权管理体系仍然不尽人意。2018年中国专利调查报告中，关于对国内知识产权保护水平的评价的调查情况显示（见图7），65.2%的受调查者中都选择了“需要逐步强化”选项，同时加上17%选择“需要大幅强化”的受调查者，认为国内知识产权保护水平应该强化的人占受调查者总数的82.2%。可以看出，大部分接受问卷调查的人认为国内知识产权保护水平不能满足其发展需求，需要继续强化。

在2016年专利数据报告中，关于最需要政府提供“一站式”服务的知识产权业务（见表4），有2/3以上的受调查者都选择了“知识产权申请登记注册类”

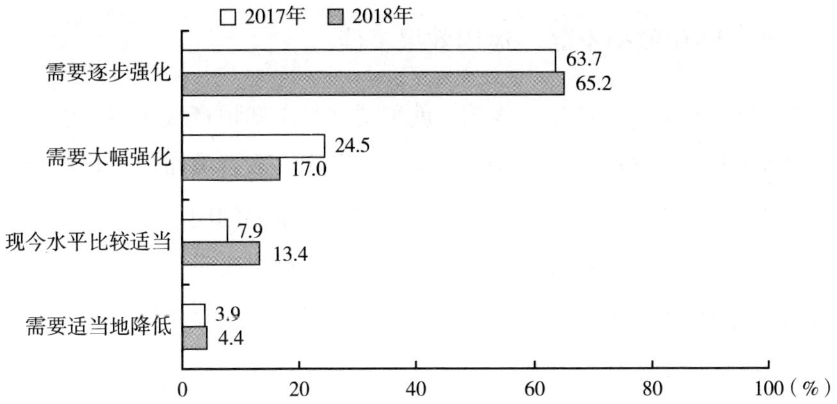

图7　2017 年与 2018 年对国内知识产权保护水平的评价对比

资料来源：国家知识产权局《2018 年中国专利调查报告》。

这一选项。可见我国在知识产权申请登记注册的服务上，有进一步的优化空间。在农业知识产权的发展方面，河南省的知识产权机构设置一样存在较大的优化空间。现有机构设置较为分散，不够便捷，管理水平有待提高。

表4　最需要政府提供“一站式”服务的知识产权业务

单位：%

调查选项	企业	高校	科研单位	个人	总体
知识产权申请登记注册类	74.2	79.9	78.0	63.6	73.9
知识产权行政执法类	35.1	23.2	36.8	28.1	34.1
知识产权金融服务类（质押、保险）	24.8	17.0	10.1	31.2	24.4
知识产权信息类	29.3	56.9	36.1	23.6	30.5
海外知识产权服务类	7.0	4.5	8.5	12.2	7.2
知识产权奖励/资助/费用减免	0.0	0.0	0.0	0.0	0.0
知识产权成果转化	0.0	0.2	0.1	0.7	0.1

资料来源：国家知识产权局《2016 年中国专利调查数据报告》。

除了政府服务机构，企业内部的管理也存在一定的问题。农业企业管理者缺乏足够的战略布局与管理意识，企业在机构设置上缺乏负责知识产权管理的部门，因此也使得企业内部知识产权管理难以展开，企业取得的农业知识产权也就难以得到足够的重视与有效的保护。

（四）转化效率不高，运用效果不佳

若要发挥农业知识产权的作用，就需要立足于知识产权实际。农业知识产权的运用效果可以从数量和质量两个方面考虑。取得的知识产权有多少可以从纸面上的文字转变为现实中的实践，这是数量上的问题；把现有农业知识产权的价值发挥到何种程度，取得多少效果，这是质量的问题。由于现在知识产权评估体系、市场运转机制尚待完善，很多的农业知识产权得不到合理的经济价值评估，在权利转让、质押等方面也存在问题。要让河南省的农业知识产权得到大发展，必须提高农业知识产权的转化效率，提高运用能力。

2016年专利数据报告显示，我国有效专利的总体实施率平均值为60.5%，而专利的总体产业化率平均值为45.1%（见表5、表6）。遇到过“具有市场前景的专利处于闲置状态”和“申请专利前以发表论文等形式公开技术成果导致无法获得专利保护”情形的专利权人分别占比为62.9%和41.9%（见表7）。可知，仍然有大量的有效专利不能得以转化。

表5　专利实施率

单位：%

项目	企业	高校	科研单位	个人	总体
有效发明专利	65.7	16.2	29.2	46.1	52.9
有效实用新型	68.0	11.7	38.4	34.8	62.9
有效外观设计	69.1	10.1	60.9	55.6	65.8
平均值	67.6	12.7	42.8	45.5	60.5

资料来源：国家知识产权局，《2016年中国专利调查数据报告》。

表6　专利产业化率

单位：%

项目	企业	高校	科研单位	个人	总体
有效发明专利	48.1	5.1	14.4	28.7	36.7
有效实用新型	50.6	3.1	20.6	22.0	46.2
有效外观设计	55.8	2.4	43.6	41.1	52.4
平均值	51.5	3.5	26.2	30.6	45.1

资料来源：国家知识产权局，《2016年中国专利调查数据报告》。

表 7　遇到过的具体情形情况

单位：%

项目	高校	科研单位	总体
单位人才对外交流造成专利或有关知识产权流失	21.7	16.8	19.7
单位专利被外部公司低价收购	20.5	9.2	16.0
申请专利前以发表论文等形式公开技术成果导致无法获得专利保护	44.6	37.9	41.9
员工离开本单位后将技术出售或应用	8.0	4.6	6.6
具有市场前景的专利处于闲置状态	70.6	51.4	62.9
合计	165.4	119.9	147.1

注：该题有效数据量为：高校、科研单位分别为 456 和 320，总计为 776，本题是多选题，百分比之和超过 100%。

资料来源：国家知识产权局，《2016 年中国专利调查数据报告》。

（五）人才缺口较大，发展后续乏力

人才是发展的关键，人才的流失会阻碍农业知识产权的发展。一方面，研发创新、制度设计等需要汇集众多人才的智慧；另一方面，农业知识产权的行政管理、市场开发等各个方面也需要有人才贡献力量，才能让体制得以运转。人才流失一方面会导致农业科技创新的乏力；另一方面也可能导致已经研发出来的农业知识产权成果无法得到较好的保护、开发，最终使成果流失。人才是发展的关键，河南省要大力发展农业知识产权，需要更多的相关人才，必须引进人才、留住人才，创造一个能让人才充分发挥其价值的环境。

（六）激励机制缺乏，开发热情不高

如果努力没有得到相应的回报，当事人的热情会被逐渐消磨；当付出有了较高的回报，当事人的热情与创造力便会被激发出来。要鼓励农业知识产权的发展，需要足够的激励机制，激发科研人员的积极性与创造性。科研人员为科研成果付出许多心血，但是如果发明的成果属于单位，而科研人员并没有在研发成功之后得到相应的奖励或者其他正面反馈，这会对研发人员的研发热情产生负面影响。不只是物质奖励，成就感、意义感也同样是奖励。

历经千辛做研究、写论文，最后研究成果却被束之高阁，没有机会转化为生产力，这样的环境不能够充分调动研究人员的研发积极性。

三　增强河南省农业知识产权保护的举措

针对河南省农业知识产权保护面临的问题，必须积极主动采取措施，解决问题、改善环境，促进农业知识产权发展。

（一）加强宣传，增强意识

意识指导实践，只有对农业知识产权足够重视与了解，才能积极并且有效地保护并运用好农业知识产权。政府应该多角度、多层次、多形式地进行信息推广宣传，增强民众对农业知识产权法律保护的意识。

首先，对执法者、农科管理者等进行培训，一方面注重农业知识产权意识的提升；另一方面提高农业知识产权服务的专业度。其次，要通过电视、报纸、新媒体等进行宣传推广，让大众对农业知识产权的相关制度、服务平台、重要作用等都有相应的了解。让研发人员能够合法合规地取得并使用农业知识产权，并在创新和使用过程中采取正确的保护措施。最后，依法规范知识产权律师事务所等中介服务机构，应该鼓励形成农业知识产权保护的机构组织，形成良好的支持农业知识产权保护的社会环境。

（二）完善法律，健全体系

《河南省知识产权战略纲要》虽做出了产业知识产权的战略部署，但仍然有待改善。需要制定更加细致的符合河南省农业具体情况的法律规范，扩大农业知识产权的保护范围，对农业知识产权赔偿制度做出更加细致统一的规定，形成对侵权人的威慑。根据不同农业科技的特点，针对农业科技研究人员的工作性质进行管理，提供一站式的申请服务，方便专利申报，加快审批速度。只有完善农业知识产权保护的法律制度，让群众对权利保护足够确信，让执法人员有法可依，才不会让法律保护停留在宏观的层面，才可以让权益人对法律救助够足够的信心。

（三）加强执法，提供保障

为了保护农业知识产权，应该加强执法，加强行政管理水平，完善行政管理体系。加大对侵权行为的打击、严厉查处力度，简化知识产权申报、审批手续，完善公示制度。加强对各相关单位工作人员的培训力度，提升执法人员执法技能，提高重视程度与警惕性。支持企业引入农业知识产权管理制度，提供免费的咨询和培训。加强知识产权行政管理部门、农业部门、司法部门、海关、科研单位等机构之间的联系与配合，加强行政服务建设，加强管理体系建设，加强秘密保护体系建设，杜绝农业知识产权流失、偷窃、遗失等情况的发生。

（四）培养人才，赢在未来

未来世界竞争的主要方面在于知识产权方面的竞争，未来知识产权人才的竞争是长远发展战略所不能忽视的一个环节。要发展河南省农业知识产权，人才培养的重要性不言而喻。一方面可以让农业知识产权相关从业人员通过在职学习、培训的方法来提升他们自身水平，优化现有从业队伍的质量；另一方面可以在院校培养的课程中增设农业知识产权的专业知识，为农业知识产权的发展准备充足的优秀后备人才。另外，还可以积极引进外来人才，为河南省农业知识产权的发展添砖加瓦。

（五）多元激励，激发热情

激励科技创新，开发农业知识产权的商业价值。如果农业知识产权成果仅停留在做研究、做论文的层面，成果被束之高阁，则农业知识产权的巨大价值被浪费，且农业知识产权权益人的研究热情也可能因为没有足够的反馈而渐渐消耗。激励人们加强农业科技创新，研发有自主知识产权的农业产品，一方面可以加大对科研人员的经济鼓励；另一方面应该加大投入促进农业知识产权成果转化。具体而言，有以下建议。首先，要把农业知识产权纳入分配制度。农业知识产权权益人可以取得现实的利益，是对其最直接的鼓励。一个知识产权、科技成果参与分配的制度，可以最大限度地激发科技研发人员的热情。其次，要把农业知识产权与人事管理制度挂钩，在科研人员的评优评先、技术人员的评聘考核等方面，农业知识产权应该成为一项指标。最后，加强农业知识产权转化为实际产能的能力。加强产业、学校、科研、资本等方面的结合，把农业知识产权转化提到重要战略位置。

参考文献

彭小彤、王缨、魏序端、陈匀：《福建省农业知识产权保护之初探》，《武夷学院学报》2009 年第 6 期。

任贵忠、杨发荣：《甘肃省农业知识产权保护现状及对策》，《甘肃农业科技》2015 年第 3 期。

汪东丽：《河南农业知识产权制度建设与战略实施》，《经济与法》2014 年 6 月。

王丽娜：《河南省农业知识产权的法律保护》，《河南广播电视大学学报》2009 第 1 期。

朱文玉：《黑龙江省农业知识产权发展对策研究》，《安徽农业科学》2014 年第 42（31）期。

B.4

河南版权监管现状及问题分析与建议

焦艳娜*

摘　要： 本文从目前河南的版权执法监管在挑战和机遇下亟须破解监管难题展开，描绘出河南省版权监管重要性日益突出、版权监管对象日益复杂、版权监管工作要求更高、河南省版权工作成绩显著的现状，发掘了版权监管力量薄弱、监管水平有待进一步提高、《著作权法》在行政执法中没有得到完全有效运用知识产权的问题，并提出突出严格保护，强化案件查办加强密切协作、创新监管模式、强化队伍建设，推进社会共治的具体措施。

关键词： 版权监管　创新驱动　监管模式

河南省版权工作在省委、省政府的领导下，紧紧围绕加快知识产权强国强省建设，切实发挥职能作用，不断加强版权保护，严厉打击侵权盗版行为，提高版权监管和公共服务能力，优化版权产业发展环境，鼓励版权产业创新开发、建设和运用，为河南省实施创新驱动发展提供有力支撑。

一　河南省版权监管现状

知识产权行政保护和司法保护的双轨制是具有中国特色的知识产权保护

* 焦艳娜，河南省委宣传部版权和印刷发行处主任科员。

制度，通过行政途径保护知识产权，在知识产权保护方面发挥了重要作用。有关版权纠纷，当事人可以向版权行政主管部门投诉，也可以到法院寻求司法保护。目前我国市场发育水平低，诚实守信的市场秩序并未建立起来，违法犯罪的成本低、数量大，仅有司法审判是不够的。政府的职能之一就是对市场进行监管，而对当前的中国市场而言，政府的监管责任很重。从实践层面来看，政府对市场的监管近年来取得了显著的效果，表现为市场更为有序，知识产权保护更有成效。所以，当前河南省版权执法监管工作正处于大有作为的关键时期。新形势下的版权执法监管，既有许多很好的机遇和条件，也面临着诸多的挑战和问题。

（一）版权监管重要性日益突出

习近平总书记强调，必须从战略高度重视知识产权保护工作，要加大知识产权保护力度，提高侵权代价和违反成本，震慑违法侵权行为。党的十八大以来，我国积极推进创新驱动战略，并将创新作为新的发展理念。党的十九大报告进一步提出，加快建设创新型国家，倡导创新文化，强化知识产权创造、保护、运用。党中央、国务院相继下发了《国家创新驱动发展战略纲要》《关于新形势下加快知识产权强国建设的若干意见》《关于完善产权保护制度依法保护产权的意见》《关于加强互联网领域侵权假冒行为治理的意见》《“十三五”国家知识产权保护和运用规划》《“十三五”时期文化发展改革规划纲要》等一系列重要文件，对加快知识产权强国建设、加强知识产权保护做出了重要部署，版权执法监管的重要性凸显。

2017 年 5 月，河南省人民政府颁布了《河南省人民政府关于新形势下加快知识产权强省建设的若干意见》。省委、省政府以深化河南省知识产权重点领域改革为突破，以知识产权保护和运用能力建设为主线，促进知识产权和经济社会深度融合，全面提升河南省创新驱动发展能力和产业核心竞争力。

（二）版权监管对象日益复杂

除对印刷复制源头企业、出版物仓储物流运输企业、出版物批发零售经营商家等传统出版物行业监管外，网络成为版权保护主战场。中国的互联网产业近年来保持了高速发展态势。截至 2018 年 12 月，网民规模达 8.29 亿人，普及率为 59.6%；手机网民达 8.17 亿人，占比 98.6%。网络新闻使用率为 81.4%、视频使用率为 73.9%、音乐使用率为 69.5%、游戏使用率为 58.4%、网络文学使用率为 52.1%、短视频使用率为 78.2%。2018 年，中国互联网版权产业市场规模达到了 7423 亿元，连续十多年保持高速增长态势，版权作品登记达 350 万件，其中软件作品登记超过 100 万件，同比增长了 26%。

互联网传播的快速崛起为著作权保护带来严峻挑战。内容提供网站未经许可直接上传文字、音乐、影视、软件、游戏等作品；电子商务平台等销售侵权盗版作品、网络服务商传播侵权盗版作品：文库、应用商店、贴吧、微博、微信、网盘、UGC 等搜索链接、播放器、浏览器、聚合 App 等，2018 年版权十大案件中，北京环球天下教育科技有限公司传播盗版电子出版物案、上海“3D 播播 VR” App 传播 3D 盗版影视作品案、江苏无锡“紫薯影院”微信公众号传播盗版影视作品案、广东龙某某等运营网络游戏私服案、江苏淮安“BT 天堂”网传播盗版影视作品案 5 个案件分别利用网站、App、微信等网络服务商侵权盗版。版权监管对象不论是范围还是形式都日益多样和复杂。

（三）版权监管工作要求更高

版权执法工作是近十几年来版权监管工作的重中之重。加强网络版权执法监管、打击网上违法违规行为，是维护意识形态安全、开展网上舆论斗争、推动知识产权保护、打击侵权假冒工作的重要举措。习近平总书记、汪洋主席、黄坤明部长、王勇国务委员等中央领导同志多次强调要把网上舆论工作作为宣传思想工作的重中之重来抓，要求“依法加强网络社会管理，加强网络新技术、新应用的管理，规范网络传播秩序，加大对网上有害信息、网络谣言的整治力度，使我们的网络空间清朗起来”。

将推进软件正版化工作作为版权监管工作的重要内容，是党中央、国务院的一项重要决策，是贯彻落实新发展理念、实施创新驱动发展战略的重要举措，是优化营商环境、增强经济竞争力、保障国家信息安全的要求。

（四）河南省版权工作成绩显著

近年来，河南省加强版权普法宣传力度，行政和司法保护不断增强，严格版权行政监管执法，加大执法队伍的培训力度，推进版权工作体系建设，深入推进软件正版化工作，强化对版权创新发展的支撑和保障，推动版权社会服务能力提升。随着“走出去”步伐的加快，中国与世界各国的经贸往来日趋密切，河南省作为“一带一路”连通境内外、辐射东中西的物流通道枢纽，努力为“丝绸之路经济带”的发展贡献强劲的中原力量，为郑洛新国家自主创新示范区、中国（郑州）跨境电子商务综合试验区、中国（河南）自由贸易试验区、国家级高新区、郑州航空港经济综合实验区、国家知识产权创意产业试点园区等知识产权产业聚集区提供知识产权保护、服务和支撑，全面提升河南省知识产权创造、运用、保护、管理和服务水平。

5年来，全省共查办侵权盗版案件5300余起，其中，互联网侵权盗版案件135起，移送公安机关50余起。共查缴盗版图书600余万册，关闭违法违规网站2000余家。5年来在全国查处侵权盗版案件有功单位和个人评选活动中，河南省共有85个单位及183名个人荣获有功单位、有功个人，获奖励资金243.5万元，在全国排名第5位。2005年以来连续开展14次“剑网行动”，查处案件6647起，依法关闭网站近6266个，删除侵权链接256万条，移送案件609件。查处的“番茄花园”“思路网”“百度影音”“快播”“射手网”等案件，引起社会广泛关注。

在软件正版化工作推进过程中，河南省委、省政府高度重视，戴柏华副省长、赵素萍部长、江凌部长对该项工作做出批示，要求落实好相关工作任务。联席会议各成员单位认真贯彻落实党中央、国务院和省委、省政府有关保护知识产权工作的重要部署，恪尽职守，履职尽责，密切协同，互相配合，积极推进河南省使用软件正版化工作。联席会议办公室（省版权局）认真做好服务协调工作，制定全省软件正版化工作方案和工作目标，对各地、各部门推进使用正版软件工作进行指导，及时总结工作经验，协助各地、各部门解决工作中遇到的问题。2010年以来，河南省按照国务院办公厅《关于进一步做好政府机关使用正版软件工作的通知》精神和推进使用正版软件工作部际联席会议的统一部署，推动完成了省、市、县三级政府机关软件正版化工作。

二 河南省版权监管存在的问题

目前河南省版权保护工作已经具有良好基础，版权普法宣传力度不断增强，版权舆论氛围良好，公众版权保护意识得到了增强。软件正版化工作正在向纵深推进，查处了一批侵权盗版大案要案，特别是自2005年起联合网信办、工信部、公安部连续13年开展打击网络侵权盗版“剑网行动”，取得了较好成效。但在新形势下，打击侵权盗版任务越来越重，新技术带来的问题越来越突出，版权治理压力也越来越大。

（一）监管力量薄弱

与当前形势和中央要求相比，我们的监管成效、监管力量、监管手段都还存在一定差距。全省版权保护水平发展仍不平衡，有的地方工作任务重与执法力量资源短缺的矛盾还比较突出；机构改革后，河南省版权行政执法存在的一个突出问题是机构、人员力量、体制机制的不协调。虽然《著作权法》确定了著作权行政管理部门执法监管地位，但国家、省、市三级机构只是个框架，而实际上的版权部门仅仅是一个牌子。从河南省的情况看，从事版权行政管理工作的在编人员少，并且同时还要担负着其他任务，有的市版权职能科室在工作上，要对应新闻出版、版权、“扫黄打非”等多个部门，工作强度大，到县一级矛盾则更加突出，版权行政管理力量严重不足。因机构改革，文化综合执法等部门不能落实版权行政执法和市场监管责任。

（二）监管水平有待进一步提高

目前，河南省版权监管水平得不到提升，主要受制于以下一些因素。基层监管执法手段落后、监管技术和专业人才缺乏、执法能力和专业素质较低等；网络版权矛盾纠纷表现突出，网络执法监管面临着相当大的压力；跨部门跨地区的执法联防协作还不成熟，涉嫌犯罪案件移送公安机关的比例仍然偏低；软件正版化工作人员出现松懈情绪，“重购轻管”“重硬轻软”现象较为严重等。

（三）《著作权法》在行政执法中没有得到完全有效运用

我国《著作权法》自1990年颁布以来，经历过两次修订，随着经济社会和科学技术快速发展，特别是互联网广泛应用，现行著作权制度面临许多新情况新问题。在处理版权侵权盗版案件过程中，一些基层办案人员认为，《著作权法》较之《出版物管理条例》而言条款过于笼统、不易操作，证据要求高，罚款数额高难以执行。因此，实践中办案人员多依据《出版物管理条例》对版权侵权案件进行行政处罚。

三　河南加强版权监管工作的对策与建议

（一）突出严格保护，强化案件查办

当前侵权盗版现象还比较严重，网络版权保护面临诸多新问题新挑战，打击侵权盗版还是一项长期、复杂、艰巨的任务。必须要把执法监管作为版权工作的首要任务来抓，把严格保护作为工作的主基调和基本导向，充分发挥版权保护激发创新创造的独特作用。

对于版权侵权犯罪活动，要重拳打击，强化案件查办。要认真落实国家版权局对案件办理的指示要求，始终抓住案件查办不放松。强化对印刷复制源头企业、出版物仓储物流运输企业、出版物批发零售经营商家的监督和管理。进一步畅通举报渠道，加大市场暗访巡查频率和网络主动巡查力度，确保发生案件能够及时发现，快速查处。坚持有案必接、接案必查的原则，特别是国家督办案件，互联网侵权案件，对盗版盗印大案，都要抓住不放，一查到底。加强对重点案件的督导督办，确保每个案件都能拿得下、查得实，

使违法犯罪分子得到应有惩处，形成强力震慑，全面提升河南省版权执法监管工作的整体水平。

（二）加强密切协作，创新监管模式

要高度重视行政处罚与刑事司法的衔接。各级版权执法监管部门要与同级公安机关加强业务联系，严格执行《行政执法机关移送涉嫌著作权犯罪案件的规定》及“双打办”两法衔接意见，按要求将涉嫌著作权犯罪案件移送公安机关，同时注意规范移交手续，形成打击著作权犯罪的工作合力。

要针对侵权假冒行为的新手法新特点，从技术和制度两个层面创新执法监管方式。着力推进“互联网+市场监管”，加强大数据、云计算、移动互联网等技术在执法监管中的研发运用，提高对侵权违法线索的发现、甄别、挖掘、预警能力。健全以“双随机、一公开”为基本手段、以重点监管为补充、以信用监管为基础的新型监管机制，做好日常监管、专项检查与立案查处的衔接。加快建立完善“黑名单”制度和联合惩戒机制，努力营造“一处失信、处处受制”的信用环境，让侵权违法者寸步难行。

（三）加强队伍建设，推进社会共治

要尽快理顺版权行政执法工作机制，明确版权行政执法职责，配备相应的版权执法力量，履行版权行政执法责任。

版权工作具有明显的社会化特点，加强版权保护，需要整合运用全社会各方面资源，不能单纯依靠政府部门的力量，还需行业、企业包括社会公众的共同努力，各级版权管理部门要加强区域执法协作，加强与公安、网信、工信等部门配合，加强与权利人组织合作，形成政府监管、企业自管、行业自律与公众监督相结合的管理格局。

B.5
河南地理标志保护现状与运用对策建议

张继文　李　莹*

摘　要：　地理标志是推动农业产业化，增强产品市场竞争力的有效途径。近年来，河南省地理标志保护取得较为理想的成绩：地理标志数量与质量稳步增长、地理标志司法保护与行政保护常态化、地理标志培育、申报、运用等制度体系日趋完善。但是，我们还有不足：河南省地理标志发展不均衡、不充分、地理标志品牌建设力度不足、地理标志保护意识缺乏、地理标志市场监管制度不完善。今后河南省应该加大区域特色普查，充分挖掘地理标志资源、加强宣传力度与创新宣传方式，提升地理标志认知度、创新品牌建设路径，提高地理标志影响力、加强保护与监管力度，打击假冒地理标志行为。

关键词：　地理标志　证明商标　农产品地理标志　品牌建设

《晏子春秋·杂下之十》中有这样一段话："婴闻之，橘生淮南则为橘，生于淮北则为枳，叶徒相似，其实味不同。所以然者何？水土异也。"由此可见，独特的地理环境与自然环境可以造就独特的产品特点，成为该地区的亮点与名片。在我国，自古就有以"地名＋产品名称"来标识特定产品的传统，例如流传至今具有数百年历史的新疆哈密瓜、景德镇瓷器、洛阳牡

---

* 张继文，中原工学院法学院/知识产权学院讲师，博士；李莹，北京大成（郑州）律师事务所律师。

丹、绍兴黄酒、烟台苹果、北京鸭等，这种以“地名+产品名称”来标识特定产品来源的方式在法律上被称为“地理标志”。正如我国《商标法》第16条规定：“地理标志，是指标示某商品来源于某地区，该商品的特定质量、信誉或者其他特征，主要由该地区的自然因素或者人文因素所决定的标志。”在实践中，地理标志不仅可以标识产品的来源地，而且还将产品的信誉与质量与该地的独特自然环境、地理环境以及人文环境相关联，有助于提升产品的知名度、美誉度和用户忠诚度，从而成为该商品质量保证与市场竞争的优势条件，成为产品进入国际市场的试金石与敲门砖。据“商标与经济发展关系”课题研究报告，我国地理标志商标注册前后相关产品价格平均提高了50.11%，来自地理标志的收入占到当地农民总收入的65.94%，地理标志产业带动相关产业发展的产值带动比达到1∶5.20，就业带动比达到1∶3.34，已有53.38%的地理标志产业成为区域经济支柱产业。地理标志商标对当地就业、居民增收和经济发展的综合贡献率和影响程度超过30%。地理标志的注册、保护、管理和运用，在促进农业增效、农民增收、农村增绿方面成效显著，在地理标志产品的引领、聚集、辐射效应下，曾经的“穷山恶水”逐渐变成了“金山银山”①。据此，本文以地理标志为题，分析河南省地理标志保护的现状与不足，提出河南省地理标志保护与运用的有效建议，希望通过地理标志带动河南省相关产业的发展。

一　河南地理标志保护现状

《河南省知识产权事业发展“十三五”规划》明确提出，挖掘农产品地理标志资源，鼓励地方政府、行业组织申请地理标志或者注册集体商标、证明商标。近年来，在省委、省政府指导下，河南省地理标志保护取得较为理想的成绩。主要体现在以下几个方面。

---

① 张继文：《地理标志实务》，载李尊然主编《知识产权法律实务》，河南人民出版社，2019，第312～313页。

（一）地理标志数量与质量稳步增长

在我国，“地理标志”一词主要与两个国家机关、三部法律文件相关，因而形成了三种具有差异化的地理标志申请路径：国家知识产权局商标局可以根据《集体商标、证明商标注册和管理办法》授权地理标志证明商标；国家知识产权局国家质量监督检疫总局可以根据《地理标志产品保护规定》授权地理标志保护产品；农业农村部可以依据《农产品地理标志管理办法》授予农产品地理标志。因而，在我国，“地理标志证明商标”“地理标志保护证明产品”“农产品地理标志”三者都属于地理标志的范畴，都强调产品的特定来源属性与自然因素、人文因素的密切关系[①]。近年来，河南省特别重视地理标志资源的挖掘与申报，截至2019年10月，河南省三项地理标志授权数量分别为82件、110件、119件，河南省2009～2019年农产品地理标志登记信息可以看出，近三年河南省农产品地理标志申请保持较高的热情，年申请量在20件左右（见图1），产品涉及瓷器、中药材、食品、农产品等十多个种类。在质量方面，河南省近年来涌现出诸如“信阳毛尖”“温县铁棍山药”“灵宝苹果”“原阳大米”“河阴石榴”“新郑红枣”等家喻户晓的品牌，地理标志的经济价值与产业价值逐渐显现。以“温县铁棍山药”为例，温县地处黄河、沁河冲积平原，土壤肥沃，土质独特，气候温和，四季分明，作为“四大怀药”原产地之一的历史已有3000多年。2003年，“温县铁棍山药”被国家质量监督检验检疫总局批准为“地理标志产品”；2011年，温县“四大怀药”协会向国家工商总局申请了“温县铁棍山药”原产地证明商标，2012年5月商标注册成功；2018年“温县铁棍山药”获得农业农村部农产品地理标志登记。“温县铁棍山药”已集齐商标、质检和农业三大“国家级地标”，“温县铁棍山药”通过地理标志完成了从品种濒临灭绝到重新焕发生机的华丽转型。2018年，该县被财政部、农业农村部确定为全省唯一的国家级现代农业产业园，并将通过1亿元奖补资金驱动，促进铁棍山药产业逐步迈上标准化、规模化、产业化和信息化的

① 本文中除非有特别说明，文中所称地理标志为三种地理标志形式的统称。

高质量发展之路。同样“灵宝苹果”的发展也得益于其得天独厚的自然条件，河南灵宝县是亚洲最佳苹果适生区和西北黄土高原优势苹果产业带的发源地，苹果种植业多年来一直是支撑灵宝农业的第一大龙头产业，也是惠及63万农民的第一富民产业。2019年1月，农业农村部向“灵宝苹果”颁发中华人民共和国农产品地理标志登记证书。这是自2012年5月，“灵宝苹果”被国家质检总局认定为生态原产地保护产品；7月，“灵宝苹果”地理标志是商标顺利通过国家工商总局商标局审批外的又一重大突破。据评估，“灵宝苹果”的品牌强度为842，品牌价值为186.42亿元。比去年183.40亿元提高了3.02亿元，前进了七个位次，连年稳居全国县级苹果品牌第一位①。

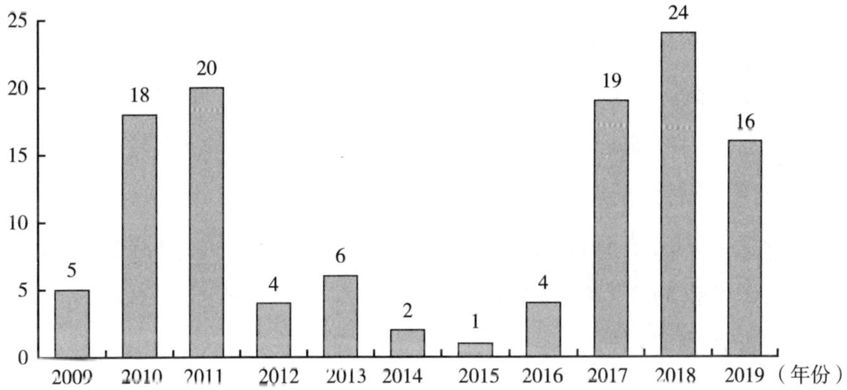

图1　河南省2009～2019年农产品地理标志登记数量

资料来源：作者根据河南省知识产权局相关数据制作而成。

（二）地理标志司法保护与行政保护常态化

河南省自2010年发生“国家地理标志产品河南第一案”（驻马店正道油业有限公司诉平顶山市工商行政管理局新华分局案）② 以来，地理标志权

① 三门峡市人民政府：《“灵宝苹果”稳居全国县级苹果品牌第一位》［EB］，河南省人民政府官网，http：//www.henan.gov.cn/2019/07－19/936247.html，访问日期：2019年10月1日。

② 陈磊、朱剑锋：《“国家地理标志产品河南第一案”追踪》［EB］，新浪博客，http：//blog.sina.com.cn/s/blog_6bd91a030100pq10.html，访问时间：2019年10月1日。

利人法律意识与品牌意识逐渐增强，通过司法诉讼与行政执法解决地理标志侵权问题的案例正在增加。河南省高院更是将加强地理标志知识产权保护作为法院工作的重点工作之一，针对地理标志保护不力问题邀请省工商局、农业厅、出入境检验检疫局等相关行政主管部门，信阳毛尖、铁棍山药、灵宝苹果、原阳大米等地理标志龙头企业，行业协会代表，及相关地方政府、部分中级法院等召开了地理标志司法保护工作研讨会；向省政府提交了《河南省地理标志保护情况调研报告》及《司法建议书》，助力以“铁棍山药”“信阳毛尖”“灵宝苹果”“原阳大米”等为代表的河南省地理标志产业做大做强，促进具有地域特色的自然、人文资源优势转化为现实生产力。典型案件如：“好想你”与“真的好想你”分别是两家枣业公司的商标，双方因商标纠纷提起的行政异议、复议、诉讼达到100余件，时间长达8年之久，河南法院经过37次调解，才彻底了结此案。随着铁棍山药名气渐大，本地相关企业开始以“正宗”身份争夺市场，外地也出现假冒山药。原告温县铁棍山药专业合作社通过诉讼维权，法院判决被告停止侵权，并赔偿原告经济损失。在行政执法方面，国家市场监管总局会同知识产权局制定的《2019年知识产权执法“铁拳”行动方案》提出，严厉查处地理标志侵权违法行为。针对涉农产品、特色产品，以生产集中地、销售集散地为重点，加强线上线下、区域内外协同执法，加大对地理标志侵权假冒案件的查办力度，严厉查处擅自使用专用标志或近似标志，以及伪造、冒用或未按规定印制专用标志等行为，切实维护地理标志产品的声誉和品牌价值。河南市场监管部门以驰名商标、地理标志为重点，严厉打击商标侵权行为，营造良好的创新环境和营商氛围。持续加大专项执法保护力度，组织开展“雷霆”“护航”“溯源”“净化”等知识产权执法专项行动，持续加大关系国计民生的重点行业知识产权保护力度。

总之，在地理标志引发的纠纷中，河南省通过发挥司法保护、行政保护、社会保护等优势，将多种路径形成合力，共同规制侵权行为，有利于市场的健康发展。

（三）地理标志培育—申报—运用等制度体系日趋完善

地理标志是区域经济发展的一张特色名片，是实现乡村振兴的重要抓手。河南省各级政府高度重视地理标志保护和品牌创建工作，地理标志保护规模不断发展壮大，地理标志不仅涉及优势资源的挖掘、培育、申报、申请、核查、评审、监管、运用等一系列问题，而且存在申报时间长、任务重，离不开政府主导与政策推动的弊端。河南省各市出台一系列地理标志的政策文件与奖励政策，有效激励地理标志的挖掘与申报。例如郑州市政府2012年专门出台《郑州市人民政府关于加快推进郑州黄河鲤鱼品牌建设促进现代渔业发展的意见》授权郑州市渔业协会作为“郑州黄河鲤鱼”地理标志认证的申请人，有效并及时开展了认证材料的收集与整理工作。近期，郑州市政府出台文件对新获得注册的地标给予一次性50万元奖励，新密、新郑也已相继出台配套措施，对新申请的地理标志分别给予奖励。《洛阳市人民政府关于大力实施商标战略的意见》指出，“对新认定的地理标志证明商标或集体商标，每件奖励10万元，其中8万元奖励给企业，2万元奖励参与工作的有关部门”。有效激励了地理标志的申请，2012年之前，洛阳市仅拥有地理标志产品6个，截至2019年10月，洛阳市拥有23个地理标志，成为河南省拥有地理标志数量最多的城市。濮阳市对获得中国地理标志、河南省著名商标的企业，各给予一次性10万元的奖励，奖励资金由市政府和受益县区财政各负担50%。南阳市工商局与南阳市政府成立商标战略实施工作领导小组，制订了西峡香菇、西峡猕猴桃、唐河栀子、唐河半夏、桐柏桔梗、南阳黑猪、伏牛山羊、内乡核桃、南阳黄牛等地理标志商标企业发展的地方标准。其中，中国地理标志商标有西峡香菇、西峡猕猴桃等9件，全省排名第一。西峡县先后被命名为中国猕猴桃之乡、香菇之乡。唐河县获得“唐栀子”“唐半夏”两个品牌地理标志商标，带动3万多户10余万人共同致富。2011年《三门峡市人民政府关于加快地理标志产品产业化发展的实施意见》提出，加快地理标志产品的产业化发展进程，把品牌优势转化为经济优势，促进农业和农村经济持续、快速、健康发展。

二 河南地理标志保护不足

河南省地处中原腹地，地理环境优越，独特的气候环境与人文因素为农业生产提供优越的发展条件，例如2018年，河南粮食产量达1330亿斤，用全国1/16的耕地生产了全国1/10的粮食、1/4的小麦，成为当之无愧的“国人粮仓”“农业大省”。但在如何充分利用自然资源，打造河南省农业品牌，尤其是地理标志品牌建设方面与其他省份相比还处于落后地位，与建设现代农业大省的预期还有相当大的差距，据市场调查，河南小麦的产量虽然全国第一，但市场需求量大的强弱筋小麦只有10%左右，80%多的面粉是卖不上高价的普通粉。具体不足表现在以下几个方面。

（一）地理标志发展不均衡、不充分

河南省自然资源丰富，尤其是农产品种类多，分布广，以河南省各市2009~2019年农产品地理标志登记数量为例，全省各个地级市均有农产品地理标志，最多的是洛阳，其次是三门峡、郑州，最少的诸如济源、漯河等，仅分别拥有1件与2件，排名前五的地市所拥有的农产品地理标志数量占农产品地理标志总量的53%，以平均数来算，有一半的地级市未达到平均水平（见图2）。

从全国地理标志拥有总量发展状况来看，“三标”总量最多的省份是山东省，达到1101件；其次是四川省，有816件；河南省位列第12名，仅有311件，拥有量约占山东的28%，约占四川的38%（见图3）。

截至2019年6月，商标局共核准注册5093件地理标志商标，其中，国外地理标志商标191件。如图4所示，全国部分省份地理标志累计注册量最多的前5个省依次为山东省（692件）、福建省（470件）、湖北省（429件）、四川省（347件）和江苏省（308件），合计占全国的44.1%。河南省仅有82件，与黑龙江、吉林处于同一水平，与排名前五的各个省份有较大的差距。

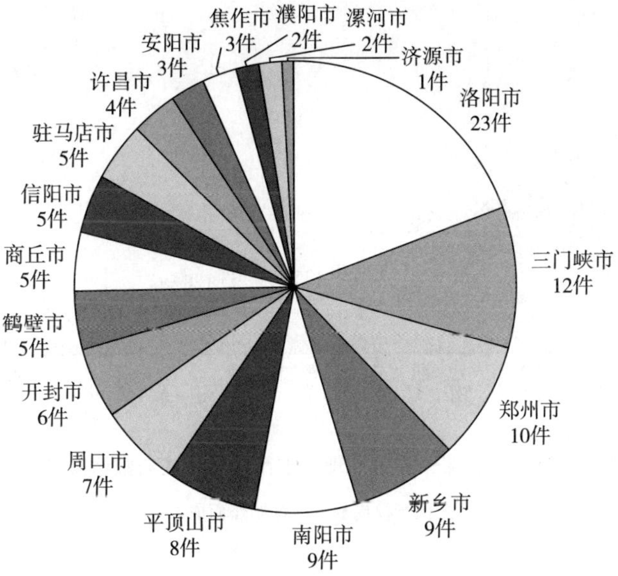

图2 河南省各市2009～2019年农产品地理标志登记数量

资料来源：作者根据河南省知识产权局相关数据制作而成。

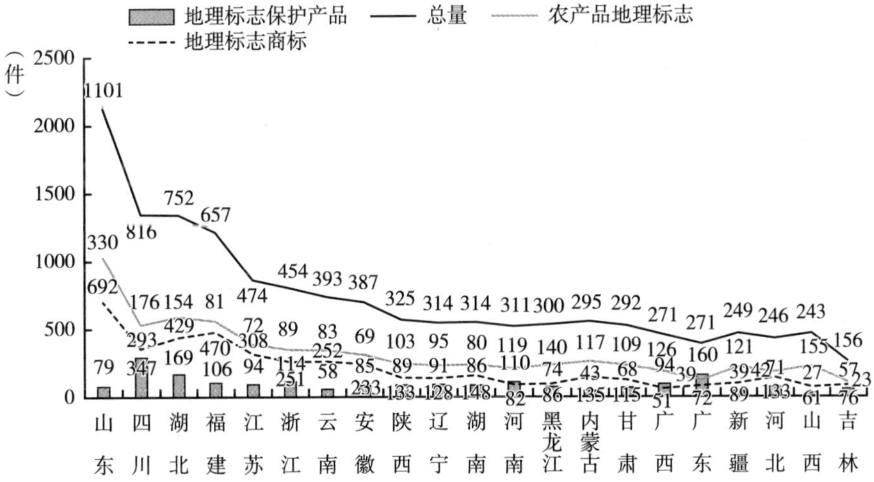

图3 全国主要省市地理标志拥有总量排名

资料来源：作者根据国家知识产权局相关数据制作而成。

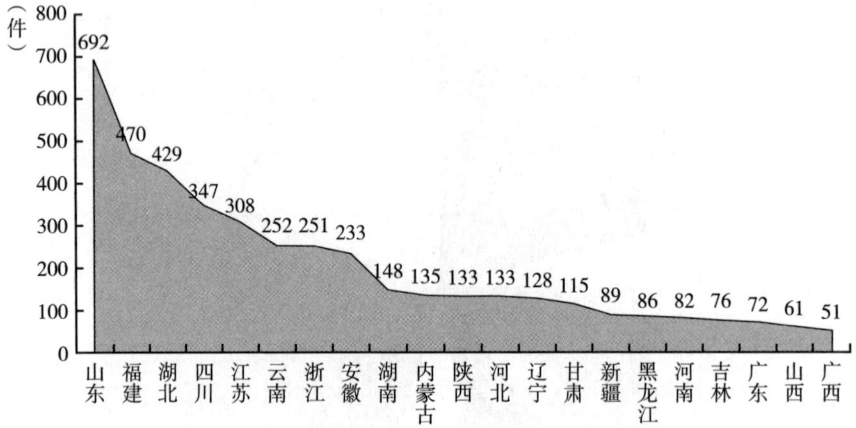

图4　全国部分省份地理标志商标累计注册数量排名

资料来源：作者根据国家知识产权局相关数据制作而成。

在全国各省市农产品地理标志数量方面，如图5所示，与其他两类地理标志相比较，河南省在该项的全国排名相对靠前，河南省拥有农产品地理标志119件，位列全国第八名，但是仅有山东省约1/3的数量。在中部六省农产品地理标志登记数量方面，如图6所示，山西省与湖北省都在河南省之前。这与河南省丰富的自然资源与人文资源储备不相符。

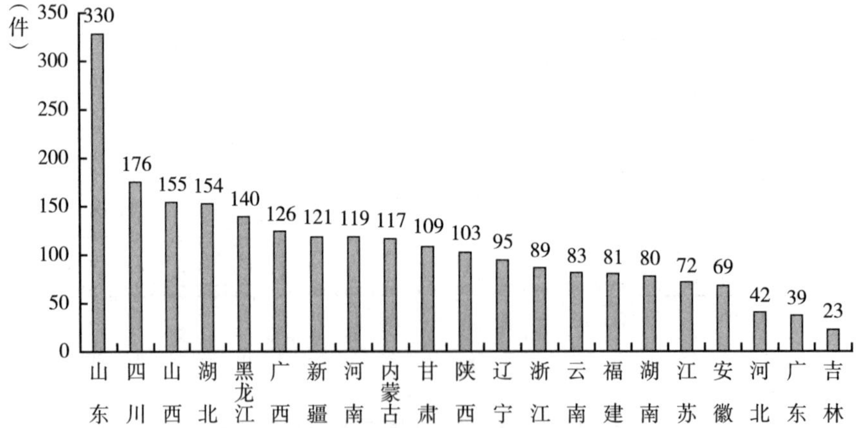

图5　全国各省市农产品地理标志数量排名

资料来源：作者根据国家知识产权局相关数据制作而成。

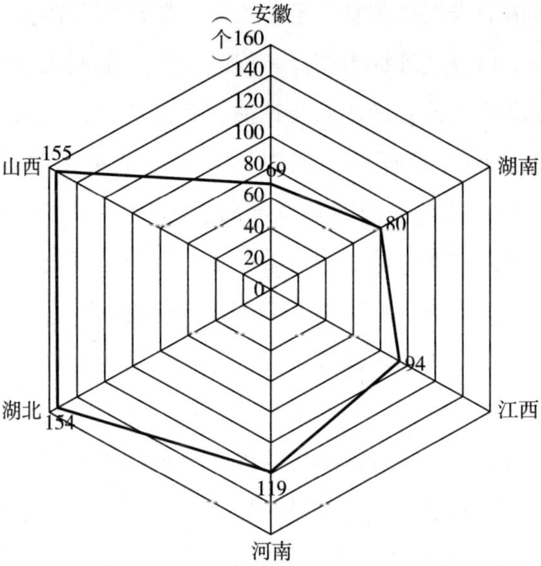

图 6　中部六省农产品地理标志登记数量

资料来源：作者根据国家知识产权局相关数据制作而成。

从以上数据可以看出，尽管河南省近年来在地理标志方面取得不错的成绩，但是从省内来看，各地市发展状况不均衡，并且差距较大；从全国范围来看，河南省农业大省与资源大省的优势在地理标志方面没有体现，与其他省份有不少的差距，地理标志发展还不充分。

（二）地理标志品牌建设力度不足

自 2018 年省委、省政府发布《关于开展质量提升行动的实施意见》以来，河南省各市对品牌建设的重视程度显著增强，积极实施品牌带动工程，加快培育拥有自主知识产权的品牌工程、品牌产品、品牌企业，积极引导企业参与品牌价值评价活动。例如，中国国际贸易促进委员会、中国品牌建设促进会等单位联合举办的“2019 中国品牌价值评价信息”透露，河南省六个地理标志位列排行榜前 110 名，分别是怀山药（11 名）、灵宝苹果（14 名）、汝瓷（32 名）、正阳花生（34 名）、拓城辣椒（65 名）、汝阳红薯（101 名）。地理标志产品保护制度对提高产品的知名度、美誉度和附加值起着重要作用，河南省地理标志产品在市场上有着诸如安溪铁观音、五常大米、阳澄湖大闸蟹、赣南脐橙、库尔勒香梨、烟台苹果等地理标志产品一样的优势，他们无论是品牌形象还是消费者认可度都高于其他省份的同类产品，在品牌价值方面亦是如此，五常大米的品牌价值是677.93亿元，河南省“灵宝苹果”品牌价值被评估为186.42亿元，更别提还未上榜的其他产品。因此，必须从发展战略的高度来看待地理标志保护问题，从实践来看，一方面河南省地理标志产品生产者和经营者规模不足，龙头企业缺乏，多数地理标志还仅在本县、本市或区域范围内有一定的知名度，在全国或世界范围内知名的地理标志较少。这主要是因为没有统一的规划和组织，传统粗放型农业使地理标志农产品标准化严重不足，质量参差不齐，地理标志经营者不注重品牌的建设和维护，无法形成品牌效应①，导致地理标志农产品品牌竞争力下降，从而农产品的特色品质难以发挥。另一方面，河南省大米、小米、萝卜、梨、香菇等农产品存在一定程度的重复建设、规模化程度低问题，例如，在萝卜种类中，河南省农产品地理标志已经成功申请了无量寺高青萝卜、固始萝卜、古寺郎胡萝卜、坡河萝卜、浚县大碾萝五个地理标志；在小米类别中，除了伊川小米还有清泉沟小米；在香菇种类中，有灵宝香菇、西峡香菇、汝阳香菇、伊川平菇四种香菇地理标志。因而，河南省地理标志产品产业布局水平较低、企业规模不足、缺少品牌拳头产品、开拓市场能力不强等问题都有待于通过品牌建设来加以解决②。

（三）地理标志保护意识缺乏

由于地理标志蕴含巨大的商业价值，原产地以外的生产商采取“搭便车”的方法假冒他人地理标志的现象仍然较为普遍。普通消费者很难从外观来识别地理标志产品，因而需要借助于产品包装。例如温县铁棍山药以其独特的地理产地优势和口味，在山药市场上独占鳌头，但也因此被国内其他山药产区的企业仿冒。一些经营者将从河北、山东等地低

---

① 李景相：《广西农产品地理标志知识产权发展现状与对策研究》，《新农业》2019年第13期。

② 金多才、李国庆：《河南省地理标志保护现状、问题及建议》，《中华商标》2009年第8期。

价采购的山药冒充铁棍山药进行销售，极大扰乱正规铁棍山药的销售市场。郑州黄河鲤鱼2012年即获得农产品地理标志保护，并且还被纳入国家级的地理标志保护目录里，按照质量控制技术规范的要求，所有的郑州黄河鲤鱼的质量、口感、产地等特征都必须符合其独特的产业标志，但是黄河鲤鱼产业布局不完善，地理标志保护措施不到位，导致许多小市场、小水域销售假冒的黄河鲤鱼。2003年信阳毛尖已经注册证明商标，信阳市茶叶协会受信阳市政府委托，成为信阳毛尖的注册人。但是信阳毛尖不但种植面积扩大，而且在市场上还充斥着不少以湖北、四川等地的茶叶冒充信阳毛尖的现象。新郑枣农每年打着新郑红枣的地理标志至少销售出1000万公斤的非新郑产红枣。孟津梨作为农产品地理标志申请使用范围为会盟镇、乐平镇等10个乡镇，由于地理标志产品对品质要求严格，孟津梨最早在8月初成熟，而每年6~7月市场中便有大量质量不合格的“孟津梨”出售，无视地理标志产品的质量标准要求[①]。如此一来，不仅影响了地理标志品牌的形象，降低了品牌的市场竞争力，也损害了生产者和消费者的利益。

（四）地理标志市场监管制度不完善

河南省地理标志在使用中存在与其他省份一样的问题，即重申请、轻监管。各级政府对于地理标志的培育与申请有明确的奖励政策与考核指标，但是对于后期如何使用，使用过程中是否符合地理标志产地规范与产品要求却没有明确的监管制度。对于使用地理标志的企业而言，很多企业为了追求眼前的利益，片面强调产地的真实性，一味扩大产量，却忽视了产品的质量与特色，没有严格遵守申报地理标志的质量要求和工艺标准，忽视产品质量和产品的后期加工，使地理标志产品与普通产品无异，地理标志的价值没有真正体现，例如封丘金银花虽然是地理标志产品，但是部分企业没有认识到地

① 刘昱彤：《河南省农产品地理标志产品产业化发展路径研究——以孟津梨为例》，《现代商贸工业》2019年第24期。

理标志的价值，大部分外销金银花基本都没有加贴地理标志①，使地理标志产品制度形同虚设。

三 河南地理标志保护与运用的对策建议

地理标志工作不是一蹴而就，而是一个长期性的工作，地理标志的培育与申请只是前提，后端的保护与运用更是价值目标。未来河南省要发挥农业大省与自然资源的独特优势，就必须培育出一系列国内外知名的地理标志品牌，为市场提供高附加值与高市场认可度的地理标志产品，从而通过地理标志品牌建设带动农业产业的发展。具体而言，可以从以下几个方面做出努力。

（一）加大区域特色普查，充分挖掘地理标志资源

河南省农产品资源丰富，各级政府相关部门应该对辖区内有潜力的特色农产品资源进行普查，邀请科研团队对农产品生长的自然环境、土壤、水源、产品品质等进行科学鉴定，制定本区域农产品地理标志发展可行名录与编制地理标志发展规划，有序推进地理标志的培育与申请制度。对符合条件具有良好市场前景的农产品尽早申报地理标志；对有发展潜力的农产品，设立专项资金，出台培育政策。同时，鼓励行业协会、企业积极参与本地域优势农产品资源的挖掘和培育，鼓励其进行合理布局，选择合理的地理标志类型②，扩大河南省地理标志保护的覆盖面，解决河南省地理标志运用不均衡与不充分的问题。

（二）加强宣传力度与创新宣传方式，提升地理标志认知度

针对河南省地理标志市场认可度、知晓度与农户使用率较低的问题，各

① 金多才、李国庆：《河南省地理标志保护现状、问题及建议》，《中华商标》2009年第8期。

② 张继文：《知识产权与品牌建设》，载王肃主编《河南省知识产权发展报告（2016～2017）》，知识产权出版社，2018，第196页。

级政府应加强宣传力度，充分利用网络平台、农产品展销会、博览会等媒介，加强地理标志制度的宣传与推广，提高社会公众对地理标志的认可度。具体而言，可以分为以下几种路径：一是地理标志经营者应该规范使用地理标志，在其产品包装的合法使用地理标志标识，在其广告、电子商务平台、网站、刊物等媒体将地理标志标识设置在消费者容易关注到的位置，增加地理标志与特定产品质量之间的关联性。二是地理标志主管部门可以联合地理标志行业协会、人民法院、消费者权益保护协会、高校等机构共同举办各式各样的宣传活动，向社会公众进行普及当地农产品地理标志的价值以及宣传地理标志产品中对历史文化、自然环境、生产工艺等具体要求，从而提升社会公众对地理标志保护的意识以及消费意识。三是鼓励经营者将农产品地理标志与农业旅游、文化、休闲等深度融合，支持经营者举办诸如地理标志保护与发展论坛、地理标志知识竞赛、地理标志产业推进会、农产品采摘会、丰收节等各种类型的会议或活动，提高河南省地理标志的知名度。

（三）创新品牌建设路径，提高地理标志影响力

产业兴则乡村兴，地理标志的实施必须走品牌化道路，摆脱传统农业发展道路，提升产业化水平和产生市场竞争力。一方面地方政府应该发挥引导作用，充分发挥诸如龙头企业、引领企业、专业合作社等模范带头作用，鼓励农户成立专业合作社，整合资源，协调处集生产、加工、管理、销售于一体的产业链，加强农户提升农产品质量的意识，保障地理标志产品的质量水平，提升其品牌的市场竞争力。例如四川汉源县自古以来被称为我国的“花椒之乡”，2005 年汉源花椒被评为地理标志产品，2009 年汉源花椒被评为地理标志证明商标，2010 年汉源开始成立花椒专业合作社，从过去的零星种植、实生栽植向规模化栽植、良种化栽植转变，经营方式也从最初出售初级产品向分品种采收的集约化经营转变，培育出五丰黎红、味佳食品等多家花椒生产企业，打造出“黎红”“汉达”“大自然”等知名品牌，研发汉源花椒系列调味料产品 30 多种。汉源花椒品牌价值

达7.04亿元，综合产值达18.86亿元，汉源花椒已成为展示和推广汉源形象的最重要的文化符号①。据统计，汉源花椒的收购价约为20元/斤，亩产值能达到1.1万元，极大增加了农民的收入。另一方面制定地理标志产业发展战略规划，引导产业聚集②。全省各市应设立专项资金，出台扶持与奖励政策，科学制定地理标志品牌发展规划，着重发挥产业集聚的经济效应，制定地理标志品牌使用标准，保障农产品的质量与品质，增强地理标志品牌的公信力和认知度，准许区域内达标的农户、企业等从品牌中获得高回报，禁止以次充好、弄虚作假的企业使用地理标志品牌，形成地理标志有效监控体系③，从而建立维护地理标志公共品牌的良性循环机制，以促进区域品牌更好地推动农产业集群发展。

（四）加强保护与监管力度，打击假冒地理标志行为

针对地理标志侵权问题，国务院每年发起的“打击侵犯知识产权和制售假冒伪劣商品专项行动”，起到了积极的效果，但是针对地理标志侵权应该从源头抓起，将地理标志保护与事前、事中、事后监管制度相结合，采用科学的技术手段，多元共治地理标志侵权问题。首先，积极引入地理标志产品可追溯系统。通过简单的手机查询，消费者可以检索到地理标志产品的产地、生产日期、产品质量要求、流通环节等安全信息，从而简单快捷地识别出地理标志产品与普通产品、假冒地理标志产品的区别，有效杜绝外来产品冒用地标产品进行出售的现象发生，增加对地理标志产品消费的信息。其次，显著提高假冒地理标志产品的侵权成本。为推进地理标志产业的健康发展，地理标志产品经营者应当加强自律，共同维护地理标志的品牌形象，例如山东地理标志累计注册量占全国总注册量的1/7，连续8年居全国第一位，这与山东省地理标志产业协会就主导产业界共同签署的《山东省地理

① 胡海荣主编《地理标志申请与保护实务》，国防工业出版社，2016，第16页。

② 罗永辉：《河南省地理标志资源禀赋型产业集聚区发展的问题与对策》，《华北水利水电大学学报》（社会科学版）2014年第2期。

③ 梁乐：《河南省特色农产品优势区建设研究——基于地理标志农产品视角》，2018。

标志产业协会树品牌、守诚信公约》有密切的关系。在加强行业自律的同时，应显著提高侵权成本，例如利用媒体公开假冒、滥用地理标志的企业，将违反地理标志规定的企业列入黑名单，综合采用市场主体自治、舆论监督、媒体监督、政府监管等多元化综合治理手段共同维护地理标志来源的可靠性。再次，积极完善行业协会的作用。行业协会是行业经营者自发形成的自律组织，一般而言，行业协会更了解行业特点，了解市场行情，对于侵权或假冒地理标志的行为更容易作出专业的判断①。在我国，地理标志商标，农产品地理标志的申请人一般都是以行业协会的名义进行申请。因而，必须在地理标志保护方面，积极培育强有力的行业协会发展，让经营者自我管理。最后，加强对地理标志的市场监管。各级政府主管部门应加大对地理标志的事前、事中、事后全流程的监管，规范企业使用地理标志的行为，重拳打击假冒地理标志的行为，同时加强对地理标志产品质量的监控，对不符合地理标志标准的产品禁止使用地理标志标识。

自古以来，河南省依靠独特的地理和气候条件，大力发展农业，但是农产品的产值并没有体现资源的优势。因此，河南省应该积极推进农业结构调整，积极挖掘各地的资源优势，增强中高端农产品供给能力，走特色农村产业兴旺之路，结合地理标志商标、地理标志保护产品、农产品地理标志等三种类型的地理标志制度，培育与创建省内外知名的农产品品牌，从而将农业资源优势转化为经济优势，将地域资源优势转变为市场竞争优势，从而提高农产品的附加值，实现农村产业从而提高农产品的附加值，助力乡村振兴战略的实施。

参考文献

李景相：《广西农产品地理标志知识产权发展现状与对策研究》，《新农业》2019 年

① 马慧慧：《河南省农产品地理标志保护研究——以原阳大米为例 》，《安徽农业科学》2011 年第 31 期。

第13期。

金多才、李国庆：《河南省地理标志保护现状、问题及建议》，《中华商标》2009年第8期。

刘昱彤：《河南省农产品地理标志产品产业化发展路径研究——以孟津梨为例》，《现代商贸工业》2019年第24期。

张继文：《知识产权与品牌建设》，载王肃主编《河南省知识产权发展报告（2016～2017）》［M］，知识产权出版社，2018。

胡海荣主编《地理标志申请与保护实务》，国防工业出版社，2016。

罗永辉：《河南省地理标志资源禀赋型产业集聚区发展的问题与对策》，《华北水利水电大学学报》（社会科学版）2014年第2期。

梁乐：《河南省特色农产品优势区建设研究——基于地理标志农产品视角》，《经观论丛》2018年第3期。

专　题　篇

Thematic Articles

B.6

知识产权快速维权中心建设与运行机制研究

——以中国郑州（创意产业）知识产权快速维权中心为视角

李建伟　吴瑞格*

摘　要： 本文从中国郑州（创意产业）知识产权快速维权中心的视角出发，围绕其建设运行以来的发展成效及遇到的问题，同时结合分析国内其他快维中心的运行现状，探索适合地方特色的快维中心良性运行机制，通过实践经验与结论为国内快速维权中心工作运行提供战略研究，使之更好地发挥其服务职能，助力区域经济发展，并研究指出知识产权快速维权中心宣传工作不到位、缺乏与服务对象的沟通交流、电商知识产

* 李建伟，河南中州知识产权文化传播中心主任；吴瑞格，河南中州知识产权文化传播中心副主任。

权维权“线上转线下”仍需不断摸索、业务职能未全面展开、缺乏可供借鉴的发展模式、机构改革特殊时期发展方向不明确等方面的具体问题，以及加大宣传力度、“引进来”和“走出去”结合发展、加强与代理机构的沟通协调、利用现有地理位置及平台优势、充分利用国家、省、市等有关部门政策、加强内部机制建设的建议对策。

关键词： 知识产权保护 快速维权 创意产业 外观设计

当前，知识产权工作在我国政治、经济、科技、文化生活中的重要性日益凸显，加强知识产权公共服务，推进知识产权维权援助工作，大力提高全社会保护和运用知识产权的能力，已经成为我国经济社会发展的内在需要。2016 年以来，中共中央、国务院印发的《关于完善产权保护制度依法保护产权的意见》《“十三五”国家知识产权保护和运用规划》等文件，也都明确提出要加强知识产权保护工作，将知识产权保护提升到前所未有的高度。

为深入贯彻党中央、国务院工作部署，进一步发挥知识产权制度在促进经济社会发展中的重要作用，2016 年，河南省贯彻落实国务院印发的《“十三五”国家知识产权保护和运用规划》精神，根据河南省主导产业发展需求，结合《国家知识产权局关于开展知识产权快速维权试点工作的通知》，以郑州市金水区国家知识产权创意产业试点园区为载体，申请建立中国郑州（创意产业）知识产权快速维权中心［下称“郑州（创意产业）快维中心”］。2016 年 9 月 1 日，国家知识产权局发文批复《河南省知识产权局关于申请设立中国郑州（创意产业）知识产权快速维权中心的请示》。2017 年 3 月 22 日，郑州（创意产业）快维中心在国家知识产权创意产业试点园正式启动投入运行，面向全省外观设计专利申请开展快速授权、确权、维权业务。

本文从中国郑州（创意产业）知识产权快速维权中心面临的问题出发，

着重研究适合快维中心工作的良性运行机制，使之为河南企业提供更全面的服务，促进企业转型升级，带动地方经济发展，同时也为国内快速维权中心工作运行提供战略研究①。

一 国内知识产权快速维权中心发展状况

知识产权快速维权中心是我国在现行知识产权维权援助机制上的一个新突破，是国家知识产权局为保护和促进地方特色产业发展而特设的维权援助机构。该机构基本是围绕特色产业和创新能力强、知识产权纠纷频发、知识产权保护诉求强烈的产业集聚区而建立的，对推进我国特色产业知识产权创造、运用、保护、服务、管理水平，促进新技术、新产业蓬勃发展有着重要的意义。

国家知识产权局自 2012 年底启动知识产权快速维权工作以来，已先后设立了中山（灯饰）、南通（家纺）、北京朝阳（设计服务业）、杭州（制笔）、东莞（家具）、顺德（家电）、温州（服饰）、郑州（创意产业）等 19 家知识产权快速维权中心，结合本地区产业特点，为企业技术创新和集聚产业发展提供支撑。

快维中心全力打造“快速授权”和“快速维权”两张名片，运行过程中重点突出“快速”机制。在国家及省、市各级部门的支持和引导下，19 家快速维权中心紧紧围绕国家知识产权战略部署，不断统筹推进快速审查、快速确权、快速维权等工作，与地方知识产权部门协调联动，为地方知识产权保护竖起了新的“篱笆墙”，为产业创新发展营造了良好的知识产权保护环境。2019 年上半年，18 家已启动运行的快维中心专利预审服务受理量 4981 件，专利预审合格量 3371 件（见图 1），专利授权量 3248 件（见图 2）；共协助各地相关机构进行专利执法办案 1882 件，其中侵权纠纷 1835 件，办结 1734 件，结案率 94.5%；假冒专利案件 47 件，结案率 100%。

① 2018 年度河南省知识产权软件学研究项目之一（项目编号：20180106028）。

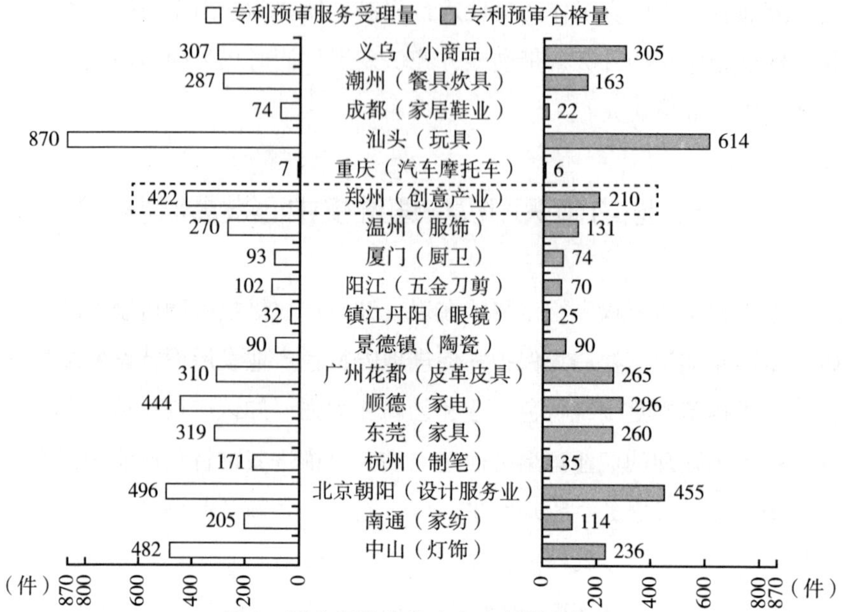

图 1 国内各地快维中心专利预审情况

资料来源：作者根据中国郑州（创意产业）知识产权快速维权中心提供数据绘制。

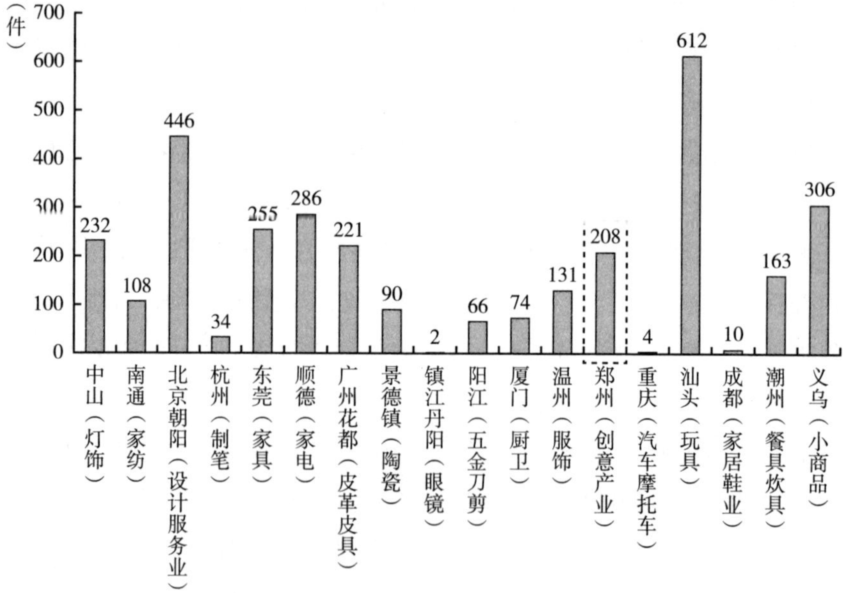

图 2 国内各地快维中心专利授权情况

资料来源：作者根据中国郑州（创意产业）知识产权快速维权中心提供数据绘制。

（一）国内同类型快维中心发展现状

各地快维中心发展如火如荼，一些成立早、运行时间长的中心已成为当地知识产权保护工作的中流砥柱，为地方特色产业发展起到了良好的保护和推动作用。其中，中国中山（灯饰）知识产权快速维权中心于2011年6月成立，是全国首个针对单一行业设置的知识产权快速维权中心，迄今已运行八年，相关工作经验得到了全国知识产权系统以及世界知识产权组织高度评价。2012年底，“灯饰行业知识产权快速维权试点工作取得显著成效”入选2012年度全国知识产权保护10个重大事件；2016年，世界知识产权组织立项调研《工业品外观设计保护古镇模式研究报告》，向成员国展示和推广介绍中山快维中心的经验，该项目是目前世界知识产权组织在中国首个研究专利保护的项目；2017年，中山古镇探索出的“专利快速审查、确权、维权一站式服务”改革举措，被纳入国务院第一批可复制可推广的改革举措，在全国范围内推广实施。

2017年，中山快维中心进入快速申请通道的灯饰类外观设计共4932件，授权4784件。全年专利行政执法办案728件，办结722件，结案率99.18%，其中专利侵权纠纷案件成功调解310件；为电商专利侵权提供咨询意见93起，协助专利权人在淘宝电商平台维权31宗。此外，中山快维中心实现了远程立案、远程视频庭审、远程视频调解等功能，2017年完成远程立案116宗。2019年，仅上半年，中山快维中心便实现专利预审服务受理482件，专利预审合格236件，专利授权232件；专利执法办案175件，结案146件，结案率83.4%。

中国南通（家纺）知识产权快速维权中心是全国第二家快维中心，自启动运行以来，该中心不断探索适用于当地特色产业的保护管理模式，推进专利权、著作权和商标权的“三合一”“一站式”服务和管理，知识产权工作发展迅速。2017年，南通快维中心受理外观设计专利申请4212件，预审通过3443件，授权3400件，授权率98.8%；版权登记5586件；受理外观设计专利侵权投诉案件222件并已全部结案，同比案件增长率为46%；

受理版权侵权案件89件，调解结案48件，移交法院17件。南通快维中心线上线下双管齐下，加强电子商务领域知识产权执法维权力度，建立网络知识产权侵权案件处理委托机制，与国内知名电子商务平台商阿里巴巴合作开展电商专利侵权案件的移交处理、侵权判定等服务项目，形成移交案件48小时内处理完毕的快速维权服务机制，并与天猫、淘宝、1688京东、苏宁、国美、美丽说、拼多多等电子商务平台建立维权调解沟通渠道。2019年上半年，南通快维中心实现专利预审服务受理205件，专利预审合格114件，专利授权108件；专利执法办案233件，100%结案。

（二）郑州快维中心运行现状

与国内其他快维中心运行情况相比，中国郑州（创意产业）知识产权快速维权中心各项工作均走在了全国的前列。郑州快维中心是由国家知识产权局正式批准的全国第13家知识产权快速维权中心，主要承担以创意产业外观设计专利为主的快速受理、审查、授权等工作；以创意产业外观专利为主的专利复审和无效案件的快速审理工作；知识产权案件的受理、调查取证、专业评估、行政调处与移送等环节的协调工作；创意产业知识产权案件快速审判和快速仲裁的协助工作；为创意产业企业提供知识产权信息、知识产权商用化、知识产权法律等服务。

近年来，河南省现代食品制造、工业设计（汽车、家居、品牌等）、服装与纺织等主导产业的外观设计拥有量逐年增长，具有绝对的发展优势，但是上述领域的外观设计工作却存在授权时间较长，以及外观设计产品市场周期短、款式更新快的矛盾，授权时间已不能满足企业专利保护的需求；同时在维权方面，专利行政执法强制措施不足，司法保护周期长、成本高，企业难以得到高效、便捷的知识产权保护，这在一定程度上挫伤了企业的创新动力，制约了上述主导产业的发展壮大。为了解决上述问题，2017年3月郑州快维中心成立，围绕知识产权快速授权、确权、维权，积极开展相关工作，同时与国家知识产权创意产业试点园区等已有平台相结合，形成了完整系统的知识产权服务链条，有效促进了知识产权创意产业的“双向融入”，更有力地促进郑州市及河南省的产业结构调整和优化升级，对提升河南省特色产业知识产权创造、运用、保护、服务、管理水平，促进新技术、新产业蓬勃发展起到了关键性的推动作用。

1. 中心企业备案数量持续增长

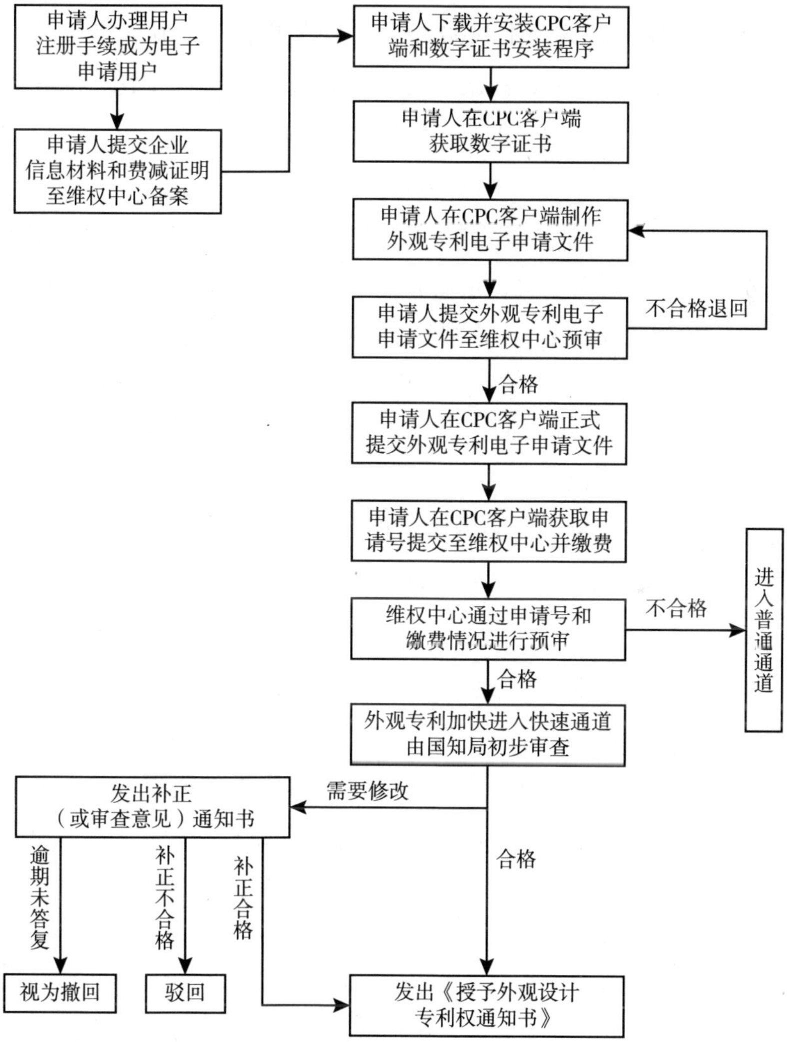

图3 郑州快维中心企业注册备案流程

资料来源：中国郑州（创意产业）知识产权快速维权中心。

郑州快维中心贯彻领会国家知识产权局对严格备案企业审核连续下发的通知精神，对备案工作新要求高度重视，严把企业备案资格审查关，对原有备案企业进行全面筛查办理，对备案新申请企业严把审核关，同时加强与企业的沟通交流，做好对备案新精神的解释工作，备案企业数量显著增长。截至2019年8月，快维中心备案企业已达到304家，较18年底新增备案企业61家，服务企业1000余家，备案及服务企业涵盖郑州市六区六县，快速确权、授权一站式服务已实现郑州市全区域覆盖，为郑州市企业自主创新提供了有力的知识产权保护支撑。

2. 外观设计专利审查工作稳步推进

自2017年郑州快维中心启动运行以来，积极采取措施，多方宣传推进，外观专利审查工作逐年推进，量质齐飞。2017年，郑州快维中心外观设计专利申请预审通过163件，一次授权率100%；2018年，郑州快维中心全年共完成外观设计专利预审1278件，授权664件，超额完成国家知识产权局规定年授权数量（500件）的工作任务，在专利申请量大幅增加的情况下，依然保持一次授权率100%。

2019年，郑州快维中心积极响应国家知识产权局专利质量提升号召，坚持质量导向，审查授权业务稳步推进。上半年已完成外观设计专利预审632件，授权208件，授权率连续两年保持100%，授权类别已涵盖汽车制造、家居家具、医疗器械、通信设备、建筑材料等23大类。

3. 快速维权工作成效凸显

在快速维权工作中，郑州快维中心不断拓展工作范围，积极开展互联网、专业市场、展会等重点领域的知识产权执法维权活动，先后参加了第九届中国（郑州）塑料产业博览会、第十三届中国河南国际投资贸易洽谈会、国际汽车后市场博览会等河南省重要展会，开展现场执法维权、法律咨询等相关业务；与浙江电子商务调度中心建立长期合作，提高电商案件的办理质量，中心办理电商案件量占郑州市电商案件总量的2/3以上。快维中心还充分利用国家知识产权局复审委第九巡回审理庭、河南省知识产权社会法庭、郑州市中级人民法院知识产权巡回庭巡回审判的契机，2019年郑州市中级

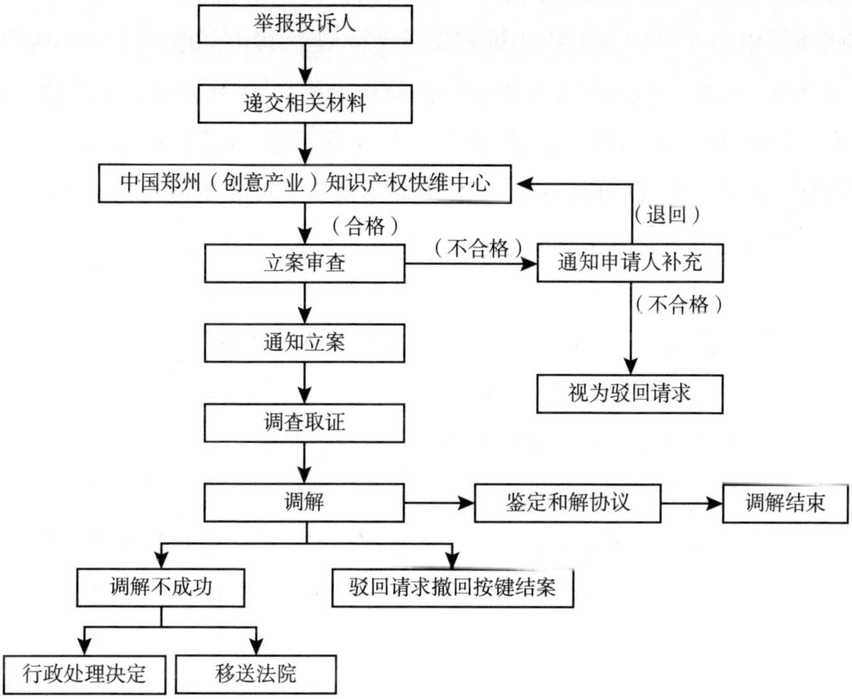

图 4　郑州快维中心快速维权工作流程

资料来源：中国郑州（创意产业）知识产权快速维权中心提供。

人民法院在园区开庭审理 4 起专利纠纷案件，河南省知识产权局口审 6 件外观专利纠纷案件，产生良好的社会效应。

在国家知识创意产业试点园区的支持下，郑州快维中心牵头与金水区人民检察院、郑州市公安局金水路分局、区市场监督管理局、区文化旅游局等相关职能部门联合下发《关于建立郑州市金水区知识产权保护协作机制工作方案》，建立执法协作和信息共享机制，加强行政执法、刑事司法的衔接配合；《园区十条》《金典六策》《郑州市知识产权运营服务体系建设实施方案》等均将中心授权、申报案件的企业列入政策奖励范围；中心与河南省知识产权维权援助中心签订合作框架协议，参与河南省范围内专利侵权案件判定工作，2019 年上半年郑州快维中心赴濮阳参加两起专利侵权判定会并接受一起侵权案件的移交。2019 年上半年，郑州快维中心共办理各类执法维权案件 224 件，其中，电商案件 201 件，会展案件 17 件，协助郑州市知识产权局查处假冒专利案件 2 件，移交或出具侵权咨询意见 4 件，执法维权工作成效凸显。在多方协助指导下，郑州快维中心利用自身优势，基本实现了资源整合、信息共享、平台共享，加快构建“大保护、同保护”格局。

二　知识产权快速维权中心运行中遇到的问题分析

知识产权快速维权中心是我国在知识产权保护工作方面开辟的一个新领地，是建立知识产权维权援助机制的一个重要突破，其没有可参考借鉴的发展模式，需要在实际运行中不断摸索、尝试突破，寻求适合其发展的良性运行机制。各地快维中心启动以来，在工作中积累了有效的经验，也普遍存在着尚未解决的瓶颈问题。

（一）宣传工作不到位

快维中心的建立不仅能够在一定程度上帮助企业节约知识产权确权和维权成本，还能实现对生产企业创新产品的保护，提升外观专利产品在市场竞争力，促进地方特色产业发展。但由于宣传工作不到位，多数企业对快维中心职能的认知度不够，工作开展依然存在不少困难。

以郑州快维中心为例，该快维中心启动运行已有两年时间，由于缺乏宣传，包括在郑州内的企业有些还不知道有这个机构，社会影响力不够。而且按照国家知识产权局的规定，中心服务的企业仅限于郑州市辖区企业，每年通过中心申请的外观设计专利仅 500 多件，虽然达到了上级规定的最低案件数额，但与郑州市企业的实际需求存在一定差距。据统计，2018 年郑州市当年累计申请专利 70128 件，其中外观专利占比约 9%，达到 6318 件（见图 5）；而快维中心授权量 1278 件，仅占外观专利授权量的 20.2%（见图 6），还有很大的提升空间。

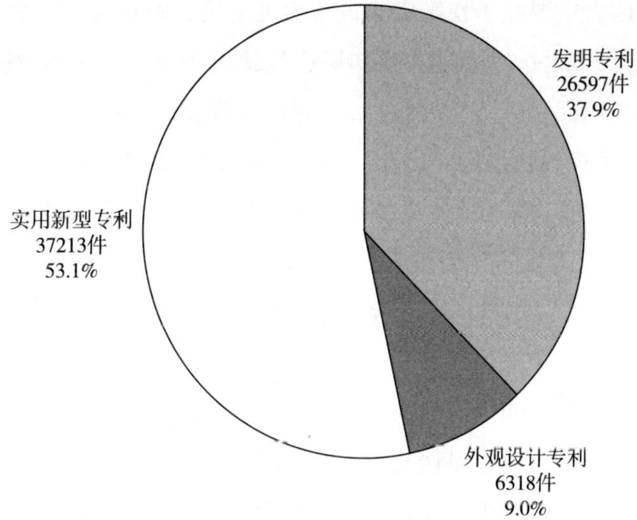

图 5　2018 年郑州市专利申请分类情况

资料来源：作者根据中国郑州（创意产业）知识产权快速维权中心提供数据绘制。

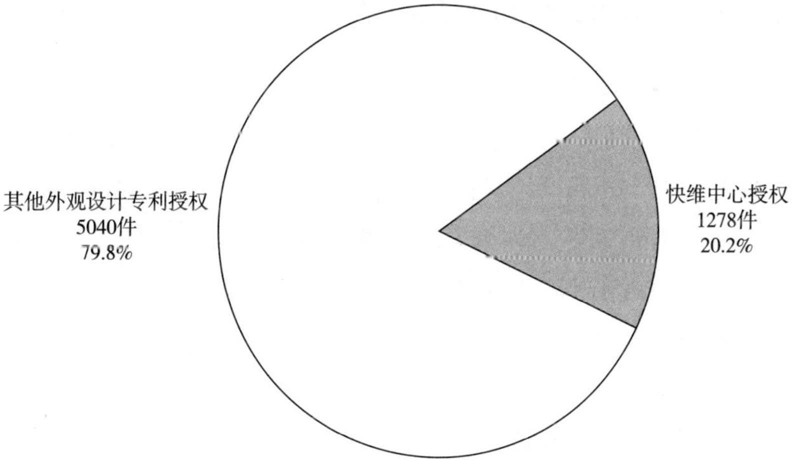

图 6　2018 年郑州快速维权中心外观专利授权量分布

资料来源：作者根据中国郑州（创意产业）知识产权快速维权中心提供数据绘制。

究其原因，主要在于快维中心宣传力度不足，中心成立伊始，宣传力度较大，以“郑州成立全国第13家知识产权快维中心”“郑州中院成立河南首家知识产权巡回法庭”“快维中心：开启外观设计专利保护‘加速模式’”“中国郑州知识产权快维中心启动　申请外观专利10天拿证”“河南首家知识产权巡回法庭首次开庭”“支持快维中心建设　加快创意产业外观设计专利获权”等为题的新闻先后被人民网、新华网、中国知识产权、河南电视台、《河南日报》、《郑州日报》等国家、中央驻豫及省内多家主流媒体进行了宣传报道，引起了强烈反响。

但此后一年多时间内，无论是知识产权快速维权典型案例还是相关的培训、讲座等，都鲜有内容见诸报端，影响力亟待提升。由于宣传力度不够，河南省多数企业对快维中心并不了解，加之一直以来多数企业都依靠代理机构维权，自身缺乏知识产权管理人才，积极性不高，主动前来备案企业非常少，中心的确权、授权、维权等服务职能和作用并未完全挖掘和履行，并未达到设立时的预期效果。

（二）缺乏与服务对象的沟通交流

工业产品外观设计是产业转型升级、提升核心竞争力的重要手段，也是我国专利制度的一个重要组成部分。特别是对汽车、家电、通信、食品等企业来说，外观设计目前已经成为行业发展的重要战略资源，成为市场竞争的重要因素，对相关产业做大做强具有重要的决定性作用。但各地快维中心由于中心建立时间不长，缺乏与服务对象的沟通交流，企业依然习惯依赖代理机构申请外观设计，中心影响力尚有较大提升空间。

以外观设计为例，河南省工业设计、创意产业队伍由于起步晚，企业重视程度不高，人才队伍基础薄弱等原因，使许多企业对外观设计还抱有外观设计技术含量低的认识，对其缺乏应有的重视，主动参与和运用的企业寥寥无几。

在专利申请方面，多年来，河南省企业一直是通过代理机构进行专利申请，时间长，效率低；快维中心成立后，企业以前需要三个月时间才能申请成功的外观专利如今缩短为10个工作日，还免去了代理费用，且速度快、成本低。然而，郑州快维中心成立两年半来，主动前来中心备案的企业仅300余家，中心缺乏与企业之间直接联系的途径或条件，多数企业对快维中心的具体职能、程序不了解，即使最简单的外观专利申请企业也要通过代理机构办理，要缴纳外观设计专利代理申请费用。

主要原因在于：一是企业长期依赖代理机构，没有专门的知识产权机构和管理人才撰写专利申请书，甚至所拍相关照片都无法达到国家知识产权局外观专利申请要求，办理效率低，长此以往，企业更倾向于通过代理机构来进行申请；二是企业对知识产权的认识不到位，内部缺少相关培训，也不注重参加知识产权方面的各类交流活动，对国家相关政策不够了解，比如郑州建立了快维中心，本身是对企业创新发展的一大助力，却未能引起很多企业的关注；三是企业知识产权保护意识弱，在知识产权保护方面处于非常被动的地位，往往被侵权以后才亡羊补牢，事倍功半，结果也不尽如人意；四是快维中心与企业之间缺乏直接取得联系的途径或条件，多数企业根本不了解快维中心的具体职能、工作流程、服务范围等，更无从谈起主动前来了解备案和办理业务。

（三）电商知识产权维权“线上转线下”仍需不断摸索

目前，国内大多数的快维中心已经开展了电商领域知识产权执法维权工作，与阿里巴巴、京东、淘宝等电商均建立合作，为电商领域维权工作增添了强大助力。例如郑州快维中心，2018年与中国电子商务领域专利执法维权协作调度（浙江）中心合作，全年共提供电商领域专利侵权判定咨询250件，占全部执法维权案件的92.6%，2019年提供专利侵权判定咨询201件，占全部执法维权案件的89.7%。但美中不足的是，现有的电商知识产权维权仅能达到责令侵权人将商品下线、停止侵权的程度，不能实现对权利人的赔偿，对电商侵权的打击力度还不够，不能对侵权人起到震慑的作用。此外，受地域和时间所限，各地快维中心在电商领域维权的力度和处理时效等问题也亟待改善，仍需不断摸索。

（四）业务职能未全面展开

国家知识产权局赋予了快维中心开展包括专利预审、专利执法等在内的多项业务的权力，但多地快维中心并未全面开展相关业务。据统计，目前国内50%以上快维中心尚未开展电商领域维权业务。

郑州快维中心目前仅开展了以创意产业外观专利为主的专利复审和无效案件的快速审理、知识产权案件专业评估、行政调处等环节的协调、创意产业知识产权案件快速审判和快速仲裁的协助等服务，其他为创意产业企业提供知识产权信息、知识产权商用化、知识产权法律服务等职能范围内的服务都还未开展，中心职能没有得到充分利用和发挥，在一定程度上限制了快维中心的发展和运行。

（五）缺乏可供借鉴的发展模式

快维中心是一项我国独有的维权服务机构。目前，全国各地建设的快维中心在运行机制、机制建设、对外交流以及如何合理利用优势资源等方面都未做深入的研究，缺乏较好的发展模式借鉴。以郑州快维中心为例，其目前发展陷入了一个瓶颈期，没有摸索出一套成熟的发展模式，主要原因在于：其一，全国有18家快维中心，但快维中心之间缺乏交流、沟通，很少相互之间进行实地调研学习，吸取经验；其二，在面对极具“竞争力”的代理机构时，中心的免费服务与代理机构的有偿服务的运行模式造成了服务部门与市场之间竞争的尴尬局面，使中心的服务在服务机构之间形成“棚架真空”，多数本该享受到中心“免费午餐”的企业，却并未享受到地方政府的知识产权服务“红利”。

（六）机构改革特殊时期发展方向不明确

当前，正是知识产权政府机构改革的特殊时期，国家层面改革刚刚完成，多数省、市知识产权机构、人员目前都还未调整到位，对快维中心工作存在一定影响。例如，一年一度的知识产权快速维权工作会议至今没有召开，快维中心工作开展缺乏整体的部署和指导，各中心的工作思路、工作重点只能自己摸索布置安排；另外，快维中心谋划的一些工作迫切需要得到省、市领导的支持，但部门对接尚未明确，影响了工作的正常进行。以郑州快维中心为例，该中心年初已经计划了全省知识产权培训研讨会、地市专利侵权案件援助说明会等系列推进维权工作的会议，但由于各种不确定因素并未如期开展。

三　适用于知识产权快速维权中心运行的对策建议

当前，虽然以中国中山（灯饰）知识产权快速维权中心、中国南通（家纺）知识产权快速维权中心等为代表的快维中心已有相对成熟的经验和做法，发展逐渐步入正轨，但如中国郑州（创意产业）知识产权快速维权中心一样处于初步探索阶段的快维中心仍占大部分，这些中心既要借鉴其他中心的做法，更需因地制宜，创新工作方法和思路，探索适合其地方特色的快维中心良性运行机制。以郑州快维中心为例，应该从以下几个方面采取措施，改革思路和方法，推动工作创新。

（一）加大宣传力度

建议郑州快维中心在下一步工作中，持续加大宣传力度。第一，建立一套针对性强的可行性服务方案，利用其位于国家知识产权创意产业试点园区的地理优势，向园区企业进行推广宣传，吸引企业前来备案，树立品牌效应，再逐步向其他区域扩展；第二，多参与省、市知识产权局，国家知识产权创意产业试点园区等相关部门举办的知识产权工作宣传活动，或派专业人员深入企业进行宣讲，扩大快维中心服务范围；第三，在审查过程中注意观察发现，遇到典型生动的正反两方面的案例，及时组织媒体进行集中宣传报道，一方面为企业敲响警钟，增强企业维权意识，另一方面也可增加快维中心影响力，吸引更多的企业前来备案、申请；第四，以自身网站、微信公众号为宣传主阵地，专门安排相关人员进行维护，加大对外宣传投入。

（二）“引进来”和“走出去”结合发展

采取“引进来”和“走出去”的方式，加强企业、代理机构与中心之间的联系，促进快维中心的业务开展，最大限度地为全省企业提供高效服务。“引进来”是指积极邀请中介机构、企业代表到中心参观，向他们具体讲解业务操作流程和中心的建立对河南知识产权发展的意义；邀请河南省中如郑州宇通客车股份有限公司、三全食品股份有限公司等外观专利申请大户派代表轮流到中心进行为期一周的轮岗体验，培养企业外观设计专利专业实用申请人才，建立与中心的申请“绿色通道”。另外，中心可以通过他们了解更多有关河南省企业专利发展的现状及遇到的困难，能够更有针对性地为企业服务。“走出去”是指快维中心应定期为企业开展培训，邀请国家知识产权局、审协河南中心等专家讲解外观设计专利知识，为企业普及专利审查、快速维权等方面的知识，指导并严格规范他们提交的外观设计专利申请文件，提高审查过关率；定期到企业走访，深入企业内部进行宣传，进行案例分享，提高企业知识产权保护意识。在执法维权工作方面，快维中心可邀请相关部门、兄弟单位到中心调研观摩，同时带领中心人员“走出去”，向老牌先进的快维中心学习经验和做法，开阔眼界、提高站位，不断提升自身业务能力和水平，更好地谋划工作。

（三）加强与代理机构的沟通协调

快维中心作为国家机构，其成立目的主要是发挥其服务职能，为全省企业知识产权申请、维权、确权提供更为便捷的服务。由于河南省企业此前一直是通过代理机构向有关部门申请或维权，已经形成了一个长期、固定的“业务链”，加之多数企业缺乏外观设计保护经验，不愿或者不会亲自去办理这些业务，即使快维中心能够更方便快捷地办理业务，多数企业依旧停留在过去只依靠代理机构的老路上。

知识产权代理机构作为第三方机构，在河南省知识产权工作中一直有着举足轻重的地位，企业无论是专利申请、导航或是维权，都离不开代理机构的帮助。虽然快维中心的工作开展缓慢与代理机构有一定关系，但代理机构长期代理企业的各项业务，对企业知识产权工作非常了解，掌握的外观专利申请信息量较大，中心应重点把代理机构作为宣传对象，通过补贴等政策导向，在尊重其原有代理利益的前提下，加强沟通协调，引导代理机构将企业客户在中心进行备案，实现中心、企业、服务机构“三赢”局面。

（四）利用现有地理位置及平台优势

快维中心应该利用其现有地理位置优势，与国家知识产权创意产业试点园区已有平台相结合，形成完整系统的知识产权服务链条，更有效地促进知识产权创意产业的“双向融入”，更有力地促进郑州市及河南省的产业结构调整和优化升级。目前，国家知识产权局专利复审委员会第九巡回审理庭、郑州市中级人民法院知识产权巡回法庭、快维中心均设立在园区 7 楼，中心可利用该优势，通过与两机构工作人员沟通或直接参与案件审理，多层次、全方位地了解河南企业面临的维权问题，让快维中心工作更加系统化、专业化，更具有针对性。

（五）充分利用国家、省、市等有关部门政策

河南省、郑州市知识产权管理部门在政策制定、经费保障、条件支持等方面，不断加大对快速维权中心的扶持力度。2018 年 1 月，《中共金水区委关于印发区委 2018 年工作要点》（金发〔2018〕1 号）中就已经提出“推动中国郑州（创意产业）知识产权快速维权中心升级为全国保护中心”的目标；2019 年区委工作要点和区政府工作报告又再次提出“支持中国郑州（创意产业）知识产权快速维权中心升级为知识产权保护中心”的要求，创意园区也将“大力推动快维中心升级为保护中心”列为 2019 年主要任务。快维中心应充分利用国家、省、市、园区的四级联动机制，定期召开联席会议，协调解决快维中心运行中遇到的问题；保持与国家知识产权局外观设计审查部、专利复审委员，以及各执法、司法部门、行业协会的联系沟通，为快维中心升级知识产权保护中心奠定良好的基础。

（六）加强内部机制建设

应利用有效资源，着重加强内部机制建设。第一，建立健全内部工作制度，促进中心工作科学化、规范化、制度化，为快速维权中心运行工作提供基础保障；第二，加强预审业务的培训，严把质量关，同时与国家知识产权局外观设计审查部审查员建立良好的沟通渠道；第三，上调下挂同时进行，国家知识产权局向快维中心下派的挂职干部具有相当丰富的审查工作经验，可对快维中心工作进行具体指导，应定期开展培训提高工作人员专业素养，同时，快维中心也应调派员工到国家知识产权局进行学习；第四，与现有的管理与服务工作机制相协调，充分调动和整合社会各界资源，为维权援助对象提供快速、全面的有效服务；第五，有针对性地分配工作内容，可调配人员专门负责宣传及与代理机构沟通协调等工作。

快维中心的建立为区域特色产业维权提供了绿色通道，有力助推知识产权强省、强市建设，各级政府要加大对快维中心的政策投入和倾斜，引导企业、服务机构充分利用快维中心平台，服务创新主体的创新和维权；同时，中心也应抢抓机遇，勇于探索，充分发挥职能作用，促进和服务地方特色产业和区域特色经济做强做大，为知识产权强国建设做出应有的贡献。

参考文献

周春枚、韩建伟：《浅谈我国知识产权快速维权中心建设》，《中国知识产权报》2017 年 6 月 26 日。

关健：《我国知识产权快速维权工作成效显著》，《中国知识产权报》2015 年 7 月 29 日。

王永红：《部分国家知识产权维权援助机制现状》，2015 年 4 月 8 日。

《关于完善产权保护制度依法保护产权的意见》，中国政府网，2016 年 11 月 28 日。

《国务院关于印发“十三五”国家知识产权保护和运用规划的通知》，中国政府网，

2017 年 1 月 13 日。

《国家知识产权局关于开展知识产权快速维权试点工作的通知》，国家知识产权局官网，2012 年 11 月 15 日。

《中国郑州（创意产业）知识产权快速维权中心获批设立》，河南省知识产权局官网，2016 年 9 月 5 日。

袁丽：《浙江探索知识产权快速维权机制》，《今日科技》2017 年第 1 期。

B.7
知识产权审判中技术事实的专业化认定机制研究

赵新河*

摘　要： 我国知识产权审判中委托司法鉴定、专家辅助人参与诉讼、技术调查官制度、庭外咨询技术专家、专业技术陪审员参与审理五种技术事实查明机制具有重要作用。为实现技术事实认定的司法主导和落实庭审实质化，知识产权审判应推行专家陪审制，并坚守“法官主导事实认定”，避免审判权让渡。基于司法公开原则，“技术调查意见不公开”应当解读为“不公开进行质证和辩论”，但应在裁判文书中公开被采纳的技术调查意见。

关键词： 知识产权审判　技术事实　技术调查　专家陪审

技术类知识产权案件审判中查明与准确认定技术事实是正确适用法律并做出科学公正裁判的前提。由于知识产权保护的客体（技术）具有无形性、高度专业性等特点，知识产权案件的技术事实认定亦相应呈现技术性和法律性高度统一的特点①。由于我国从事知识产权审判的法官普遍欠缺法律外的专业技术知识，对涉案技术事实的识别和裁判能力较弱，影响了知识产权审

---

* 赵新河，河南省社会科学院副研究员。

① 王海莹、马波：《论地方法院知识产权司法审判中技术事实认定专业化的路径选择》，《内蒙古科技与经济》2016年第20期。

判的权威与效率。知识产权审判从一开始就锁定了专业化的发展道路[①]。为解决这一问题，加强知识产权司法审判的专业性，我国先后建立了协助审判人员查明技术事实的多种机制，形成了知识产权审判中认定技术事实的基本路径与方法。本文对相关问题进行研究，以期推进我国知识产权审判制度的进一步完善。

一　知识产权审判中技术事实认定专业化的基本路径评述

目前我国司法实践中运用的协助审判人员查明技术事实的路径有委托司法鉴定、专家辅助人参与诉讼制度、庭外咨询技术专家、技术调查官辅助审判制度、专业技术陪审员参与审理五种。下面逐一进行评述。

（一）委托司法鉴定

委托司法鉴定机构对诉讼中的专业技术问题进行鉴定是法院审理各类案件中常用的技术事实查明方式，当然也适用于知识产权案件的审理。

通过司法鉴定查明技术事实存在值得反思和解决的问题有以下几点。其一，司法鉴定的公正性与公信力存在争议。司法鉴定机构是面向社会提供服务的机构，存在明显的逐利取向，各类鉴定机构的鉴定能力参差不齐，而目前司法鉴定领域尚没有形成良性竞争的激励环境和有效的评价机制，鉴定方法与程序不明、鉴定依据不足、鉴定结果不规范、多重鉴定与矛盾鉴定时有发生，不利于树立审判权威。鉴定活动不规范、弄虚作假现象致使司法鉴定结果和鉴定意见并不能令双方当事人和法官信服[②]。其二，司法鉴定耗时长、成本高，影响审判效率。司法鉴定要经历申请、鉴定材料确认与移送、鉴定机构的选择、召开听证会、鉴定意见送达、法庭质证、重新鉴定等烦琐的程序，导致案件久拖难决。鉴定周期较长、费用较高，可能增加当事人的

---

① 宋鱼水：《知识产权审判的人才体系及文化养成》，《知识产权》2018 年第 9 期。

② 李旭颖：《专利技术类案件司法鉴定问题及解决路径分析——基于最高院 34 份判决的实证考察》，《广西政法管理干部学院学报》2016 年第 6 期。

诉讼负担，降低诉讼效率①。

中共中央办公厅、国务院办公厅印发的《关于加强知识产权审判领域改革创新若干问题的意见》要求，改进裁判方式，切实增强知识产权司法救济的便民性和时效性，着力破解知识产权案件审理“周期长”问题。本文认为，第一，知识产权审判中委托司法鉴定前要充分考虑鉴定的必要性和可行性，尽可能避免启动鉴定程序。如果借助技术调查官的调查意见可以查明事实的，或者合议庭自身具备对技术事实的司法认知能力，完全不必委托司法鉴定。要抛弃鉴定依赖、鉴定“迷信”的惯性思维。应当明确对不需要使用技术检验设备和不需要实验室检验的专业事实，完全可以通过技术调查官在法庭内的分析认定，而不必启动司法鉴定程序。第二，对鉴定意见应当审慎地予以审查判断，力戒轻易采信。鉴定意见并没有确定的司法证明力，必须经法庭查证属实才能作为认定事实的根据。对委托鉴定的技术事实的最终认定主体是审判人员，而不是司法鉴定人。在对鉴定意见的质证过程中，法庭要发挥司法主导性，对鉴定材料的真实性与完整性、鉴定程序的合法性、鉴定意见的规范性予以全面审查，倾听双方当事人聘请的专家辅助人的质证意见，并认真考虑技术调查官的意见，决定是否采信鉴定意见，克服对司法鉴定意见的过度依赖，防止实质让渡裁判权。要尽可能避免多重鉴定、重复鉴定。总之，在知识产权案件的审判中，技术鉴定应作为查明技术事实的辅助手段和补充措施。

（二）专家辅助人参与诉讼制度

2012 年修订的《民事诉讼法》第七十九条引入了专家辅助人参与诉讼制度。当事人聘请的专家辅助人的主要职能是：对鉴定意见或者专业问题提出意见，对出庭的鉴定人进行询问，各方申请的专家辅助人就有关技术问题进行对质。总体上看，专家辅助人实为当事人的技术助手，出庭参与诉讼的基本任务是代替当事人行使专业技术问题的质证权，辅助当事人说

① 张金柱：《知识产权案件审判中存在的问题及分析》，《山东审判》2017 年第 2 期。

明技术事实，弥补当事人自身欠缺专业知识和对技术事实难以深入发表专业意见和参与不足的缺陷。专家辅助人在法庭上从不同的角度与鉴定人进行专门知识方面的“立体”交流与沟通，共同协助法官审查鉴定意见，对于保障司法公正具有重要的标志性意义①。法庭审理实际上实行了鉴定人与专家辅助人共同参与的专家证据制度，这有助于法官通过“兼听则明”正确理解案件涉及的技术争议。在法庭审理中，推行鉴定与专家辅助人并存的“双层”专家证据制度，法官通过聆听和询问专家辅助人对专业技术问题的认识，通过双方专家辅助人对技术事实的辩论，逐步形成自己的内心判断。通过运用专家辅助人对于鉴定制度的制衡，有效消除鉴定意见对于技术事实问题的绝对决断性，有利于法官综合各方面因素对案件技术事实做出更客观的判断②。

科学知识服务于法律后，科学的精神特质将不可避免地被相关的社会关系所侵蚀③。专家辅助人具有一定的人身依附性和利益倾向性，其发表的意见属于当事人的意见，立场并非中立，是否真正能够帮助法庭查明事实难以肯定。可见，专家辅助人中立性不足和规范性不强的缺点限制了其对于法官技术事实认定过程中的参考意义④。

专家辅助人机制的运用中要注意以下问题：第一，对专家辅助人的选任标准、诉讼权利与义务、回避程序、证据效力等重要问题做出规定；第二，为保证审判质量，要解决专家辅助人的资质问题，相关部门可选拔知识产权及各专业技术领域的权威专家组建专家辅助人人才库，并搭建人才信息网络平台，供当事人从中选择专家辅助人；第三，制定专家辅助人意见的审查采信规则，避免被专家辅助人误导。

---

① 彭志刚：《论基层检委会决策机制的完善》，《江西社会科学》2012 年第 8 期。

② 张玲玲：《我国知识产权诉讼中多元化技术事实查明机制的构建——以北京知识产权法院司法实践为切入点》，《知识产权》2016 年第 12 期。

③ 王桂玥、张海东：《论我国专家辅助人制度及其完善》，《中国司法鉴定》2013 年第 4 期。

④ 王海莹、马波：《论地方法院知识产权司法审判中技术事实认定专业化的路径选择》，《内蒙古科技与经济》2016 年第 20 期。

（三）技术调查官辅助审判

2019年1月最高人民法院审判委员会发布的《关于技术调查官参与知识产权案件诉讼活动的若干规定》（以下简称《若干规定》）对知识产权审判中的技术调查官制度进行了新的布局。一是扩大了技术调查官的适用范围，所有有权审理技术类知识产权案件的法院均可以设立技术调查官，而不再限于知识产权法院。二是对技术调查官的身份由原来的“司法辅助人员”更新为“审判辅助人员”，技术调查官参与案件的“审判”活动，包括取证、勘验、保全、庭前会议、开庭审理，以帮助法官理解技术术语、明确技术争议等。三是规定了技术调查官的地位及其技术调查意见的效力。技术调查官提出的技术调查意见可以作为合议庭认定技术事实的参考，但技术调查官对案件裁判结果不具有表决权，并由合议庭对技术事实认定依法承担责任。四是明确技术调查官的法律责任，保障技术调查官恪尽职守，出具技术调查意见要客观、科学，以保证法院裁判的公正与权威。五是在全国法院系统建立技术调查官资源共享机制，以充分提高技术调查官资源效用，解决知识产权案件所涉及的技术领域复杂多样与技术调查官数量有限的矛盾。六是规定技术调查意见不对外公开。可见，在知识产权审判中，技术调查官出具调查意见是常规化的辅助法庭查明技术事实的机制，且在所有技术事实查明机制中，技术调查官处于主导地位。技术调查官的专业知识能够弥补法官专业技术知识的欠缺，帮助法官将相关技术背景、技术特点等信息在短时间内完善，在法官思维中实现技术与法律的全脑融合，从而对案件做出全面判断[①]。可见，合议庭整体的司法认知能力在技术调查官的专业知识的辅助下必将得到大幅度提升。

目前，我国技术调查官制度存在一些需要解决的问题。其一，涉案技术领域与技术调查官的恰当匹配问题，目前涉案技术领域多种多样，且同一个

---

① 张玲玲：《我国知识产权诉讼中多元化技术事实查明机制的构建——以北京知识产权法院司法实践为切入点》，《知识产权》2016年第12期。

技术领域又有不同的专业技术方向，可见，各领域的技术向精细化方向发展的趋势，势必造成技术调查官妥当选任的困难。只有实现涉案技术领域与技术调查官技术专长的恰当匹配，才能保证审判权威。为实现二者的恰当匹配，可考虑在全国范围内全面合理地分配技术调查官，使其覆盖的技术领域与审判需要相适应。

其二，技术调查官的任职方式问题。目前，技术调查官的任职有交流、兼职和聘用三种形式。交流的技术调查官任期有限，短期内难以适应技术调查工作，不能满足审判活动稳定性的需要。兼职技术调查官在工作时间上难以保证对涉案技术事实的认真审查，也不便于法官与兼职技术调查官之间进行有效充分的沟通，这也是有些法官不愿意让兼职技术调查官参与案件审判活动的原因之一[①]。因此，在技术调查官的配置方式方面，需要设置专门的、稳定的专业技术调查官队伍。有论者认为，我国应当合理增加专职技术调查官的数量，以专职技术调查官带动兼职技术调查官的技术调查工作[②]。这一见解既有必要性，也有可行性。

（四）庭外咨询技术专家

知识产权案件涉及的技术问题十分广泛，且趋于精密化，难免出现技术调查官难以胜任的技术审查问题。2010 年最高人民法院聘请了 11 位中国工程院院士为最高人民法院首批特邀科学技术咨询专家，此外，在《中国法院知识产权司法保护状况（2014 年）》中亦提出在完善技术事实查明机制中建立专家咨询委员会、专家顾问团等。

司法实践中，法庭需要向专家咨询的案件一般是穷尽其他所有技术查明途径后，仍无法解决的疑难、复杂、尖端技术问题，故专家咨询不是技术事实

① 北京知识产权法院：《技术调查官制度创新与实践》，知识产权出版社，2019，第 49 ~ 51 页。

② 黄玉烨、李青文：《知识产权审判中技术调查官的困境与出路，——兼评〈最高人民法院关于技术调查官参与知识产权案件诉讼活动的若干规定〉》，《电子知识产权》2019 年第 8 期。

查明的常规途径，而是解决技术问题的最后路径和补充机制。现行法律法规中对于咨询专家程序的启动、专家的选取、专家意见的效力没有规定，尚待完善。

（五）专业技术陪审员参与审理

审判中的技术专门性问题，是指“众所周知的事实、自然规律及定律、根据日常生活经验法则推定的事实以外的运用一般调查、侦察方法难以解决的科学技术方面的问题”①，因此，以社会经验、社会知识见长的一般陪审员参加审判并不能帮助法庭解决专业技术问题。早在1991年，最高人民法院在对北京市高级人民法院的复函中同意在审理第一审专利案件时，可以聘请有关技术专家担任陪审员。最高人民法院于2010年颁布的《关于人民陪审员参加审判活动若干问题的规定》第五条规定，特殊案件需要具有特定专业知识的人民陪审员参加审判的，人民法院可以在具有相应专业知识的人民陪审员范围内随机抽取。2015年以来，最高人民法院对人民陪审员制度的改革中，从选任专业人民陪审员和扩大人民陪审员参审范围两个方面，开启了对涉及专业技术纷争案件包括知识产权案件实行特殊方式审理的路径。建立由技术专长人才作为人民陪审员参审技术类案件的制度，可以使专长人才在诉讼程序内利用其学识为技术问题的解决发挥作用②。

目前看来，专业技术陪审员参与知识产权案件审理的作用比较有限。一是根据《民事诉讼法》的规定，陪审员只能参与一审案件的审理，二审不能有陪审员的参加。而且，技术类知识产权案件纠纷必然涉及技术事实外的法律适用问题，专家陪审员作为技术专家参与案件的合议可能会影响裁判结果的客观性③。二是专家陪审员由人大常委会任命，数量较少，不能完全满足审判需要。

---

① 邹明理：《司法鉴定法律精要与依据指引》，人民出版社，2005，第12页。

② 张玲玲：《我国知识产权诉讼中多元化技术事实查明机制的构建——以北京知识产权法院司法实践为切入点》，《知识产权》2016年第12期。

③ 何晓行、齐淼：《我国知识产权诉讼技术事实查明制度研究》，《重庆科技学院学报》（社会科学版）2018年第2期。

二　技术事实认定专业化的司法主导及其路径选择

中共河南省委办公厅、河南省人民政府办公厅2019年1月23日发布的《关于加强知识产权审判领域改革创新若干问题的实施意见》中指出，要充分发挥知识产权司法保护主导作用，提升知识产权审判的公信力，不断优化科技创新法治环境。要发挥知识产权司法保护的主导作用，就需要保证知识产权审判的规范性、终极性、权威性，使其成为解决知识产权纠纷的最重要手段。加强知识产权审判队伍建设，是不断提高知识产权审判质量与效率的基本保障①。因此，知识产权案件的审理需要更多专业技术知识与审判素质兼具的优秀人才。司法人员分类管理改革确立了管理制度的主体工程地位，而其中最基础、最关键的仍然是培养能承担司法使命的合格人才问题②。但是，我国法官队伍整体上知识结构单一，欠缺对技术问题直接进行审查与判断的认知能力。显然，培养既精通技术又精通法律的复合型、专业型法官是一种出路。应当明确，确保案件质效给审判人员自身素质带来巨大的挑战，一方面，学术观点是在发展变化的；另一方面，司法实践又总是试图盖棺定论，裁判的开放性使法官面临压力③。可见，培养既精通技术又精通法律的复合型、专业型法官实际上很难真正实现，甚至有人认为，一个熟悉所有技术领域的所谓技术型和专业型法官是不可能获得的④。根据《若干规定》第十一条，对技术事实认定依法承担责任的主体是合议庭，而不是法官，这一立法导向也可解读为要着重加强合议庭这一审判组织对技术事实的司法能力，同时，从可行性方面看，也应当把加强知识产权审判队伍建设的重心置于提升合议庭的司法认知能力方面，使之成为适格的知识产权裁判主体。前

① 参见中共中央办公厅国务院办公厅《关于加强知识产权审判领域改革创新若干问题的实施意见》。

② 蒋惠岭：《同步推进司法改革的五大配套工程》，《法制日报》2016年1月20日。

③ 宋鱼水：《知识产权审判的人才体系及文化养成》，《知识产权》2018年第9期。

④ 杨海云、徐波：《构建中国特色的技术性事实查明机制——走“技术调查官制度为主、技术法官制度为辅”的机制之路》，《中国司法鉴定》2015年第6期。

述五种措施中，除专家陪审之外，其他四种措施并不能直接改进审判组织自身对专业技术的司法认知能力，只有推行专家陪审制度，由技术专家担任陪审员与法官共同组成合议庭，才可直接提升合议庭对技术问题司法认知能力。同时，实行专家陪审制，会相应减轻对法官进行专业技术培训和选拔法学与技术复合型法官的压力，可克服技术调查官受法院编制名额的局限，显著节约制度成本，这是提升合议庭对专业技术事实的司法认知能力的便捷路径。

推行专家陪审制也是贯彻以审判为中心，实现庭审实质化的必然要求。法官运用多元化技术事实查明机制的落脚点在于实现庭审实质化①。专家辅助人制度和鉴定人出庭接受交叉询问制度来查明专业技术争议，标志着法庭审理对证据质证的创新，形成对技术问题的完整沟通、辨识和相应的裁判机制，为法庭判断专门技术问题创设制度空间，有助于法官查明技术事实。质证的本质特征在于“质”，即对证据的质疑和质问，而且这种质疑和质问都带有当面对抗的性质②。在法庭主导下，在诉辩双方的举证、质证和对抗基础上，法庭对证据的采信、对争议事实的认定是法庭审理的关键，这是审判权行使的核心，也是法官形成心证的过程。如果主导质证的合议庭不具备对技术问题的认知能力，庭审质证将流于形式而异变为没有实质意义的表演，通过法庭质证认定争议事实和庭审实质化就无法实现。

司法审判中的技术问题终将转化为法律问题，而适用法律既是法官之所长，也是法官行使司法裁判权定分止争的职责所在③。因此，在实行专家陪审时要坚守“法官主导事实认定”，避免审判权的旁落与让渡。长期以来，在涉及各种技术问题的案件审理活动中，法官与法院普遍存在对司法鉴定意见的过度依赖，这可能是推行司法责任制和案件质量终身制背景下，法官为求自保的无奈之举，但被质疑为司法裁判权的让渡。《若干规定》第十一条

① 张玲玲：《我国知识产权诉讼中多元化技术事实查明机制的构建——以北京知识产权法院司法实践为切入点》，《知识产权》2016 年第 12 期。

② 何家弘：《证据学论坛（第五卷）》，中国检察出版社，2002，第 176 页。

③ 宋鱼水：《知识产权审判的人才体系及文化养成》，《知识产权》2018 年第 9 期。

规定，合议庭对技术事实认定依法承担责任。可见，合议庭认定技术的过程中，法官与专家陪审员之间，前者较后者的权责更为重大。法官不应简单地将技术调查官做出的事实认定直接等同于法律认定，从而在实质上将司法裁判权让渡给技术调查官①。同理，如果法官认定知识产权案件技术事实时过度依赖专家陪审员，也将出现一定程度上的审判权让渡，这有违司法责任制的要求。架构对技术事实的多种识别机制（包括专家陪审），是为了帮助法官认定事实和间接提升法官对技术类知识产权案件的整体司法能力，而不是为法官回避技术问题的认定寻找借口和替代途径。显然，由具备技术背景的法官担任主审法官，可更好地避免审判权让渡。

上述五种查明技术事实机制均存在于审判法官体系之外。法院内部采取专业调研小组、专业法官会议、专家法官委员会方式则可以充分利用“内部专家”来保障技术事实认定的准确度。这也是司法主导技术事实认定专业化的重要环节。

三　关于技术调查意见是否公开的论争

在知识产权审判中，技术调查官的调查意见对帮助法庭查明事实将发挥着更直接更重要的作用。而不断完善相关制度，与树立知识产权审判的社会公信力和权威密切关联，其中，技术调查官的调查意见是否应当公开，就是值得探讨和解决的问题，2019 年《若干规定》发布前的相关规定对此没有明确说明，《若干规定》第九条规定“技术调查意见不对外公开”后，理论界对此仍有争议。

技术调查意见是技术调查官运用自身专业知识，从中立的立场，根据案件证据材料和当事人的诉讼主张，对案件有关技术事实的分析和说明，代表了技术调查官自己的意见。技术调查意见的作用是帮助法官查明案件的客观

① 宋鱼水：《知识产权审判的人才体系及文化养成》，《知识产权》2018 年第 9 期。

事实，为法官进行法律上的判断提供事实基础[①]。可以认为，技术调查意见的用途和目的不是证明当事人的诉讼主张，因此，无论在提交主体和证明目的方面，均独立于、不同于当事人提交的证据。同时，技术调查意见中对技术事实的分析说明是技术调查官对当事人提交证据所证明内容的“二次开发”，因此也不属法院依法调取的证据。可见，如果从技术调查意见不属于证据的角度看，当然可以不经法庭公开质证，也不在裁判文书中公开。

从形成的时间上看，技术调查官的调查意见是在开庭后、案件评议前形成的，此时庭审已经结束，不可能再组织当事人进行公开质证和辩论。但这能否成为不公开技术调查意见的正当理由？有论者认为，技术调查意见不公开有违公开审判原则[②]，本文持相同观点。司法公开是整体化公开，包括立案公开、庭审公开、执行公开、听证公开、文书公开和审务公开六大环节。司法公开是法治建设的重要一环，司法公开就是要让案件的每一个流程、庭审的每一个细节、文书的每一个标点都要迎接社会公众的检验[③]。司法文书（含判决书、裁定书等）公开不仅包括公开裁判结果，而且包括公开裁判的理由、依据及其形成的内在逻辑。虽然技术调查官的调查意见并非证据，但其会对法官的自由心证产生重要的影响，甚至直接影响案件裁判的结果[④]。技术调查意见代表技术调查官独立的立场和意见，该技术调查意见可能被法官采纳，也可能不被采纳。一种观点认为，技术调查意见仅作为法官认定案件事实的参考资料，法官对案件进行裁判也并不受该调查意见的拘束，故其不应当对外公开[⑤]。本文认为，如果技术调查意见没有被法官采纳而不便公开尚可以理解，可能这里在一定程度上把技术调查意见视为合议庭评议笔录的组成部分。但是，如果技术调查意见被法官采纳而成为判决的技术依据，

---

① 北京知识产权法院：《技术调查官制度创新与实践》，知识产权出版社，2019，第71页。

② 张爱国：《评技术调查意见的不公开——以民事诉讼法的基本原理为视角》，《知识产权》2019年第6期。

③ 彭波：《司法公开彰显制度力量》，《人民日报》2019年8月15日。

④ 陈存敬、仪军：《知识产权审判中的技术事实查明机制研究》，《知识产权》2018年第1期。

⑤ 马一德：《知识产权司法现代化演进下的知识产权法院体系建设》，《法律适用》2019年第3期。

就应当在判决书中公开技术调查意见的内容。无论是提升司法公信力还是树立法治权威，都必须建立健全阳光透明的司法权力运行机制①。技术意见书对技术争议的分析、说明与判断应当有清晰的内在科学逻辑，只有在法律文书中公开被采纳的技术调查意见，主动接受当事人和社会的监督，回应社会关切，才能敦促司法人员提升司法能力和裁判水平，才能赢得良好的审判效果和维护法律的尊严。另外，是否可以因为技术调查官对案件的裁判结果不享有表决权，裁判是由合议庭（《若干规定》第十一条规定，合议庭对技术事实认定依法承担责任）做出而不是以技术调查官名义做出而不宜公开技术调查意见呢？本文认为，如果技术调查意见被采纳，就应被视为裁判者的意见，就应当公开。

此外，还必须认识到，技术调查意见由技术调查官依据自身知识做出，存在局限性，故也可能存在正确性、客观性方面的欠缺与不足。《关于加强知识产权审判领域改革创新若干问题的意见》指出，要规范技术审查意见的采信机制，增强技术事实认定的中立性、客观性和科学性。如果绝对不公开，无异于完全摆脱对技术调查意见中立性、客观性和科学性的社会监督，这不利于彰显司法裁判的价值引导作用，提高公众对裁判的认同感和信赖感，也不利于提升司法公信力。有一种观点认为，应当选择性公开技术调查意见，在一定范围内允许当事人进行辩论②。应当认为，即使因为技术调查形成于开庭后而不便当事人质证，但如果在一审裁判文书中公开，当事人至少有机会在此后的上诉乃至再审程序中发表针对性意见，发掘技术事实真相，维护自身正当权益。

综上，本文认为，“技术调查意见不公开”不能与司法公开的司法改革原则相抵触，《若干规定》第九条所规定的“技术调查意见不对外公开”应当限缩解读为“不公开进行质证和辩论”，但在公开的裁判文书中应当载明被法院采纳的技术调查意见。

① 彭波：《司法公开彰显制度力量》，《人民日报》2019 年 8 月 15 日。

② 邓朝霞、胡充寒：《论我国技术事实查明机制之完善路径——以技术调查官制度的运行现状为视角》，《法治社会》2017 年第 5 期。

参考文献

北京知识产权法院：《技术调查官制度创新与实践》，知识产权出版社，2019。

宋鱼水：《知识产权审判的人才体系及文化养成》，《知识产权》2018 年第 9 期。

张玲玲：《我国知识产权诉讼中多元化技术事实查明机制的构建——以北京知识产权法院司法实践为切入点》，《知识产权》2016 年第 12 期。

黄玉烨、李青文：《知识产权审判中技术调查官的困境与出路，——兼评〈最高人民法院关于技术调查官参与知识产权案件诉讼活动的若干规定〉》，《电子知识产权》2019 年第 8 期。

何晓行、齐淼：《我国知识产权诉讼技术事实查明制度研究》，《重庆科技学院学报》（社会科学版）2018 年第 2 期。

蒋惠岭：《同步推进司法改革的五大配套工程》，《法制日报》2016 年 1 月 20 日。

张爱国：《评技术调查意见的不公开——以民事诉讼法的基本原理为视角》，《知识产权》2019 年第 6 期。

彭波：《司法公开彰显制度力量》，《人民日报》2019 年 8 月 15 日。

陈存敬、仪军：《知识产权审判中的技术事实查明机制研究》，《知识产权》2018 年第 1 期。

邓朝霞、胡充寒：《论我国技术事实查明机制之完善路径——以技术调查官制度的运行现状为视角》，《法治社会》2017 年第 5 期。

B.8
知识产权法院建设中的关键问题与应对思路

刘　旭*

摘　要： 我国知识产权法院自设立以来在受案数量、受案标的等方面呈现连年增长的趋势，遵循先例等相关改革探索亦具有前沿性。但围绕知识产权法院的受案类型、建制规模、管辖区域也存在值得进一步探讨的问题。未来，要就新类型案件的认定标准加强阐释及完善机制，对知识产权法院的设置标准及建制规模深化探索，对知识产权法院管辖区域的扩大及优化展开进一步的设计和改革。

关键词： 知识产权法院　知识产权法院建设　知识产权法院改革

设置知识产权法院是我国强化知识产权司法保护、助推科技强国建设的重要改革举措。知识产权法院立足于改革，在同案同判、加大侵权赔偿、强化审判辅助等方面加强探索，为司法改革及转型创造了经验示范。但知识产权法院设计所赖以的若干基础性理论和实践问题，诸如受案类型、建制标准以及管辖区域等，仍需在未来改革进程中进一步探讨。在这些问题上的深化探索，关系到未来知识产权法院的改革走向，并且对知识产权司法组织格局及体系的缔造产生影响。

---

* 刘旭，河南省社会科学院助理研究员。

一　我国知识产权法院建设现状

自2014年我国设立知识产权法院以来，知识产权法院在受案数量、受案标的额度等方面呈现不断增长的趋势，知识产权法院受案的集中效应体现明显，与此同时，北京、上海、广州三地的知识产权法院分别形成了与各地方经济社会实际情况相适应的、各具特色的受案结构。知识产权法院在遵循先例、惩罚性赔偿及技术调查官等方面的改革努力，为推进知识产权司法保护创造了有益经验，更为国家法治改革及转型提供了范例。

（一）改革集聚效果显现并扩大影响

我国在北京、上海、广州三地创设知识产权法院，对专业技术性强的第一审知识产权民事和行政案件实行集中专属管辖，这一制度运行近五年来，产生了知识产权案件集中化和专门化审理的效果。从成立之日到2018年10月底，北京知识产权法院受理各类知识产权案件超50000件，收案量以年均30%的增长率扩大①；上海知识产权法院系统在2018年受理各类知识产权案件22680件，较上年增长43.46%，其中标的额1000万元以上不满1亿元的案件85件，较上年度增加了107%②；广州知识产权法院在2018年新收案件10086件，较上年增长9.46%，较建院初年度数量翻番，其中，著作权相关案件数量规模在四年间连年倍数级增长③。在受案量大幅增加的同时，知识产权案件判赔数额以及诉讼标的总额等也大幅提高。广州知识产权法院判决侵权赔偿最高额从2015年的126.5万元提高到2018年的4000万元，实现了侵权司法救济的飞跃，

---

① 杨静、赵书博：《改革开放四十周年｜北京知产法院：专业化审判助燃智慧之火》，《人民法院报》2018年11月25日。

② 上海知识产权法院：《2018年知识产权司法保护状况白皮书》［EB］，搜狐网，http://www.sohu.com/a/309709360_120054912，访问日期：2019年4月22日。

③ 何小敏：《广州成为涉外知识产权争端解决的“优选地”》，《信息时报》2019年4月26日。

该院诉讼标的总额也由2015年的12.71亿元增长到2018年的27.05亿元，诉讼标的规模得到成倍扩充。

（二）形成带有各自特色的受案结构

三地知识产权法院自成立以来，在受案的类型和结构上形成各自的特色。知识产权法院运行初期，各法院受案结构上的差异已经初步显现。知识产权行政案件在北京知识产权法院受案总量中占比较大，专利商标授权确权行政案件的数量超过全部受案的3/4，案件结构中涉外案件比例突出，达到一审受案总量的39.4%；上海知识产权法院受理著作权案件较多，超过整体受案总量的一半；广州知识产权法院受理的专利相关案件占受案总量的53.24%，在整个一审案件中占比达到90.99%[①]。2016年全年，北京知识产权法院受理专利和商标行政纠纷案件7040件，其中，专利行政纠纷案件1104件，占专利纠纷类案件受案量的62.7%，商标行政纠纷案件5936件，占商标纠纷类案件受案量的96.9%，两类行政纠纷案件占全院受案量的70.4%[②]。上海知识产权法院2017年全年受案中，著作权案件占比较重，1186件著作权案件占总受案量的46.48%，相比之下，专利权案件占总受案量的22.65%，行政案件仅有7件[③]。

（三）探索前沿领域并力争改革突破

近年来，知识产权法院在遵循先例、推行惩罚性赔偿以及实施技术调查官制度等方面不断推进，在司法体制改革先行先试、推动司法整体转型和进步方面发挥重要的先导和带动作用。三地法院为促进同案同判，倡导判例的事实约束力和法律效力，认同律师庭审抗辩援引在先判决，亦提倡法院在判

---

① 相关数据截止到2015年8月20日。参见高莉《北上广探路知识产权法院》，《决策》2015年第11期。

② 马君：《北京知识产权法院大力提升知识产权侵权赔偿数额》，《中华商标》2017年第1期。

③ 上海知识产权法院：《2017年知识产权司法保护状况白皮书》［EB］，搜狐网，https://www.sohu.com/a/229524399_221481，访问日期：2018年4月25日。

决中引用先例及凝结裁判规则，为推动司法改革和法治发展试行了有深远意义的改革举措[①]。2016年，北京知识产权法院大力推行遵循先例为主旨的案例指导制度改革，在168起案件的审理中援引在先生效裁判案件279件，为知识产权“同案同判”做出有益的实践探索。技术调查官制度在解决知识产权审判中遭遇到的专业技术性难题，显著提升相关案件审判效率等方面的效用正在逐步显现。上海知识产权法院在2018年引入技术调查官参与审理的案件达131件，较前年增长84.5%，技术调查官开展技术咨询、保全、勘验、出庭共计412件次，较前年增长36.4%，技术对法庭审理的支持作用不断凸显[②]。

二 知识产权法院建设中的关键问题

我国确立了知识产权法院的组织形式和运行架构，但对于知识产权法院建设中的若干关键问题，例如知识产权法院的受案类型范围，知识产权法院的建制依据和标准，以及知识产权法院的管辖区域范围等，法律规定还较为模糊，一些概念需要加以阐明，相关理论及实践还有待深化。

（一）关于受案类型

知识产权法院设立之初，以“专业技术性较强”涵盖专利、植物新品种等类型的案件，“专业技术性较强”可以看作知识产权法院多类型受案的共同特征。2014年8月31日发布的《全国人民代表大会常务委员会关于在北京、上海、广州设立知识产权法院的决定》第二条以“有关专利、植物新品种、集成电路布图设计、技术秘密等专业技术性较强”的规定，提出以“专业技术性较强”为标准、四项列举为明确内容的受案界定。2014年

① 北京知识产权法院课题组：《关于审判权运行机制改革的思考与探索——以北京知识产权法院为分析样本》，《法律适用》2015年第10期。

② 上海知识产权法院：《2018年知识产权司法保护状况白皮书》［EB］，搜狐网，http://www.sohu.com/a/309709360_120054912，访问日期：2019年4月22日。

10月27日发布的《最高人民法院关于北京、上海、广州知识产权法院案件管辖的规定》对全国人大以上规定进行了一定的扩充，在四项列举之外增加了“计算机软件”案件类型，同时将“涉及驰名商标认定的民事案件”纳入知识产权法院一审管辖范围。2018年，知识产权法院的受案类型在法律层面有进一步增加。2018年10月26日发布的《全国人民代表大会常务委员会关于专利等知识产权案件诉讼程序若干问题的决定》在2014年规定的基础上增加了“计算机软件”和“垄断”两大案件类型。可以预见，随着形势的发展，会有更多新的案件类型被纳入知识产权法院受理审判范围。但对于“专业技术性较强”这一标准还缺乏明确细致的解释，实践当中，新案件类型的认定还缺乏相应的制度和工作机制保障。

（二）关于建制规模

目前，我国知识产权审判组织体系已经形成了最高人民法院知识产权法庭，北京、上海、广州三家知识产权法院，以及天津、长沙、西安等20家知识产权法庭组成的“1+3+20”知识产权司法组织格局①。有关知识产权法院的设置依据和标准，最高人民法院院长周强在2014年8月25日的第十二届全国人大常委会第十次会议上所做的《对〈关于在北京、上海、广州设立知识产权法院的决定（草案）〉的说明》中指出，选择北京、上海、广州设立知识产权法院是“充分考虑我国各地经济社会发展的实际情况”，因这些城市“专利类案件相对集中、审判工作基础较好”；知识产权法院的案件管辖也是“综合考虑了我国知识产权法院的职能、编制、人员以及知识产权案件的分类、特点、数量等因素”。但是，在选择知识产权法院这一形式还是知识产权法庭这一形式的问题上，当前的建制标准还不够明晰，对于达到何等案件聚集规模以匹配知识产权法院的设置，理论及实践上都不够明确。

① 《全国知识产权法院/法庭管辖一览（1+3+20）》[EB]，搜狐网，http://www.sohu.com/a/317512992_195414，访问时间：2019年5月30日。

（三）关于管辖范围

知识产权法院自成立之初，北京、上海两院便有市辖区域内管辖的特征，而广州知识产权法院跨区域管辖的特点则较为明显，即广州知识产权法院管辖广东省内除深圳市以外各区域专利、植物新品种等类型的案件。根据2014年《全国人民代表大会常务委员会关于在北京、上海、广州设立知识产权法院的决定》中有关知识产权法院管辖问题的精神，对于专利等专业技术性较强的案件，立法本意在于开展跨省及跨直辖市区域的管辖。该决定第二条第三款首先规定知识产权法院对诸类案件“实行跨区域管辖”，而后设定了三年的缓冲期，即“在知识产权法院设立的三年内，可以先在所在省（直辖市）实行跨区域管辖”。但是，知识产权法院设立运行三年后，知识产权法院的跨区域管辖改革未有下文，多少有悖知识产权法院设立之初的立法本意。而且，多年来的实践对知识产权法院跨区域管辖提出了较为迫切的要求，立法上不应对此轻视忽略。最高人民法院院长周强在2017年8月29日的第十二届全国人大常委会第二十九次会议上所做的《最高人民法院关于知识产权法院工作情况的报告》里，分析了知识产权法院面临的困难和问题，其中就有“知识产权专门化审判的辐射范围不够，难以有效满足创新活跃地区对于专门化审判的司法需求”。近些年来，最高人民法院批复多地设立的知识产权法庭普遍在省区域内推行了跨域管辖，相较而言，知识产权法院的跨区域管辖也有待进一步深化推进。

三　应对知识产权法院建设相关问题的思路

围绕知识产权法院多项关键问题，全国人大常委会在立法中提出了“专业技术性较强”的受案标准，引申出与受案规模相匹配的司法组织建制方法，并确立了跨省及直辖市区域加以管辖的改革精神。未来要对“专业技术性较强”这一概念的内涵加以精确阐明，形成若干明晰的测度指标，及形成新类型知识产权案件的认定标准及工作机制；要对知识产权独立建制与内设建制两种模式的成本效益进行比较分析，探索相应的分析框架及方法函数，明确受案规模与司法组织形式之间的匹配情形；知识产权法院的管辖区域也要打破与行政区划叠合的传统模式，发展辐射性管辖区域并优化其布局，同时发展多种灵活性的司法组织设置，以构建完善的知识产权司法组织体系。

（一）加强新类型案件的标准阐释及工作机制

随着经济社会各领域的深刻变革，新兴知识产权类型大量涌现的事实已然得到公认，并在研究界及实务界达成诸多共识。由此，确立一定的标准和运行机制，准确及时地将各类新的知识产权诉讼案件纳入知识产权法院受案范围，便成为知识产权法院建设当中亟待解决的关键问题。例如，在传统知识、民间文学艺术、生物多样性等领域出现的新类型案件①，以及数据专有权类型的案件②等，对知识产权法院现行的受案体系提出新的要求。为此，要对《全国人民代表大会常务委员会关于在北京、上海、广州设立知识产权法院的决定》中“专业技术性较强”这一概念的含义进行解释。从该决定的语境出发，一方面，所谓“专业技术性”既指因属于知识产权专门业态领域的知识、思维、技能而具备的专业技术特性，又指因相关知识产权纠纷进入法院，而生成的知识产权诉讼在甄别、梳理、查明及裁决等方面的司法专业技术特性；另一方面，所谓“较强”是指专利、植物新品种等案件相对于著作权、商标等其他知识产权案件在技术本身及司法应对技术方面复杂程度较大。同时，要使“专业技术性较强”可测度，就需要设定相应的强度展示指标，它直接体现为司法专业技术性强度指标，即相关专业领域知识和技术为司法人员所认知、理解及掌握的难度指数，通过抽取标准数量的法官对相关领域知识概念及技术环节进行测评打分来计算相关案件的专业技术性强度。另外，新类型案件的认定也可遵循一审、二审法院发现并经层层报送最高人民法院的流程，使

---

① 李顺德：《TRIPS 协议与〈生物多样性公约〉、传统知识和民间文学的关系》，《贵州师范大学学报》（社会科学版）2005 年第 1 期。

② 杨立新：《民法总则新规则对编修民法分则各编的影响》，《河南财经政法大学学报》2017 年第 5 期。

新类型案件不断纳入知识产权法院受理范围，最高法院亦利用现行法律解释权，对新类型案件相关的标准、内涵及机制加以明确，同时，加快推进新类型案件认定的机制建设，促使此项事务的制度化和规范化。

总体来看，不断演进的知识产权变革，对现行知识产权司法组织体制机制设计带来潜在的挑战。例如涉及市场占有率的商标纠纷、涉及信息网络传播的著作权纠纷等新类型案件的出现并持续增长①；这一动向对知识产权法院一审、二审受案结构带来潜在影响，法定知识产权受案是由针对专利、植物新品种等案件的一审受案和针对著作权、商标等案件的二审受案构成的，但随着著作权、商标等案件中新型复杂疑难案件的增多，其“专业技术性较强”的色彩不断加深，以致符合了法定受案类型特征及标准，这些案件也有了纳入知识产权法院一审的逻辑要求。专业技术性强度概念内涵清晰阐释方面的困难，以及受案类型划分中的相对性，将对专业建制与普通建制相区分的进路，以及以往法定线性区分及组织线条设计带来潜在的冲击和挑战。

（二）完善知识产权司法组织设置标准及配套

知识产权法院与知识产权法庭均为专业化应对特定类型受案，但两种组织形式代表着专门独立建制与内设附属建制的不同思路。其中，知识产权法院在设置初有着专利案件聚集为引领的特点，即专利类型案件在某一地区密集度高，从而产生跨区域集中专门管辖包括专利及其他类型案件在内诸多案件的必要。由此，知识产权法院设置标准便体现在基于何种类型案件、达到何等聚集规模，以及在地域上呈现何种聚集形态三个方面。事实上，知识产权法院现行管辖所涉及的专利、植物新品种、集成电路设计等案件类型，在案件内容、性质等方面有各自的特色，在区域分布形态和结构上也并非完全重合。以专利一类案件规模分布概括多类型案件的规模分布的处理值得进一步反思，未来是否可以就更为具体的类型，对应匹配相应的组织机构是对知

---

① 《银川地区知识产权案数量攀升，新类型开始出现》［EB］，网易网，http：//dy.163.com/v2/article/detail/EDN5TEQV0514IEAK.html，访问日期：2019年4月26日。

识产权司法专门化思路的检验。可以就多类型案件的差异化分布，探索知识产权法院内部类型化审判组织机构的管辖及分布，从而推进组织多样性与受案多类型及区域化分布的匹配。

有关聚集规模与组织机构的匹配，要基于集中、专门受案成本效益的分析，这其中主要表现为专门独立建制相对于内设附属建制，在应对规模化受案方面的成本效益分析，表现为专门独立建制显著增加的人力、管理、硬件等成本，有着更为突出的专业化审判质量和效率等效益方面的优势。对此分析，可以引入经济学领域的“科布－道格拉斯”生产函数①等方法对知识产权法院规模化受案方面的效益进行分析，并逐步建立适合司法受案自身情况的测度指标，从而对何等规模受案所需要的相应内设型机构或独立建制机构形成更清晰的认知。

（三）推进知识产权法院管辖区域扩大及优化

知识产权法院管辖区域设计要同国家跨行政区划法院的改革战略结合起来，进一步打破与行政区划相重叠的传统模式，依照相关知识产权案件的地域分布，加大知识产权法院跨省（直辖市）确定管辖区域的改革力度，最终实现司法组织管辖与受案分布相适应。北京、上海知识产权法院的管辖区域与直辖市区划相重合，但事实上，这些地方周边区域的知识产权案件规模化、区域化聚集的趋势较为显著，这些地区知识产权法院的管辖区域设计应当体现京津冀、长三角协同发展的战略布局。两地知识产权法院要吸收及整合周边地区知识产权案件的受理，并且灵活运用派出法庭、巡回法庭等组织建制，实现知识产权法院自身的区域辐射和带动功能。关于知识产权法院的跨区域管辖，学界也提出了多种主张。包括，知识产权法院要及时增设，使之不限于北上广三个地区②；在原有基础上，增加三到五个知识产权法院，将各地知识产权法庭纳入知识产权法院，作为其派出机构③；按照东北、华

① 刘小军等：《基于生产函数的行业规模效益实证分析》，《统计与决策》2011年第5期。
② 吴汉东：《中国知识产权法院建设：试点样本与基本走向》，《法律适用》2015年第10期。
③ 李明德：《关于我国知识产权法院体系建设的几个问题》，《知识产权》2018年第3期。

北、华中、华东、华南的地域分布，设置知识产权高级法院①。在实践中，广州知识产权法院运用“诉讼服务处＋巡回法庭”的模式，在中山、东莞、汕头设立诉讼服务处，在惠州仲恺高新区和佛山两地设置了巡回审判法庭，向居民及企业就近提供司法服务②。未来知识产权法院要适应管辖辐射化和组织灵活化的趋势，更准确地把握知识产权案件区域分布形态，更为科学地设计相应的管辖区域及组织机构，从而构筑更为科学、更加优化的知识产权法院管辖和组织体系。

参考文献

北京知识产权法院编《知识产权法院论丛（第一辑）》，法律出版社，2015。

宿迟主编《知识产权法院论丛（第二辑）》，法律出版社，2018。

人民法院出版社：《最高人民法院司法观点集成（第三版）·知识产权卷》，人民法院出版社，2018。

最高人民法院知识产权审判庭：《最高人民法院知识产权审判案例指导（第10辑）》，中国法制出版社，2018。

最高人民法院：《中国知识产权司法保护经典案例集》，人民法院出版社，2018。

① 易玲：《知识产权三审合一的“合”与“分”——兼谈日本知识产权专门化审判模式及我国的路径选择》，《政治与法律》2011年第11期。

② 李慧君：《诉讼服务送到“家门口”！广州知识产权法院佛山巡回审判法庭正式揭牌》［EB］，南方Plus，http：//static.nfapp.southcn.com/content/201904/25/c2158128.html？colID＝40，访问日期：2019年4月25日。

B.9

强省建设背景下河南高校特色知识产权学院建设路径研究

李建伟　吴瑞格　张建东*

摘　要： 河南省知识产权强省建设对知识产权人才需求空前迫切，然而，作为人才培养主要渠道的高校知识产权学院毕业生，却并没有像社会期许和当初办学时规划的那样“热销”和“紧缺”。本文借鉴国外较为成熟的高校知识产权学院办学模式，提出要针对河南社会实际需求，结合区域经济和产业特点，找出河南高校特色知识产权学院建设的出路和对策，明确办学定位和办学理念，加强知识产权师资队伍建设，发挥高校、政府和企业的三方联动作用，打造河南区域特色鲜明的知识产权学院，为知识产权强省建设提供有力的人才支撑。

关键词： 知识产权强省　人才培育　特色学院

近年来，随着我国经济和社会事业的蓬勃发展，知识产权人才的需求也越来越大，国内高校先后成立了一批以知识产权人才培养为主要目标的知识产权学院。目前，全国已经建成36所知识产权学院，76所学校开设了知识产权专业（法本），近百所高校招收知识产权相关研究方向的

* 李建伟，河南中州知识产权文化传播中心主任；吴瑞格，河南中州知识产权文化传播中心副主任；张建东，河南科技通律师事务所主任。

硕士研究生，近20所高校招收知识产权相关研究方向的博士研究生。随着河南省支撑型强省建设目标的深入实施，进一步催生了社会对高端、复合型知识产权人才的强烈需求。2014年7月9日，中原工学院成立了河南省内首家知识产权学院，之后，郑州大学、河南师范大学、河南财经政法大学、河南大学等高校的知识产权学院也先后成立，河南牧业经济学院等高校也开设了知识产权专业。但据对省内知识产权专业高校毕业生就业统计和跟踪数据，除考研、考公务员和参加司法考试外，真正从事司法审判、企业知识产权管理、律师以及知识产权服务的毕业生不足10%。

高校知识产权学院是我国知识产权人才培养的一个重要平台，是向知识产权行业输送高层次、复合型人才的重要渠道，其依附于高校建立，具有良好的软硬设施条件，但由于国内目前没有一个完善成熟的运行模式，大多知识产权学院建设处在“摸着石头过河”阶段。如何构建一个适合知识产权学院高效运行的机制，成为高校普遍存在的一个悬而未决的问题。

一　河南高校知识产权学院目前存在的问题

知识产权学科具有其鲜明的跨学科、跨行业、跨职业、跨领域的突出特点，要求毕业生具有较强的实际操作能力和知识融合度。因此，知识产权学院不同于传统学科，需要在学科定位、学科融合、社会需求、人才培养模式等方面进行探索、适应和调整，才能达到学院创办的初衷和教学目标。目前，河南省高校知识产权学院大多处于初创期，在人才培养体系、学科定位、师资配备、社会需求等方面都存在一些亟待解决的问题。

（一）知识产权学院人才培养体系与社会需求存在错位

2017年6月2日，国家知识产权局发布的《知识产权人才“十三五”规划》提出，“十三五”规划期间，全国知识产权从业人员总数要超过100万人，其中，新培养知识产权专业人才50万余人，包括知识产权行政管理和执法人才3万余人，企业知识产权人才30万余人，知识产权服务业人才15万余人；其中执业专利代理人达到2.5万人，高等学校、科研机构等单位知识产权人才3万余人。可见，国家对高校的知识产权专业人才的培养寄予厚望。

相比之下，河南知识产权人才培养起步晚，底子薄，人才产出量和人才总量都偏小。数据显示，河南省目前有知识产权行政管理人员603人，企业知识产权管理人才队伍1180人，执业专利代理人237人，高校教学研究人员不足200人，每年5所知识产权学院专业毕业生不足300人，相对于河南省庞大的经济结构和社会需求来说，知识产权人才缺口很大。河南省107名省级以上知识产权高层次人才就业机构中，行政管理机构所占据最大比重（见图1）。但作为知识产权高层次人才培养“摇篮”的知识产权学院的毕业生，毕业后大多没有从事知识产权行业，知识产权专业并没有像社会期许和当初办学时期待的那样“热销”和“紧缺”，甚至一度被教育部列为就业不畅的“亮红灯”专业。

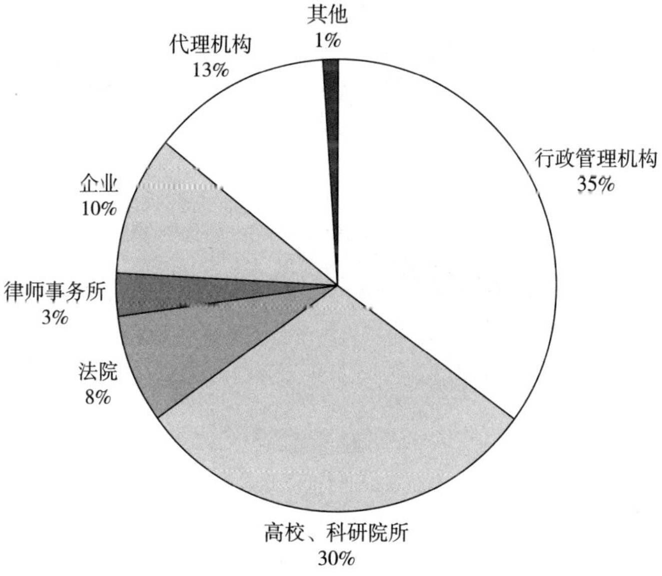

图1　河南省知识产权高层次人才就业机构占比

资料来源：作者根据河南省知识产权局发布的前四批知识产权高层次人才评选结果通知绘制而成。

高校知识产权学院办学之初，一般将知识产权人才培养目标局限于知识产权法学人才、知识产权管理人才和知识产权研究人才。其实，在社会实践中，需求量最大的反而是知识产权代理服务人才、知识产权理工科专业人才等跨学科的复合型人才。而河南省高校知识产权学院目前培养的毕业生还是偏重于知识产权法学和管理人才，就业渠道对口律师事务所、司法机关、公务员、个别企业法务管理岗位，就业渠道较窄，企业、科研院所和知识产权服务机构最紧缺的知识产权实务人才、特别是具有理工科背景的知识产权复合型人才偏少。

深圳智诚知识产权人才服务有限公司发布的《全国2019年5月知识产权人才需求分析报告》指出，2019年5月，全国发布知识产权岗位需求的企业中，共计发布了14176个知识产权相关招聘岗位需求，其中包括法务岗5282个，专利岗3626个，律师岗584个，商标岗488个，辅助岗4196个（见图2）。可见，知识产权服务机构的实务人才目前是需求量最大的行业。

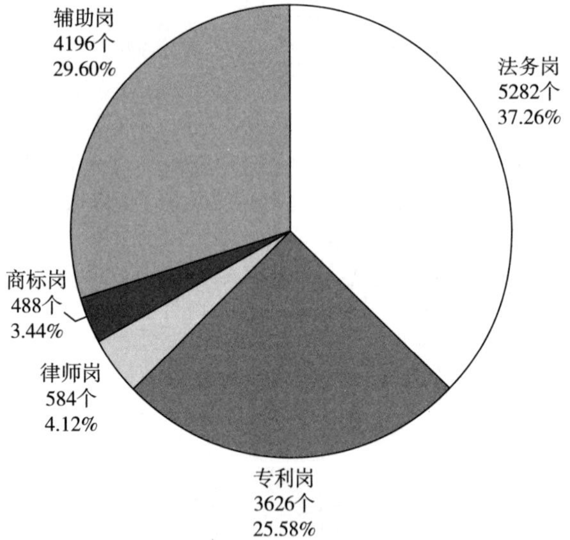

图2　知识产权岗位需求占比排名

资料来源：深圳志诚知识产权人才服务有限公司《2018年10月全国知识产权人才需求分析报告》。

表1　主要知识产权岗位具体分类

岗位类别	岗位名称
专利岗	知识产权总监(专利总监)
	知识产权经理(专利经理)
	知识产权主管(专利主管)
	知识产权专员(专利专员)
	知识产权助理(专利助理)
	专利工程师
	专利分析师
	专利翻译
	专利代理师
	涉外专利代理师
	专利代理师助理
	涉外专利代理师助理
商标岗	商标代理人
	商标代理人助理
	涉外商标代理人
	商标管理员
	商标维权
律师岗	律师
	律师助理
	法律顾问

对河南省高校知识产权学院在校学生抽样调查发现，其中80%以上的学生对知识产权职业、类别没有明确的概念，没有明确的学习目标和就业规划，学生学习目标不明确，对知识的摄取没有针对性和充足的学习动力。多数知识产权学院没有根据市场知识产权人才需求类别，制定差异化、类型化的课程设置、师资配备和培养目标。现有的大多数高校知识产权学院人才培养目标偏重于法学和管理，体系单一，造成知识产权专业毕业生就业渠道狭窄，企业、服务机构和高校科研机构难以招聘到合适的知识产权专业毕业生。本科生找不到合适的就业岗位，只好转身投身于考研、考公务员的大军。

河南省内有专利代理资格的专利代理机构目前有70多家，但能够提供高质量、高附加值的专利预警分析、战略规划、专利导航、专利诉讼等服务的不到10%，能够全程提供涉外专利代理、专利诉讼纠纷服务的机构更是少之又少；河南省郑州市某知名客车企业2016年把知识产权工作从技术中心独立出来，正式组建知识产权部，他们通过“猎头”公司从其他企业重金引进4名具有丰富海外知识产权实战经验的高层次人才，从事专利技术布局、维权诉讼、海外投资贸易尽职调查等高端业务。由此可见，河南省还缺少懂知识产权、外语，还懂外贸、技术、海外法律等复合型、具有国际视野的知识产权高层次人才，远远无法满足市场需求。高校知识产权学院是河南省知识产权高端人才培养的重要渠道和“摇篮”，因此，河南省高校知识产权学院在人才培养的路径、模式、适应性、方向性及专业性方面都要与时俱进进行加强和调整。

（二）知识产权专业在学历学位教育中的位置亟须巩固

尽管知识产权学院如雨后春笋般出现，但目前国内作为与法学院等同一级别的独立二级学院，只有重庆理工大学等少数几所高校的知识产权学院具有独立学院的地位，也有学校将知识产权学院设在法学院、经济管理、公共管理等学科下面开展知识产权方向的学历学位教育，所发毕业证书也不显示知识产权专业字样。因此，高校知识产权学院，缺乏独立的学科建设、课程设置、师资引进、招生规模、就业渠道、师资培养等自主权，限制了知识产权学院的科学发展和壮大。

目前，河南省高校设立的知识产权学院，均为依附于法学院而建立的二级学科非独立型学院，在课程方面涉及基础法学、知识产权基本概念、理论等，课程重理论、轻实践，知识产权学院人才培养体系与社会需求存在错位，也因此丧失了很多权利，知识产权人才培养名不正、言不顺。知识产权专业缺乏相对统一的人才培养标准和体系，学校教育中多倾向于知识产权法学教育，不少知识产权专业毕业生拿到的是法学学士学位，就业渠道局限于司法机关、律师所、个别企业法务部等。由于没有理工科背景，知识产权服务机构、企业、科研院所等急需的专利代理师、知识产权体系内审员等含金量较高的岗位，只能依靠另修工科学位，才能弥补以上的缺憾和不足。

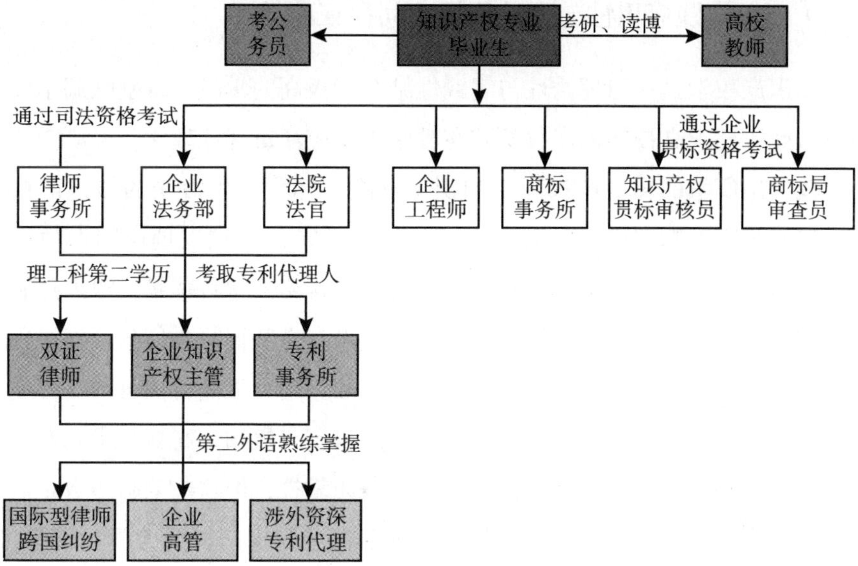

图 3　高校知识产权专业毕业生就业流向

资料来源：深圳志诚知识产权人才服务有限公司《2018 年 10 月全国知识产权人才需求分析报告》。

（三）高水平师资缺乏成为制约知识产权学院发展的瓶颈

知识产权是一门新兴学科，在我国起步较晚，但发展迅速，势头强劲，不同的高校在知识产权教学水平方面也是参差不齐。河南高校成立知识产权学院较晚，知识产权师资教学队伍力量薄弱，知识结构不合理，目前全省高校知识产权教学研究人员不足 200 人，大多数教师都是从法学专业毕业的，很少有其他学科，例如管理学、经济学、理工科方面的知识积累，受过系统知识产权教育、具有企业、服务机构实操经验，或有过海外知识产权学习经历的教师数量更少，具备社会急需的知识产权代理、专利检索、预警分析、专利评估、专利运营、专利保险、贯标认证等实操能力的师资基本为零，理论与实践脱节严重，无论是教师的数量还是质量都很难满足知识产权人才培养的需要。

（四）实践应用性与理论传授之间存在冲突

知识产权学是一门理论性与实践性结合度极高的学科，特别强调学以致用，因此，要求高校知识产权学院在教学中既应注重理论教学，又应需要社会实践，用所学的知识产权理论知识，解决实际生产生活中的知识产权问题。但多数高校知识产权学院的人才培养，还是停留在以理论知识教授为主，在职教师中大多是法学背景，很少有理工科交叉学科背景，很少拥有专利代理师、知识产权贯标审核员等资格证，没有专利撰写、信息检索、预警分析、运营维权、贯标认证等实务从业经历和经验，无法言传身教。即使不少学校积极邀请知识产权代理机构、知识产权研究机构、高新技术企业等实务部门的资深专家到校教学，甚至聘其为兼职教授，但这些老师多数是以讲座形式集中教学，时间短、内容量大，对于初涉知识产权的大学生们来说，很难一时消化这些专业性极强的内容。

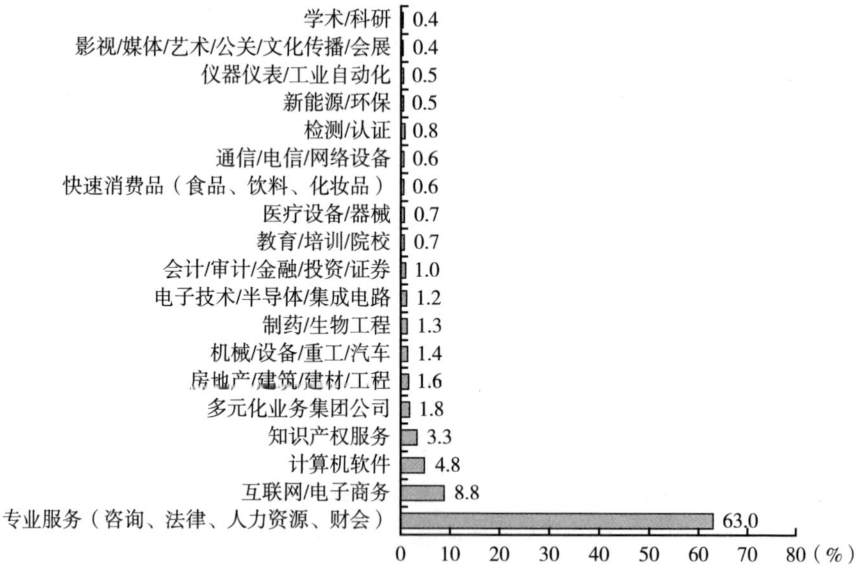

图4 2018年10月全国各行业IP人才招聘

资料来源：作者根据经验和工作实际独立绘制而成。

二　国外知识产权学院人才培养模式

相对于美国、日本、德国等发达国家，我国知识产权教育起步较晚，知识产权学院建设、知识产权专业等都不够成熟，处于探索学习阶段，其他国家高校关于知识产权专业的教育模式、人才培养体系、课程设置等都是非常值得我们参考借鉴的。

（一）知识产权本科教育模式及课程设置

美国高校注重知识产权与其他学科的结合应用。美国高校普遍开设“知识产权教育”课程。美国的“2061”教育创新计划中，把高校知识产权教育作为大学生素质教育的一项重要内容，所用课时占整个学时的5%～15%，要求学生了解技术创新和知识产权法律常识。美国高校在设置知识产权应用型课程时，非常注重与学校自身优势学科相结合，突出学校自身学科特色的知识产权人才培养模式。例如乔治华盛顿大学开设有“化学和生物技术专利法”“设计法”，杜克大学开设有“音乐著作权”课程。世界知名的“好莱坞”在加利福尼亚州，同在该州的斯坦福大学则开设了“知识产权在电影中的应用”等特色课程。

日本知识产权专业课程充分融合了其特色专业。日本将知识产权教育视为精英教育，在《知识产权战略大纲》中将高校知识产权教育和知识产权人才的培养列为四大核心内容之一，并将其纳入《知识产权法》加以贯彻实施。日本对大学生和研究生都进行知识产权普及和专业教育。早在1994年，日本九州大学充分融合了该校国际经济与商业特色专业，在法学院设立了日本首家知识产权方面的LLM课程——国际经济与商业法律硕士课程。同时，日本大学还采用了知识产权在线教育系统（IPOES），对科学与工程专业的学生进行知识产权教育。

（二）知识产权硕士培养模式

美国“1+2”模式注重实务训练。美国在高校知识产权硕士培养特色与经验方面富有经验，以美国知识产权专业硕士教育排名第一位的加州大学伯克利分校 2016 年秋季的课程为例，该校突出知识产权和创新创业相结合特点，开设了“知识产权与创业”课程，将知识产权运用与商业实操结合。该课程涵盖了知识产权的创造、许可、实施、保护等内容，偏重知识产权实务训练，通过具体案例学习、经典知识产权事件剖析、与知识产权实务界专家互动等教学方式，提升硕士研究生的商业实战经验。例如，让学生参与专利申请整个过程的操练，使学生更好地理解专利战略和专利申请过程中的重要技能；每个学生配备该领域的执业律师以及加州大学伯克利分校毕业的企业家各一人来共同指导，学生通过协助律师和企业家处理实际问题，深入了解创业期间面对的知识产权问题，为以后的实践工作打下基础。

德国注重知识产权全球化教育。德国是世界知识产权组织和绝大多数主要国际知识产权保护协议的成员。慕尼黑是德国专利与商标局、欧洲专利局、马克斯·普朗克知识产权与竞争法和税法研究所和德国联邦专利法院的所在地，也是众多生物技术公司、网络公司等企业总部所在地。慕尼黑知识产权法中心是以德国马克斯·普朗克学会（MPG）、慕尼黑工业大学、奥格斯堡大学以及美国乔治·华盛顿大学等共同组建的知识产权硕士培养点。该中心注重知识产权全球化教育，硕士教育课程包括国际知识产权法以及欧洲专利、中国专利、商标版权等相关法律。中心还开设了专利、商标、版权、竞争法实务等大量的实务类课程，同时还开设了知识产权与全球创业、知识产权理论与经济基础、创新政策等实践课程，为知识产权人才创业发展提供了相关专业支撑。

三　探索创建特色知识产权学院建设发展的有效途径

2016 年，河南省知识产权局印发的《河南省建设支撑型知识产权强省试点省实施方案》，以及 2017 年河南省人民政府印发的《河南省关于新形势下加快知识产权强省建设的若干意见》中，均提到了加强知识产权人才队伍建设，对高校知识产权学院建设寄予厚望。因此，建设河南区域特色知识产权学院应该大胆打破现有的高校教学制度框架设置，走出现有法学院体系的局限，投身大的经济社会发展中，尽可能地接近和融入实体产业、文化、社会经济和管理中，明确知识产权学院的办学定位和办学结构，加强师资队伍建设，需要在机制建设、人才培养体系、学科建设等方面多措并举，创办高水平知识产权学院，助力河南省知识产权事业发展。

（一）明确知识产权学院的办学定位

国家知识产权局颁布的《知识产权人才“十三五”规划》提出，推动知识产权相关学科专业建设，支持高等学校在管理学和经济学等学科中增设知识产权专业，支持理工类高校设置知识产权专业。2017 年，河南省人民政府印发的《河南省关于新形势下加快知识产权强省建设的若干意见》中，提出“加强知识产权学科建设，支持有条件的高校设立知识产权学院，探索多学科、多层次的知识产权学历教育和专业学位教育”。同时提出要“构建集人才培养、政策研究、业务培训和国际合作为一体的高端知识产权智库”。可见，河南省明确提出要把知识产权学院作为全省复合型人才培养的教育平台，将高校知识产权学院打造成知识产权专业学历教育、学位教育、知识产权跨学科创新、高端知识产权人才智库的学术平台，使其承担为知识产权强省建设提供人才支撑的历史使命。

（二）增设知识产权一级学科

多年的实践表明，高校知识产权教育是一个多学科教育体系，不等同于法学教育、信息学教育、管理学教育等单一的学科教育。高校知识产权教育与上述学科的教育既有交叉但又相对独立，将知识产权教育独立于上述教育之外，更能促进该学科的发展。目前河南省知识产权学院均依靠法学院而设立，课程设置、招生就业等各方面都受到不同程度的影响，抑制了知识产权专业的发展，不利于知识产权专业人才的培育。2017 年 3 月，在全国两会期间，上海大学校长金东寒、中华全国专利代理人协会会长杨梧等学者以及知识产权实务界专家，提出增设知识产权一级学科的建议，他们通过对科技创新的现实情况进行考察，深度了解科技产业发展的需求，论证了增设知识产权一级学科的必要性和可行性。

因此，有条件的河南高校今后应当尽可能地增设知识产权一级学科，支持高校在管理学、经济学等多个学科中增设知识产权专业，支持在理工类高校设置知识产权专业，建立独立的知识产权学院，争取更大的自主办学权、招生权、人才引进权和对外合作交流权限。发挥理工类专业优势，在一级知识产权学院下开设知识产权法律、专利代理、技术研发、知识产权运营、贯标审核、知识产权信息挖掘与分析等二级学科专业方向，学科发展方向更加清晰明确，学科竞争优势更加明显。

（三）加强知识产权师资队伍建设

目前，河南省高校知识产权学院在知识产权师资方面极为薄弱，毕业于名校知识产权专业的教师不足百人，有着知识产权专业从业经历或者出国留学背景的教师更是寥寥无几，从业教师大多学习民商法学专业，依靠后天对知识产权的兴趣和刻苦钻研，“转行”从事知识产权教学。因此，加强高校知识产权师资队伍建设，有条件的知识产权学院可以开出优厚条件，吸引、聘请国内知名的知识产权名家到学院任教，招聘名校或者海归知识产权青年人才到学院，为学院补充新鲜血液；将精通经济学、法学、理工学科背景的复合型人才整合到知识产权教师队伍中来，同时定期为教师进行知识产权相关培训；高校可以选送优秀中青年教师到国家知识产权局专利局、审协河南中心、国内知识产权知名企业、国家知识产权研究基地或知识产权教学水平高的高校进修、挂职和访学；有条件的高校，派遣教师到知识产权国际组织、欧洲专利局等任职和深造，或到国外知名高校深造、攻读学位等方式，系统学习国外的知识产权理论和知识产权司法体系，培养国际化视野和思维的高级知识产权教学人才；注重在社会实践中锻炼师资队伍，例如参加郑洛新国家自主创新示范区、自由贸易试验区、航空港区等知识产权综合管理改革试点的战略规划、重大专项任务、重点研究课题、重大工程项目、国际交流合作等实践中，通过解决实际问题中，锻炼出理论和实操双过硬的高校知识产权师资队伍。

（四）打造区域专业特色鲜明的知识产权学院

河南设立知识产权学院的高校，大多是综合性大学，在理工学科方面都有自己的拳头学科和专业，例如郑州大学的化工、材料、医药等专业，河南师范大学的生物制药、化工化学等专业，中原工学院的纺织服装、航空航天等专业。所在的城市或区域也都有着自己鲜明的经济支柱和产业集群。鉴于此，这些高校应根据自身特点，结合区域经济特色和本校优势学科，有针对性地培养具有特色专业优势的知识产权人才，以知识产权保护和运用能力建设为主线，促进知识产权和经济社会深度融合，全面提升河南省创新驱动发展能力和产业核心竞争力。借鉴复旦大学、重庆理工大学知识产权学院的“3+2”复合人才培养模式，即3年知识产权理论和2年理工科学习，学生毕业可拿到文理科双学位，在郑州大学的化学材料、生物医药专业，中原工学院的纺织服装新材料及高端装备、飞行器制造工程专业，河南师范大学的生物化学专业，财经政法大学会计、工商、建筑等专业，增设相关知识产权课程，使学科设置和建设方向与市场需要契合，学生毕业既懂知识产权法学理论，又懂一门理工专业专利检索、专利预警甚至专利代理等知识，这样有鲜明专业特色鲜明的知识产权知识的高校毕业生将是企业急需的复合型人才。久而久之，这种行业、产业特色鲜明的知识产权学院，将成为该行业企业指定、定向、预订、委培的高校合作对象，良好的就业成绩和高薪的就业岗位，反过来将会促进这些高校知识产权学院的招生录取档次和办学规模，提高这些学院在全国学校和行业内的知名度。

（五）加强高校知识产权学院学生的实践和实训锻炼

知识产权专业是一门实践型很强的学科，理论和实践并重、教学相长、相互促进，始终是高校知识产权学院办学的宗旨。河南省高校知识产权学院在完成前两年的理论教学后，从大三开始增加大学生实训课程，充分挖掘和发挥校外辅导老师的平台和优势，邀请审协河南中心专利审查员、省内资深知识产权律师、专利代理人、商标代理人、贯标审核员等，作为校外辅导员，以案释法，进行为期至少两个月的校内实训或用人单位实习，缩短毕业生与社会需求的距离；也可借鉴重庆理工大学知识产权学院的做法，在知识产权教学中增加专利申请、申请文件撰写、专利文献检索、商标注册、知识产权贯标认证、知识产权评估、知识产权交易运营等实务内容，鼓励学生到企业开展“诊所式教学”“案例教学”，在老师的指导下，帮助企业建立知识产权管理体系，解决遇到的实际问题；积极组织学生在知识产权服务机构、律师事务所、人民法院等实务部门从事社会实践和毕业实习，以缩短毕业生成为企业员工的时间和心理适应距离。在教学实践机制上，可效仿重庆理工大学、湘潭大学知识产权学院运行模式，和深圳华为、中兴通讯、大疆无人机等企业开展订单式教学模式，由学校计算机、通信电子、机电控制等学科背景的毕业生量身定做，定向委培，学习专利代理和知识产权法学知识，90%的毕业学生都被深圳用人单位聘用，其余10%的毕业生留在本地就业、考研、考公务员或司法考试，就业形势十分乐观。这样的高校知识产权学院办学模式和理念值得河南高校学习和借鉴。

（六）发挥高校、政府和企业的三方联动作用

河南省五所知识产权学院均为省知识产权局和高校共建，但在实际运作过程中，除省知识产权局提供部分资金支持外，政府宏观指导、支持、跟踪、考核、验收还不够系统，不够深入，不够全面，政府、高校和企业需求间存在宏观指导、具体培养和实际需求“棚架”现象，形不成联动作用，影响了人才培养的效率和结果。因此，发挥政府、学校、企业三者之间的联动机制和作用，探索“高校、政府和企业”多方主体参与、协同的人才培养机制，有意识、有针对性地进行特色人才培养。可以尝试发挥政府的宏观指导作用，不定期征集、汇总企业对知识产权毕业生的岗位需求信息。高校学院通过网络、供需见面会、恳谈会等形式，与有需求的企业、科研单位之间签订联合培养协议，在政府、高校和企业、科研单位之间构筑知识、

技术、信息、人才交换的通道，形成全方位、多渠道、开放式的人才培养模式，实现多方联动下的教育资源共享、人才共享、信息共享的合作模式，缩短毕业上岗的就业时间，打通高校知识产权学院毕业生就业最后“一公里”，让更多的高效毕业生投身知识产权强省建设主战场，为河南经济高质量发展、决胜全面小康、让中原更加出彩做出贡献。

参考文献

河南省人民政府：《河南省关于新形势下加快知识产权强省建设的若干意见》，2017。

曾培芳、吴树山：《创办高水平知识产权学院的思考》，《知识产权》2012 年第5 期。

秦彩萍、苏春辉等：《美日知识产权教育的经验及对中国的启示》，《吉林工程技术师范学院学报》2006 年第 10 期。

湘潭大学知识产权学院：《夯实知识产权强国建设的智力基础》，《中国知识产权报》2015 年 11 月 12 日。

郭洪波：《关于构建知识产权一级学科的思考原创》，《中国知识产权报》2019 年 7 月 16 日。

B.10 知识产权运营体系建设中的核心问题探究

郝国胜　刘德飞*

摘　要： 知识产权运营体系建设是个系统工程，推动知识产权成果的转移、转化是个世界性课题，本文从概念入手，围绕学界共识，重点梳理知识产权运营中存在的难点问题，充分发挥知识产权制度设计、规则制定、人力资源、金融的作用，深度分析了所有权制度改革、保护研发者权益、组建高校专门知识产权运营部门、加大知识产权保护和失信惩戒力度问题的症结所在，并以此为基础提出产权制度设计和规范、知识产权运营体系建设、精简政策供给、加强纠偏意识的意见和建议。

关键词： 知识产权概念　知识产权运营　知识产权体系建设

一　知识产权运营概念梳理及核心内涵厘定

（一）国家政策层面未明确“知识产权运营”

2012 年底召开的党的十八大明确提出：“科技创新是提高社会生产力和综合国力的战略支撑，必须摆在国家发展全局的核心位置。”2015 年 3 月，

---

* 郝国胜，郑州市金水区国家知识产权创意产业试点园区管理委员会知识产权服务局局长；刘德飞，郑州市知识产权局规划发展处负责人。

国务院出台了《关于深化体制机制改革加快实施创新驱动发展战略的若干意见》(以下简称《意见》)，标志着创新驱动发展上升为国家战略。文件内容包括了建立技术创新市场导向机制，强化金融创新的功能，完善成果转化激励政策，构建更加高效的科研体系，创新培养、用好和吸引人才机制等9个部分。但是,《意见》并未提出知识产权运营的概念。

（二）“科技成果转化”的概念

根据《科技成果转化法（2015 年修订)》的规定：①科技成果是指通过科学研究与技术开发所产生的具有实用价值的成果。②科技成果转化，是指为提高生产力水平而对科学研究与技术开发所产生的具有实用价值的科技成果所进行的后续试验、开发、应用、推广，直至形成新产品、新工艺、新材料，发展新产业等活动。

（三）专利运营的提法

专利运营指企业为获得与保持市场竞争优势，运营专利制度提供的专利保护手段及专利信息，谋求获取最佳经济效益的总体性谋划①。学者吕荣波和马毓昭认为，专利运营指以实现专利经济价值为直接目的、促成专利流通和利用的商业活动行为，具体模式包括专利许可、转让、融资、产业化、作价入股、专利池集成运作、专利标准化等，涵盖专利价值评估和交易经济，以及基于特定专利运用目标的专利分析服务②。

（四）知识产权运营的提法

“商业化知识产权运用，即知识产权运营”③。知识产权运营是指企业或

---

① 百度百科：专利运营，百度网，https：//baike. so. com/doc/8816325 -9141135. html。

② 吕荣波、马毓昭：《专利运营的思路探索及 i——SIPO 实践》，《中国发明与专利》2018 年第 4 期。

③ 宋河发：《我国知识产权运营政策体系建设与运营政策发展研究》，《知识产权》2018 年第 6 期。

其他专门组织，通过知识产权转移、许可、质押融资、管理咨询、作价入股、架构知识产权联盟等方式，运用知识产权的确权和保护等制度，借助市场交易来实现知识产权经济价值的总体性谋划[①]。知识产权运营就是各创新主体投入相关的创新资源对知识产权进行研发，并将知识产权作为商品投入市场，获取知识产权的经济价值[②]。

（五）技术转移的概念

1945年，美国人万尼瓦尔·布什（Vannevar. Bush）在其著作《科学——无止境的前沿》中提出了技术转移的概念。1964年，首届联合国贸易发展会议把技术转移定义为技术输入和技术输出的统称，英文翻译为Technology Transfer[③]。虽然法律规定和学者表述不一，但核心内容基本一致：第一，运营的基础是知识产权成果，且知识产权的概念和外延是明确的；第二，运营的目的是实现知识产权的经济价值；第三，凡是服务于知识产权经济价值实现的模式都可归属于知识产权运营范畴。

二 运营的难点再梳理

实证研究方面，学者李甜甜通过数据模型比较研究高校、企业和科研机构的知识产权运营效率，以及对高校、企业和科研机构的知识产权运营效率比较之后，得出以下结论（见表1）[④]。

---

① 袁琳：《基于中介服务视角的我国知识产权运营典范模式研究——以中关村构架自主创新示范区核心区为例》，《科技管理研究》2018年第1期。

② 李甜甜：《中国三大创新主体知识产权运营效率比较分析》，《农村经济与科技》2018年第15期。

③ 谢旭辉、郑自群：《技术转移就这么干》，电子工业出版社，2017。

④ 李甜甜：《中国三大创新主体知识产权运营效率比较分析》，《农村经济与科技》2018年第15期。

表1　三大创新主体知识产权运营效率指标

创新主体	效率指标(评分)
企业	0.606
高校	0.484
科研机构	0.151

资源来源:《中国三大创新主体知识产权运营效率比较分析》。

学者吕荣波、马毓昭研究发现，我国专利成果转化率仅为20%左右，专利技术实现产业化的比例仅5%左右，高校专利实施及成果转化率还不到10%①。理论界对中国知识产权运营现状比较一致的看法可以概括总结为以下几项。

（一）知识产权成果创造的计划经济式主导格局尚未发生根本性改变

高校机构一直在创新体系中占据重要地位，自20世纪我国建立社会主义制度以来，我国在短短几十年内建立起了工业体系，计划经济体制在我们一穷二白的历史发展进程中充分发挥了“举国体制”② 的优势。改革开放以来，尤其在经济领域，市场经济体制逐步成为普遍模式。但是我国的知识产权运营现状存在一些弊端：第一，我们的高校培养人才体系依然按照培养计划培养人才，比如，知识产权人才一般在法学院培养，但是，业内一致的观点认为，知识产权人才尤其是知识产权运营人才应是“复合型人才”③，必

---

① 吕荣波、马毓昭:《专利运营的思路探索及i——SIPO实践》,《中国发明与专利》2018年第4期。

② 举国体制就是指以国家利益为最高目标，动员和调配全国有关的力量，包括精神意志和物质资源，攻克某一项世界尖端领域或国家级特别重大项目的工作体系和运行机制。在体育上，就是以世界大赛的冠军（特别是奥运会）为最高目标，统一动员和调配全国有关的力量，包括精神意志和物质资源，来夺取比赛运动的好成绩的工作体系和运行机制。

③ 袁真富:《高校知识产权人才培养：现状、问题与趋势》,《中国发明与专利》2013年第10期；袁琳:《基于中介服务视角的我国知识产权运营典型模式研究——以中关村国家自主创新示范区核心区为例》,《科技管理研究》2018年第1期。

须熟悉知识产权三大板块（专利、商标、版权）、法律、金融、经济、管理等各方面内容；第二，科技人才的分布不均，影响了企业的创新能力提升。目前，大多数的科技人才还集中于高校机构中，形成了分布不均的格局；第三，科研人员的职称评定、考核，研究成果作为重要权重无可非议，但在非市场需求主导的体制下，在无法改变人性“趋利避害”的普遍规律的前提下，只能塑造出普遍在追求的不是知识产权成果是否能转化为生产力，而是是否能够为个人带来相关荣誉（职称）。

（二）产出过剩与市场需求旺盛矛盾并存

依据前者对知识产权成果产出端的计划色彩的判断，可以推理出“计划”出来的知识产权成果必然存在名不副实的情形。反观知识产权成果应用的终端——企业端，凡是想做大、做强的企业一定是自觉重视知识产权的企业，所以企业在发展当中对知识产权成果的需求是很大的。所以企业对关乎企业发展本身的核心知识产权也是重视的，是需求旺盛的，要么自己研发，要么求助于业内专家。根据支丽萍、马彦飞、张博岚等学者对1998～2012年河南省专利技术转移主体统计分析，在这期间，企业（累计专利技术转移7123件）、个人（累计专利技术转移4076件）、大专院校（累计专利技术转移632件）、科研单位（累计专利技术转移440件）[①]。产出过剩与需求旺盛看似矛盾的问题，但的的确确就并存着。而这个矛盾恰是我们无法回避、需要面对和妥善解决的问题。

（三）信息不对称

根据上述两个基本判断，演绎出来的第三个判断是，买方市场要么没有转化为生产力的价值；要么期望值太高，成果无人问津。处于生产力发展终端的企业，因为无法明确企业自身在行业内的准确定位，或者无法准确判断

① 支丽萍、马彦飞、张博岚：《中国中西部省份专利技术转移现状、问题与对策——以河南省为例》，《第二节河南省知识产权强省试点省建设暨第三节知识产权中原论坛征文论文集》2018年11月。

现有知识产权成果是否能够顺利转化为产品、推向市场，始终对各类对外出售的知识产权成果抱着被动的、可能被骗的“受害人心态”[①] 来审视任何非自己产出的知识产权成果。而在知识产权成果运营链条上的各类服务机构，始终未能找到一条能够让成果产出方、成果承接方、成果转移、转化融资服务方都能认可的规则，造成了看似大家都在积极采取措施，事实上却各自为政的局面。这也是多年来“知识产权 + 金融”无法妥善解决的症结所在。政府这些年来推动建立了很多的平台和数据库，但是绝大多数平台数据库都因为数据更新延迟、平台维护管控不到位，运行效果都不好。因为没有形成国内统一的数据建设标准，没有形成全国较为完整的数据供给市场，必然让所有参与主体无所适从，结果必然是抛弃不用。

（四）刺激政策的负面影响

近年来，各地都在围绕知识产权强国强企建设出台各类政策。尤其是企业在没有产生知识产权意识的前提下，不少地方采取了不当的刺激做法，这完全违背了政策正面引导的初衷。

（五）微创新、外围创新多[②]

重视技术、轻视科学研究，造成我们大多学科门类一直在追赶先进，而无法实现超越。科学（science）[③] 是技术（technology）[④] 产生的基础，例如，

---

① 受害人心态，是指身在职场中发现自己不受老板偏爱，就自怨自艾，觉得老板不够慧眼识珠，甚至因此愤世嫉俗、自暴自弃的一种心态。

② 吕荣波、马毓昭:《专利运营的思路探索及 i——SIPO 实践》,《中国发明与专利》2018年第4期。

③ 科学（science）它指发现、积累并公认的普遍真理或普遍定理的运用，已系统化和公式化了的知识。科学是对已知世界通过大众可理解的数据计算、文字解释、语言说明、形象展示的一种总结、归纳和认证；科学不是认识世界的唯一渠道，可其具有公允性与一致性，其为探索客观世界最可靠的实践方法。

④ 根据世界知识产权组织在 1977 年版的《供发展中国家使用的许可证贸易手册》中，给出的定义：“技术是制造一种产品的系统知识，所采用的一种工艺或提供的一项服务，不论这种知识是否反映在一项发明、一项外形设计、一项实用新型或者一种植物新品种，或者反映在技术情报或技能中，或者反映在专家为设计、安装、开办或维修一个工厂或为管理一个工商业企业或其活动而提供的服务或协助等方面。

卫星上天所依赖的牛顿第一宇宙定律，磁悬浮列车问世所依赖的磁极的同性相斥异性相吸的基本原理，复印机至今沿用的仍然是1938年Chester Carlson的发明原理，等等。但在现实中，更多的人关注的是技术，而不是科学，因为基础研究耗费时间长，见效慢。虽然我们在举国体制下，科学研究取得了长足的进步，但是比起发达国家，差距必须正视。拿来主义的创新惰性，在市场方面就更为明显因此，关键性的“专利卡位（移动卡位理论）”① 不解决，就无法绕开别人的技术封锁。

（六）产业匹配度低

中国境内知识产权运营最好的地区是北京、上海、广东等地区，而这些地方最大的优势是产业匹配度高。郎咸平说：“大疆无人机任何零部件都能在淘宝网上找到”②，实际说的是产业匹配度的问题，需求方找不到供给方，供给方找不到市场，这种现象在中西部地区尤为突出。最终形成马太效应③，即产业匹配度高的地方发展越来越快，产业匹配度低的地方发展越来越慢，地域差距越来越大。

三 知识产权运营体系建设的核心再明确

大道至简，知识产权运营体系建设也要围绕以下核心来发力：第一，规则制定和运用。无规矩不成方圆，规则是第一位的，而规则的最高境界是不

① 移动卡位理论由深圳山脊咨询首次提出，是艾尔·里斯和杰克·特劳特一定位理论的一种新发展，在前期策略之后更强调适机执行。移动卡位是一种经营策略，不仅仅在篮球和足球比赛中应用可以取得成效，运用到商场中也同样奏效。移动卡位在商场中就是指在一种产品和服务流行起来以前，尽快地占领领先位置。对于企业而言，卡位的目标就是占领该细分市场，在一定时期内最大限度地阻止其他企业进入该细分市场，同时有效的经营该细分市场，成为该细分市场的代表者和领军者。

② 郎咸平：《大疆无人机什么都不是自己制造的，淘宝上零部件装好能飞》，腾讯网，https：//v. qq. com/x/page/s05170tb1c5. html。

③ 语出圣经《新约·马太福音》一则寓言：“凡有的，还要加倍给他叫他多余；没有的，连他所有的也要夺过来。”

要太复杂，要具有可执行性。长城不是一天建成的，所以，我们必须在规则制定上下功夫。第二，提高人的积极性是规则制定和运用的核心。调动人积极性的方式有很多，比如信仰、荣誉、利益等，但驱动社会变革大多数还是以利益导向为主。第三，必须重视金融发展。金融是经济的血脉，知识产权成果转化后的高回报概率是基本共识，传统金融业因其市场经营的特殊性必然导致“嫌贫爱富”① 的逐利趋势，遵循着“趋利避害”的法则，金融资本更喜欢投向收益确定性强的领域。对于知识产权这种回报周期长的产品传统金融业并不感兴趣或者望而却步。风投行业或者新兴资本即使有意愿长期植根知识产权领域投资，但限于复合型人才缺乏、市场信息不对称等关键因素，也不愿意贸然投资知识产权运营。而失去血脉支撑的知识产权运营却很难走很远。

四　核心症结再分析

（一）所有权制度改革

2007 年出台的《科学技术进步法》规定，“利用财政性资金设立的科学技术基金项目或者科学技术计划项目所形成的发明专利权、计算机软件著作权、集成电路布图设计专有权和植物新品种权，除涉及国家安全、国家利益和重大社会公共利益的外，授权项目承担者依法取得”，明确了国家资助项目的所有权归承担者主体所有，为知识产权运营开辟了通道。

（二）保护研发者权益

2015 年出台的《促进科技成果转化法》将保障知识产权创新人才的权

① 葛华勇：《金融行业嫌贫爱富　普惠性在中国比较差》，新浪财经，http://finance.sina.com.cn/china/2018-07-06/doc-ihexfcvk7973824.shtml。

益做了明确规定，“（1）将该项职务科技成果转让、许可给他人实施的，从该项科技成果转让净收入或者许可净收入中提取不低于百分之五十的比例；（2）利用该项职务科技成果作价投资的，从该项科技成果形成的股份或者出资比例中提取不低于百分之五十的比例；（3）将该项职务科技成果自行实施或者与他人合作实施的，应当在实施转化成功投产后连续三至五年，每年从实施该项科技成果的营业利润中提取不低于百分之五的比例”，这将激发科研人员对知识产权成果运营的积极性。

（三）组建高校专门知识产权运营部门

2017年国家知识产权局办公室联合教育部办公厅出台了《高校知识产权信息服务中心建设实施办法》（国知办发规字〔2017〕62号）中第八条规定知识产权信息中心开展工作包括：参与高校产学研协同创新，协助高校知识产权的资产管理和运营，促进高校知识产权转移转化。截至2019年1月，同济大学等23家高校已经设立了知识产权信息服务中心①，河南郑州大学成功入选首批高校知识产权信息服务中心。上述措施参考了日本TLO（Technology Licensing Organization）② 的实践经验，只是没有参照日本采取国家资助的方式。

（四）加大知识产权保护和失信惩戒力度

国家先后出台了一批旨在构建社会信用体系建设的基础性法律法规。比如《国务院关于建立完善守信联合激励和失信联合惩戒制度加快推进社会诚信建设的指导意见》（国发〔2016〕33号），《国务院办公厅关于运用大数据加强对市场主体服务和监管的若干意见》（国办发〔2015〕51号），

① 首批高校国家知识产权信息服务中心遴选名单公示，教育部科技发展中心，http://www.cutech.edu.cn/cn/zxgz/2019/01/1539771829933977.htm。

② 1998年，日本发布了《促进大学技术转移法》，其核心内容是推进将大学科技成果向企业转移机构即TLO的设立，政府则从制度和资金方面（对经认定的TLO机构每年最高3000万日元的资助，最长不超过5年；同时提供上限为10亿日元的贷款担保）给予TLO支持。政府在通产省设立“产业基础整顿基金”对实施技术转移的大学提供资金支持和债务担保。目前日本国内有超过50家TLO机构，组织形式有财团法人、大学内部组织、股份有限公司、有限责任公司等。

《国家发展改革委 人民银行关于加强和规范守信联合激励和失信联合惩戒对象名单管理工作的指导意见》（发改财金规〔2017〕1798 号），《关于对知识产权（专利）领域严重失信主体开展联合惩戒的合作备忘录》（发改财金〔2018〕1702 号），《国家知识产权局关于开展知识产权系统社会信用体系建设工作若干事项的通知》（国知发管字〔2016〕3 号），配套的保护和承接措施散见于《政府采购法》《征信业管理条例》（国务院令第 631 号）等文件，几乎在每个领域都有关于信用建设的要求和规定。

但以上这些举措还存在完善的空间：第一，知识产权所有权的集体所有制度还不能打通知识产权运营的“最后一公里”。人性有自私的一面的，为自己的利益做决策肯定十分上心，替别人出主意就很难保证公正，若不关乎自己的切身利益，怎样都可以，关乎自己切身利益的，则分毫必争。到头来将不利于知识产权成果的利用与发展。《科学技术进步法》确定的所有权主体的变更并没有完成权利实现的重要目标——权利人的具体化，不利于高校知识产权成果转化工作的改革。秘鲁经济学家赫尔南多·德·索托写过一本在世界上都有重要影响的著作《资本的秘密》①，其中讨论的核心就是为什么资本主义在西方发达国家之外至今没有复制成功，结论就是所有权制度的不完善和配套制度不匹配。

第二，法律虽然规定研发者的权益，但并没有触及研发人员的核心关切。因为知识产权成果研发的目的不是推广应用，就是为了荣誉。2017 年，教育部、人力资源和社会保障部印发的《高校教师职称评审监管暂行办法》（教师〔2017〕12 号）只是对知识产权成果的管控机制做了约束，没有解决荣誉性知识产权成果产出的根本问题，具体考核指标仍交由各高校掌握。所以，这种局面恐怕短期内难以改变。

第三，参照日本模式的大学知识产权信息服务中心，没有解决中心人员的工作积极性和利益关切问题。我们稍微延伸思考一下就会发现，按照最坏结果打算，即使中心搞不好，他们仍然有待遇。反过来按照最理想状态发

① 赫尔南多·德·索托：《资本的秘密》，于海生译，华夏出版社，2007。

展，中心搞好了，知识产权运营建设得比美国斯坦福大学 Office of Technology Licensing（简称 OTL）① 还好，但带来的利益如何分配没有明确。对于一个不确定的结果，又有谁愿意做得更多一些呢?

第四，保护和惩戒工作还需要进一步完善。目前的社会信用建设只针对严重失信个人，但对于严重失信主体，就缺乏强有力的措施，失信惩戒的威慑力就会大打折扣。另外，信用体系建设涉及很多部门，国家目前已经建设有全国信用信息共享平台、信用中国等信用平台，但是信用信息应用还需要进一步推动。

五　推动知识产权运营体系建设的意见建议

（一）从产权制度设计和规范上下功夫

《科学技术进步法》虽明确了知识产权成果所有权归属。但是从人性的角度出发，从利益分配引导和负面惩戒两方面发力，本文建议，第一，确立先让有知识产权创造的人富起来的导向，加大对科研人员的物质奖励倾斜力度。第二，高校知识产权信息服务中心建设应当考虑从业者的利益诉求，从分配制度上加以设计安排。对教师职称评定可以适当降低成果考核的比重，增加运营考核的比重，引导科研人员自始至终重视知识产权成果的运营。第三，以事后监督为主，辅以流程评估等形式审查程序。一方面加强税收但对于隐瞒事实真相的失信人员的惩戒需要加大，充分运用《国务院办公厅关于运用大数据加强对市场主体服务和监管的若干意见》的正面导向，加大配套政策的出台力度，加大对失信人本人、企业高级管理人员，以及失信行为的关联受益人的惩戒力度，加大失信惩戒威慑力度。

① 《斯坦福大学技术转移模式——OTL 模式的成功之道》，搜狐网，https：//www. sohu. com/a/109757692_ 466951。

（二）围绕企业核心抓好知识产权运营体系建设

政府要围绕企业做好规则制定、公共服务供给、事后惩戒的工作。公共服务方面主要是减少重复建设，加强资源整合力度。目前全国各地公共服务平台虽已大量建设，但是实际服务开展很少，重复建设的现象很严重，尤其是在地域范围不大，区划集中的地方，完全没有必要分别建设服务平台，各省市应发挥决策引导作用，做好布局统筹工作。事后惩戒工作要发挥国家平台的作用，不建议地方重复建设类似平台，统一信息收集、上报、发布、服务渠道。

企业与金融行业、服务机构的产业融合发展方面，以市场调控为主，但对于企业不愿意干的，关乎国家战略需要的，仍然要发挥国家的作用，应由政府出面主导。关乎国家战略意义的基础研究和科学突破，必须由国家主导。除此之外的知识产权运营应当交由市场解决。

（三）精简政策供给，加强纠偏意识

国家层面做好顶层设计和重大科技专项和重大基础研究的推动，建立科技创新国家层面顶层设计，基层部门配合的“头大身小”的格局。做好知识产权运营体系建设区域布局，减少重复建设，就是纠正各地的盲目行为。建议省级层面做好管控，重点做好事后评估，减少因政策起伏带来的负面效应，做好纠偏工作。现在，各地为了加强知识产权工作，出台资助政策，对专利授权到高新技术企业、上市公司等都有资助。

参考文献

吕荣波、马毓昭：《专利运营的思路探索及 i—SIPO 实践》《中国发明与专利》2018 年第 4 期。

宋河发：《我国知识产权运营政策体系建设与运营政策发展研究》，《知识产权》2018 年 6 期。

袁琳：《基于中介服务视角的我国知识产权运营典范模式研究——以中关村构架自主创新示范区核心区为例》，《科技管理研究》2018 年第 1 期。

李甜甜：《中国三大创新主体知识产权运营效率比较分析》，《农村经济与科技》2018 年 15 期。

谢旭辉、郑自群：《技术转移就这么干》，电子工业出版社，2017。

B.11

我国公共部门信息知识产权政策选择与规则设计*

许辉猛**

摘　要： 公共部门信息供应具有相当高的垄断性，促进公共部门信息增值再利用的关键因素在于其被市场主体公平、自由、低价和高质量获取。我国公共部门信息知识产权政策选择与规则设计应该致力于解决公共部门信息的垄断性与增值再利用需求之间的冲突。目前我国公共部门信息知识产权保护主要涉及著作权保护、准著作权保护和反不正当竞争法保护三种形式，这种多层次的保护本质上是将公共部门信息等同于普通信息进行保护，强化了公共部门信息提供者的垄断地位，因此要制定统一的公共部门信息知识产权宏观政策，根据公共信息增值再利用的需求进行调整。具体言之，在初始产权设计上，需要弱化公共信息著作权保护，限制准著作权保护和排除反不正当竞争法保护，降低市场主体的规模获取公共部门信息的成本。在公共部门信息交易环节，需要改变目前个别交易机制，基于公平获取理念借鉴知识共享许可规则设计公共部门信息许可新机制。

关键词： 公共部门信息　增值再利用　公平获取　知识共享许可

* 本文是河南省教育厅人文社会科学研究项目《政府信息开放中的著作权问题研究》（项目批准号 2020－ZZJH－027）的阶段性成果。

** 许辉猛，河南财经政法大学副教授。

公共部门信息知识产权政策选择受多种因素影响，探讨影响我国公共部门信息知识产权政策选择的因素有利于更好地理解政策选择与规则设计的理论与实践基础。目前我国公共部门信息初始知识产权安排主要涉及著作权保护、准著作权保护和反不正当竞争保护，这种层层保护的格局将公共部门信息等同于普通信息进行保护，极大提升了公共部门信息再利用成本，与目前推动公共部门信息增值再利用践行数据强国的战略需求存在严重冲突，因此有必要根据促进公共部门信息增值再利用的宗旨进行调整。

一 我国公共部门信息知识产权选择需要处理的主要关系

（一）公共部门信息开发模式与公共部门信息知识产权政策选择

公共部门信息开发模式中的核心问题是如何处理政府主体与市场主体在公共部门信息开发中的地位，进而影响公共部门信息知识产权政策选择。公共部门信息开发可以分为完全市场化开发模式、半市场化模式、政府垄断开发模式和平等竞争模式四种模式。完全市场化开发模式是指公共部门信息由市场主体开发、分发和定价，政府不参与公共部门信息的开发。在这种模式下，政府通常免费向社会公开信息，往往主张不享有著作权或者对公共部门信息著作权进行限制。半市场化模式是指政府主导公共部门信息开发，仅在开发的某些环节上引入市场力量，例如信息开发外包、信息出售，或者建立公私合营机构等。在这种模式下，政府需要控制公共部门信息传播，往往会主张著作权保护。政府垄断开发模式是指由政府部门或者其隶属的事业单位进行信息开发，实行垄断经营。在这种模式下，政府需要强力控制公共部门信息，不仅主张公共部门信息著作权，往往还以公共利益名义实施超越著作权的控制。公平竞争模式是指政府自身进行公共部门信息开发，同时也允许市场主体参与信息资源开发，二者实行平等竞争。在这种模式下，政府不需要控制公共部门信息传播，往往主张不享有著作权或者限制著作权。

分析上述四种模式，我们就会发现公共部门信息开发模式选择对知识产权政策选择具有重大影响。我国在数字时代之前，对公共部门信息通常采取垄断开发模式；在数字时代到来后，随着市场主体对政府信息收集加工的情形渐多，半市场化开发模式和完全市场化开发模式开始出现，主要体现为政府开始将某些信息开发外包，或者其隶属的事业单位开始引入社会资本开发信息。目前在政府信息再利用领域，政府隶属的事业单位被推向市场，公共部门信息增值再利用市场机制开始慢慢形成。不过有意思的是，公共部门信息著作权立法并没有跟上，其产权并没有得到明晰，究其原因，主要存在以下因素：①政府附属机构虽然市场化，但是与政府部门的关系依然存在，仍然主要以政府部门为主要客户，享有利用公共部门信息的便利，造成公私竞争不公平。②私营部门获取公共部门信息开发主要采取了个人谈判的方式，虽然获取成本较高，但高成本也阻断了其他市场主体的进入。③鉴于上述两个因素，我国目前形成了市场开发与垄断开发并行的局面，市场公平成为公共部门信息开发中的重要问题。

（二）公共部门信息垄断与公平利用

公共部门信息供应具有相当高的垄断性。著作权法通过思想与表达二分等基本规则设计，从而创造了一个竞争性表达市场。著作权人尽管享有某部作品的著作权，但是无法禁止类似作品的诞生，也无法阻止他人对该作品的合理使用，利用该作品的某些信息。这些信息的生产虽然不构成对原作品的完全替代，但是至少存在某种程度的替代。公共部门信息的收集通常是基于公共职责而产生，而公共职责与特定公共部门的基本功能有关，由于下列原因可能导致特定公共部门信息只能由特定公共部门生产，最终导致独家供应。首先，某些公共部门信息本身就是公共机构履行职责的产物，这些公共部门信息是私营部门无法生产的。其次，某些公共部门信息是公共部门收集而来。鉴于这些信息来自公共部门之外，理论上私营主体也可以收集，但是私营部门可能会因为法律的禁止性规定、成本大收益低，或者缺乏收集手段而无法收集信息。无论属于上述的哪一种情形，我们会发现相当多的公共部门信息供应是独家的，私营部门只能从这些机构获取基本的公共部门信息。

这是公共部门信息生产、供应与普通信息生产、供应最大的差别。当这些信息只能由公共部门独家提供，而需求方较多时，涉及市场公平的问题就凸显出来。

公共部门可能会存在以下违反公平原则的行为：第一，个别谈判交易。由于不存在公开的交易市场，开发者需要跟公共部门进行个别谈判，容易出现价格不一的情形，有的开发者的价格高，有的开发者价格低，这会传到信息开发二级市场，从而影响不同开发者的竞争力。第二，拒绝交易。公共部门可能会利用垄断优势选择开发者，拒绝自己不满意的开发者，人为设置开发市场门槛。第三，对交易的非价格条款进行不合理限制。除了价格之外，公共部门可以对获取公共部门信息的种类、范围、用途等进行不合理限制，从而对公共部门信息增值开发市场施加不适当的影响。为了充分开拓公共部门信息再利用市场，塑造公平竞争的市场秩序，有必要对公共部门信息提供者滥用垄断地位的行为进行必要规制。

（三）公共部门信息规模使用与收费政策

公共部门信息增值再利用具有“长尾效应”和“规模使用”两个特征，它们对公共部门信息收费政策存在重大影响。所谓的长尾效应是指公共部门信息的主要作用在于履行公共职能，通常只具有很低的商业价值，但是通过规模再利用产生的商业价值非常可观。故公共部门信息增值再利用的商业模式往往建立在对公共部门信息规模使用的基础之上。单条公共部门信息低价值和规模使用两个要素对开发者的利用成本影响巨大。在交易时，如果就单条公共部门信息再利用进行谈判和定价，仅谈判产生的成本就使开发者望而却步。另外，如果按照以单条公共部门信息为单位进行定价，即使单条信息很便宜，那么规模使用的总体成本也非常可观，让开发者不能承受如此沉重的成本负担。如何降低利用公共部门信息的成本，就成为公共部门信息增值再利用中的重要问题。

为此，域外发达国家主要做了如下工作：第一，要求提供的信息是适合开发的，例如美国要求公共部门信息必须是完整的，机器可读的。第二，采取免费或者低价提供。英国早期主要采用有偿提供公共部门信息的政策，结果发现效果并不理想，后来对大部分公共部门信息都采用免费提供的措施，只有对专门投资建设的公共部门信息数据库进行适当的收费。第三，签约采取格式合同形式。提供公共部门信息的网站通过提供格式合同与开发者签约，从而最大限度地降低签约成本。

（四）公共部门信息公开、开放管理与公共部门信息知识产权管理的关系

基于执行公共任务的公共部门信息管理机制与基于再利用的公共部门信息管理机制存在相当大的差异。通常情况下，公共部门信息是基于公共任务执行而产生，那么公共部门信息的收集、管理、流通首先要满足公共管理的需要。这些信息通常在公共部门内部使用，既是公共部门决策的依据，又是公共部门运作的记录，这些信息的公开可能会暴露公共部门决策中存在的问题。控制公共部门信息流通有利于维持公共部门良好的公共形象。在公开和保密之间，公共部门通常会选择保密。而公共部门信息再利用的基本前提就是公开，没有公开就没有再利用，公共部门具有遏制再利用的天然倾向。从某种程度上来说，普通信息生产生来就是用于公开的，而公共部门信息生产却不如此，因此公共部门信息管理很容易形成以保密为取向的制度特色，这会极大地提高获取公共部门信息的成本。而以再利用为中心的公共部门信息管理必须以促进再利用为宗旨，以降低获取、再加工成本为特色。因此公共部门信息再利用制度建设必须从信息管理上改变原有做法，建立一套以公共部门信息公开和自由利用为特色的公共部门信息管理体制。

对此，域外发达国家主要存在以下做法：第一，建立公共部门信息公开管理机构，统一公共部门信息公开、开放政策，对公共部门信息公开开放政策的实施进行评估和监督。第二，对公共部门信息知识产权政策进行重新定位和梳理。目前关于公共部门信息著作权形成了保留著作权和无著作权两种立法例，采用无著作权立法例的美国主要是通过司法实践厘定政府作品的范围，确定公共部门信息的开放范围，同时采取措施消除公共部门信息开放中

的“准著作权”控制的情形，例如控制公共部门信息获取价格、抑制以公共利益为理由的拒绝开放等行为。而英国等采取著作权保留立法例的国家在坚持传统的基础上，主要通过著作权交易制度的设计，达到促进公共部门信息开放和再利用的目的。例如英国以创作共用许可协议为基础，推行了一套公共部门信息许可机制，使各国纷纷效仿。韩国则在著作权法中加入公共作品自由利用条款，对公共作品著作权进行限制以促进公共作品再利用。第三，采取专门措施，建立公共部门信息一站式获取的基础设施。美国较早建立专门的政府信息公开网站，开发者可以直接通过该网站下载所需要的公共部门信息。为了促进公共部门信息开放的发展，美国政府甚至公开政府信息公开方案的源代码，以供其他政府采用。我国目前已经初步建立公共部门信息公开平台。

二　我国公共部门信息知识产权政策转向

目前，我国公共部门信息知识产权保护主要涉及著作权保护、准著作权保护和反不正当竞争法保护三种形式。公共部门信息著作权保护基本采取平等保护模式，较少考虑公共部门信息的特殊性；准著作权保护往往基于某种公共利益的考虑将不构成作品的公共部门信息重新纳入保护范围；反不正当竞争法保护主要是对既无法享受著作权保护，又无法以公共利益理由予以特别保护的公共部门信息提供保护。我国对公共部门信息提供的多层次保护无疑会强化公共部门信息提供者的垄断地位，不利于公共部门信息增值再利用，因此有必要进行完善与改进，制定清晰的公共部门信息开发宏观知识产权政策。

鉴于我国公共部门信息的著作权保护、准著作权保护以及反不正当竞争法保护涉及立法和司法环节，且相关信息分布在不同的法律部门，单纯通过立法或者司法活动很难在短期内调整到位。有必要通过制定统一的公共部门信息知识产权宏观政策，凝聚共识，为相关部门法修改和司法实践提供指南。

目前，我国公共部门信息宏观政策主要体现在《关于加强信息资源开发利用工作的若干意见》《2006～2020年国家信息化发展战略》《促进大数据发展行动纲要》《新形势下加快知识产权强国建设的若干意见》等系列文件中。经过多年的摸索，目前我国基本形成了积极推进公共部门信息共享，有条件探索公共部门信息开放的宏观政策，对公共部门信息开发基本持谨慎支持的态度。不过基于公共部门信息增值再利用，相关文件并没有形成明晰的公共部门信息知识产权政策。《关于加强信息资源开发利用工作的若干意见》确立了政务信息的著作权保护和授权使用政策①。《2006～2020年国家信息化发展战略》要求“加强信息资源的开发利用”以及“推进信息化法制建设”，强调要完善知识产权保护制度。2015年国务院发布的《促进大数据发展行动纲要》将公共部门信息再利用政策设计推向了一个新高度，要求推动数据资源权益相关立法工作，可惜的是，目前仍然没有明晰公共部门信息知识产权政策。模糊的公共部门信息知识产权政策显然无法为公共部门信息知识产权具体规定的调整提供指导，同时也导致公共部门信息增值再利用制度障碍无法得到有效破解，最终我国形成了虽存在公共部门信息增值开发，却无法形成一个公平竞争的繁荣市场的局面。对此，有必要根据公共部门信息增值再利用形成一个清晰明确的公共部门信息知识产权政策。

（一）统一公共部门信息知识产权政策

目前我国公共部门信息保护的规定来源复杂。著作权法仅排除了具有立法、司法和行政性质的规范性文件保护，还没有排除其他公共部门信息的知识产权保护。除著作权法之外，其他相关法律往往会涉及特定类型的公共部门信息的保护。基于我国实际存在的部门立法传统，往往在起草法律草案的过程中，就将其拥有的公共部门信息纳入保护范围，比如《气象法》授予气象部门气象信息发布权的同时允许开展气象信息有偿服务，从而将气象信

① 《关于加强信息资源开发利用工作的若干意见》规定，“依法保护信息资源产品的知识产权。加大保护知识产权执法力度，严厉打击盗版侵权等违法行为。健全著作权管理制度，建立著作权集体管理组织。完善网络环境下著作权保护和数据库保护等方面的法律法规”。

息纳入其保护范围，而不管这些公共部门信息是否符合作品的构成要件。行政机关也可能对公共部门信息提供保护，比如，将法律文件以公共利益的名义纳入保护范围，控制其某些利用行为。对于科学数据，行政主管机构纷纷采取有偿授权使用的政策，并且对其用途进行严格限制。在立法、行政部门之外，司法部门也表现出极力保护公共部门信息的愿望，不仅对符合作品要件的公共部门信息提供著作权保护，对不符合作品要件但又具有商业价值的公共部门信息提供反不正当竞争法保护。形成上述不利于公共部门信息再利用的保护格局的首要原因在于，对公共部门信息属性缺少认知，片面强调公共部门信息公共利益属性方面的特殊性，而忽视其商业利益属性方面的特殊性，形成强化公共利益保护和积极追求其商业利益的奇怪组合，结果导致了对公共部门信息的强力控制和畸形开发并存的局面。

其次，部门利益影响所致。公共部门信息往往掌控在特定的公共机构手中，公共部门一方面强化对公共部门信息的控制，避免因传播而对其产生不利影响；另一方面公共部门片面追求经济利益，进行个别谈判交易，追求利润最大化。

再次，缺乏适合公共部门信息再利用的统一知识产权政策是部门利益盛行的根本原因。公共部门信息再利用是随着改革开放和信息产业发展而逐步出现的，但是我国对公共部门信息管理的观念以及管理制度却未及改进完善，在缺乏新的知识产权政策的情形下，公共机构对私人开发者具有压倒性优势，无疑成为政策的主导者。

最后，著作权法对政府作品规定的缺位是形成现有格局的制度根源。我国《著作权法》仅排除了具有立法、司法和行政性质文件的著作权保护资格，对其他类型公共部门信息如何保护没有任何交代，不免让人觉得其他类型公共部门信息可以按照著作权法进行平等保护。

基于上述原因，我国应该制定统一的适合公共部门信息增值再利用的知识产权政策。该政策文件属于我国有关公共部门信息知识产权问题的顶层设计，需要对公共部门信息的立法权、初始知识产权设计、交易规则设计、公共部门信息知识产权管理等重大事项做出明确的规定，避免现有政策文件的模糊。另外，该文件应该能够指导现有相关法律规则修改和司法实践的功能，成为立法和司法的指南。

（二）基于公共部门信息特殊性建立公共部门信息知识产权特殊规则

目前，我国公共部门信息知识产权保护主要存在两方面问题，一是政出多门的问题，二是缺乏有针对性的知识产权规定的问题。对于前者产生的原因，主要与公共部门信息知识产权的立法权，或者规则制定权有关。对此，我国一方面可以通过统一的知识产权政策文件对此类分歧进行统一规定，将公共部门信息知识产权规则制定权统一到一个机构手中；另一方面，可以在《著作权法》中专门规定公共作品制度，所谓的公共作品是指公共部门信息符合作品要件而产生的作品；此外，还可以对不符合作品要件的公共部门信息的保护做出限制性规定，禁止或者限制对其进行财产性保护，从而排除行政机构滥用规则制定权的行为。

三　我国公共部门信息初始知识产权政策选择与立法变革

目前，我国公共部门信息初始知识产权安排主要涉及著作权保护、准著作权保护和反不正当竞争保护，这种层层保护的格局将公共部门信息等同于普通信息进行保护，因此有必要根据促进公共部门信息增值再利用的宗旨进行调整。具体来讲，可以采取如下策略：严格著作权保护，限制准著作权保护和排除反不正当竞争法保护，具体内容如下。

（一）弱化公共部门信息著作权保护

目前，公共部门信息著作权保护存在著作权保留和著作权排除两种立法例。排除著作权保护与促进公共部门信息增值再利用更契合，但是英国的实践经验表明，著作权保留并不会成为公共部门信息开发的重大阻碍，经过巧妙的制度安排同样能够实现促进公共部门信息开发的目的。对公共部门信息是否赋予著作权保护更多受著作权法历史、管理文化等多种因素影响，保留公共部门信息著作权的国家并没有盲目学习美国的做法，而是在现有立法的基础上，通过对著作权限制、交易规则等制度安排，实现公共部门信息增值再利用的目的。两种立法例共同之处在于均建立了政府作品或者公共作品著作权制度，无论是保留著作权还是对其著作权进行限制均异于著作权平等保护。目前我国著作权法没有注意到公共部门信息生产与传播的特殊性，采取了平等保护策略，在排除具有立法、司法和行政性质的规范性文件的著作权保护之外，没有否定或者限制其他类型的公共部门信息的知识产权保护。其实，公共部门信息生产是不需要著作权激励，它是履行公共职能的产物，既不会因著作权保护而提升生产积极性，也不会因不保护而抑制公共部门信息的产出。在保留公共作品著作权的前提下，应该对其著作权行使予以适当限制，保障信息开发者的自由公平利用。具体做法如下。

第一，引进公共作品的概念。政府作品是源于美国著作权法的概念。美国《著作权法》第 101 条规定，“合众国政府作品是指合众国官员或雇员为履行其部分职责而创作的作品”。美国版权法实际上对政府作品的含义进行了比较严格的限制，不仅限于联邦政府官员或者雇员创作的作品，排除了各州及地方政府作品；而且限于前述主体履行公共职责所产生的作品，排除了政府委托创作、资助创作的作品等。在我国，政府的职责范围比较宽，能够履行公共职能的机构也不限于狭义上的政府机构。为了最大限度地促进公共部门信息开放和再利用，有必要将概念适度外延，对此本文采取韩国的做法，采纳公共作品的概念。2010 年韩国文化体育观光部制定《公共作品著作权管理指南》，其中第 2 条第 1 款将“公共作品”界定为：“公共机构履行工作职责而创作或获得并管理的作品。”2013 年韩国《著作权法》修正案将公共作品解释为“国家或地方公共机构为履行职责创作并公开的作品，或者根据合同拥有全部财产权的作品”①。显然，公共机构的外延要比政府部门宽泛得多，全部或部分性地使用财政性资金的事业单位和社会团体，例

① 参见韩国《著作权法》第 24 条第 2 款第 1 项。

如医院、工会、研究机构等也属于公共机构的范畴。公共作品不仅包括公共机构为履行公共职责所创作的作品，还包括根据合同由公共机构拥有全部财产权的作品。

第二，对公共作品著作权初始安排进行系统规定。我国《著作权法》第5条排除了“法律、法规，国家机关的决议、决定、命令和其他具有立法、行政、司法性质的文件，及其官方正式译文”的著作权保护，但是其他类型公共作品著作权规则却没有明确规定。具有立法、行政、司法性质的规范性文件与广大群众的利益密切相关，为保障公众的知情权，排除著作权保护无疑是正确的。为了保障公众知情权，我国《政府信息公开条例》第九条明确规定了行政机关应该主动公开的政府信息范围①，根据该条例第十条的规定，除了包括“行政法规、规章和规范性文件”，还包括国民经济和社会发展规划、专项规划、区域规划及相关政策，国民经济和社会发展统计信息等。上述信息很多具备作品的要件，基于保障公众知情权需要政府主动公开，那么信息开发者能不能进行收集整理和开发利用呢？本文认为，法律强制行政机关主动公开的信息，行政机关已经不能控制这些信息的传播。对于所有人都能够接触的政府信息，实在想象不出有什么理由可以阻止商业开发者的接触和使用，因此行政机关不能凭借著作权保护干涉信息开发者的使用。主动公开信息的著作权保护被排除或者限制是应有之义。不过由于著作权法缺乏明确的规定，即使是政府主动公开的信息能不能无偿使用也是未知数，更枉论依据申请方能公开的政府信息。因此，对其他类型公共作品著作权进行限制可以从不同的角度进行限制，目前主要存在以下模式：一是欧盟《公共部门信息再利用指令》模式，该指令在不改变欧盟成员国有关公共作品著作权规定的前提下，主要从促进公平再利用的视角提出具体的要求。二是引入“公共作品自由利用”条款。2013年韩国《著作权法》修正案第24

① 《政府信息公开条例》第九条规定，“行政机关对符合下列基本要求之一的政府信息应当主动公开：（一）涉及公民、法人或者其他组织切身利益的；（二）需要社会公众广泛知晓或者参与的；（三）反映本行政机关机构设置、职能、办事程序等情况的；（四）其他依照法律、法规和国家有关规定应当主动公开的”。

条引入该规则，确认了未经许可使用公共作品的权利。同时，该法第24条第2款第1项还规定了国家安全、个人隐私等自由利用的例外情形，明确了可以自由利用的公共作品范围①。两种立法模式都是在保留公共作品著作权的前提下，从促进公共作品利用的角度进行的立法变革。相比之下，韩国著作权法的规定实际上确立了免费使用公共作品的模式，而欧盟更注重公共作品利用的公平。从我国的管理文化、公共部门信息开发模式等情形看，本文认为我国目前更急需解决的是公平利用问题，因此可以引入公共作品公平利用规则，至于是否收费，以及如何收费允许更细致的弹性设计。进一步讲，我国可以借鉴英国公共作品著作权的做法。

（二）公开传播的公共部门信息原则上排除准著作权保护

准著作权保护是我国公共部门信息保护的一个基本特色。目前准著作权保护往往是基于保护公共利益的理由。如国务院对法规汇编和出版干预是为了“提高法规汇编编辑出版质量，维护社会主义法制的统一和尊严”②，规定由特定主体进行汇编出版，禁止其他主体从事该活动。国家新闻出版广电总局在《关于出版党代会、党中央全会和全国人代会文件及学习辅导材料的暂行规定》等文件规定中明确指出，党代会文件、中央会议文件、人大文件、法律文件等由指定的出版社出版。诚然，主管部门提出的公共利益无疑是正当的，是值得保护的，但是为了保障该公共利益是不是必须采取排除市场主体参与开发的方式却是值得商榷的。

造成上述局面主要原因有二，一是对公共部门信息开发利用缺乏统一的顶层设计，缺乏对公共部门信息开发产权政策的共识；二是我国特有的立法体制导致每一个主管部门都可以对公共部门信息开发施加影响。我们立法目前基本上是由行业，是由相关的主管部门主导，负责提出草案，交由人大通

① 这些例外情形包括：1. 含有与国家安全保障相关的信息；2. 属于个人隐私或工作机密；3. 含有其他法律限制公开的信息；4. 根据第112条在韩国著作权委员会登记的作品，属于《国有财产法》规定的国有财产或《共有财产与物品管理法》规定的共有财产。

② 《法规汇编编辑出版管理规定》第一条。

过，或者自行制定部门规章，这种立法格局很容易为部门利益保护提供生存土壤。因此，对于可以公开传播的公共部门信息原则上排除准著作权保护。理由如下，公共部门信息可以公开传播，说明不存在国家安全、商业秘密这类限制公共部门信息传播的事项。主管通过排除其他主体参与而由指定的机构从事特定公共部门信息传播的行为，往往缺乏真正的公共利益理由支持，比如排除其他主体从事法律法规汇编是为了提供法律法规编辑水平，维护法制统一，我们很难想象从事法律法规编辑到底需要什么特殊技能而市场又无法提供，而只能交给指定的机构。

（三）排除公共部门信息的反不正当竞争法保护

对于不构成作品的公共部门信息，在立法之外，在没有立法、行政规章作为依据的前提下，司法部门往往根据反不正当竞争法一般条款为不构成作品的公共部门信息提供保护。公共部门信息的反不正当竞争法保护往往产生于这样的场合：专门从事公共部门信息开发的主体有专门的公共部门信息来源，而其他想从事该类型公共部门信息开发的主体没有相应的信息获取渠道，从而通过非法渠道获取公共部门信息从事市场经营活动。第一家市场主体由于不能获得著作权保护、准著作权保护，转而以构成不正当竞争保护自己的商业利益。这类案件从表面看，不正当竞争是成立的，一方面相关主体从事相关公共部门信息开发，享有正常的商业利益；另一方面作为竞争对手，未经授权非法获取他人信息从事竞争性经营，侵害他人正常的商业利益，完全符合不正当竞争的构成要件。但是造成局面的根源在于经营者无法正常获取特定类型的公共部门信息，根源在于市场主体获取特定类型公共部门信息机会不平等。保障公共部门信息的平等获取无疑是建立健康的公共部门信息开发市场的关键。在公共部门信息反不正当竞争诉讼中有必要保障公共部门信息获取机会的平等性。在法律没有彻底改革之前，公共部门信息供应的不平等现象无法消除，市场开发者无法对公共部门信息供应者采取有效的法律手段，要求其供应或者免费开放公共部门信息；通过限制公共部门信息垄断开发者不视为促进公共部门信息平等开发的一种手段。

四　从公共部门信息个别交易走向保障公平获取

（一）公共部门信息个别交易的弊端

目前我国公共部门信息交易主要采取个别交易的方式。不过这种市场的基本交易方式对公共部门信息获取来说却是不正常的，带来了相当多的问题。公共部门信息源于政府部门，属于独家供应，放任个别交易会导致公共部门任意选择用于交易的公共部门信息、选择交易对象和交易价格，以及其他交易条件。任意选择用于交易的公共部门信息容易导致交易的信息不全、信息质量不高，从而影响后续的增值再利用。任意选择交易对象容易导致公共部门选择一些市场主体进行交易而拒绝另外一些主体，从而不适当干预公共部门信息增值再利用市场。任意选择交易价格容易导致不同的市场主体获得公共部门信息的价格差别较大，而这对公共部门信息增值再利用市场产生很大的不良影响。任意选择其他交易条件主要是指除交易价格之外的其他交易条件，例如对公共部门信息用途、使用范围、增值信息许可使用价格。公共部门任意选择其他交易条件，主要是基于自身利益最大化的考虑，往往忽视开发主体的正常商业需求，对公共部门信息再利用造成不当干扰。造成个别交易机制扭曲的根本原因在于公共部门在提供公共部门信息方面的垄断地位，以及对公共利益和经济利益最大化追求。垄断地位导致市场开发主体毫无议价能力，作为履行公共职能副产品的事实则意味着公共部门在交易中毫无经济压力，这进一步加剧了公共部门交易的垄断性。寻求公共利益最大化则意味着公共部门在决定哪些公共部门信息用于交易时，优先考虑自己履行公共职能的需求以及掩盖工作的问题等需求。商业利益最大化需求意味着公共部门谋求公共部门信息开发市场的主导权，有意选择容易控制的交易主体或者利用议价优势对市场主体施加不正当的限制。基于上述等因素，毫无限制的个别交易机制容易导致公共部门信息开发不足以及畸形开发市场的出现。

（二）我国公共部门信息个别交易机制的有限改革

公共部门信息交易的特殊性首先在我国科学数据共享上得到重视，故有关科学数据共享的规定以及运作可以视为我国公共部门信息个别交易机制改革的尝试。与普通的公共部门信息相比，科学数据具有更大的商业价值，目前已经发展出相当大的科技数据增值再利用产业，例如利用地理信息而衍生出的百度地图等产业群。为了满足科学数据增值再利用的需要，2004 年科技部发布的《科学数据中心（网）运行管理意见（征求意见稿)》将科学数据的用户分为公务用户、公益性用户、经营性用户、公众用户四类，其中，对于经营性用户要求“双方确立一定的协议确认使用科学数据的权利”。此后，科学数据的各主管部门纷纷制定各类科学数据共享管理办法，例如《水利科学数据共享管理办法》《气象资料共享管理办法》《地震科学数据共享服务规定》《国家地震科学数据共享管理办法》《交通科学数据共享管理办法》《林业科学数据共享管理办法》《水文资源资料共享管理办法》等规范性文件，初步建立起我国科学数据共享规范体系。

上述科学数据共享管理办法具有如下共同特征。第一，用户分类。一般将用户区分为公众用户、公务用户、公益用户、营利性用户。第二，数据分级。一级数据面对公众用户、二级数据面对国内外公务用户和公益用户、三级数据面向国内公务用户和公益用户、四级数据面对国内公务用户和国内科技专项用户。第三，用户权利。用户对其数据只享有有限的非排他的使用权，禁止用户未经许可将申请获得数据直接对外分发或者转让，禁止用户间接地用于供外部使用的数据库或者其他服务产品的一部分，也不能作为开发衍生产品的基础，禁止将获得信息用于营利性活动。对于营利性用户需要使用除了一级数据以外的其他数据，需要经过申请和审批，直接利用该数据进行增值加工，也受到禁止。

从上述规定我们可以发现，科学数据共享随着用户的不同，共享的数据存在很大的差别，一般来讲公务用户和科技专项用户享有最大的权限，公众可以共享的范围比较窄，营利性用户通常等同于公众用户。这些规定主要着眼于共享，公共部门将自己几乎视为唯一的数据提供者，根据设想的需求向用户提供需求，严格禁止用户自行开发数据和进行数据加工。公共部门提供数据共享实际上是以面向公共用户和以无偿为主，有偿服务基本上属于溢出效应，因此较少考虑使用者的需求。对于再利用市场持基本禁止的态度。

国家基础地理信息是很多产业的基础，因此存在比较大的市场需求，国家测绘局1999年制定了《国家基础地理信息数据使用许可管理规定》，开展国家基础地理信息数据使用许可业务。根据该规定，许可协议分为甲类、乙类和丙类，“甲类使用许可协议适用于中央、国家机关、省级政府等用于宏观决策和社会公益事业。乙类使用许可协议适用于非企业单位、个人为教学或者科学研究、规划管理等目的在本单位内部或者个人使用，或者将研究成果向中央国家机关、省级政府等部门提供用于宏观决策和社会公益事业。丙类使用许可协议适用于企业单位，或者非企业单位用于商业目的、营利或者直接为建设工程项目服务”。其他类型的使用许可协议由国务院测绘行政主管部门制定。丙类属于商业用户，根据国家测绘局提供的协议样本，“丙类使用方不得向第三方提供任何形式的原始国家基础地理信息数据。国家基础地理信息数据的任何格式或者任何复制品视同原始数据。使用方可根据需要对数据内容进行必要的修改和对数据格式进行转换，但未经许可，不得将修改、转换后的数据对外发布和提供，并应将修改、转换的情况及修改、转换的内容向提供单位备案。使用方可对被许可使用的国家基础地理信息数据内容进行必要的文种翻译，但只限于使用方内部使用，并应向提供方备案。使用方不得将原始国家基础地理信息数据或者其衍生成果在计算机互联网上登载”。与其他科技信息相比，基础地理信息商业目的使用者享有加工的权利，但是不得对外出售。该规定目前被国土资源部于2010年废止。

许可是我国利用科学数据的基本方式。当然许可如何定性，是著作权许可还是单纯的信息许可在不同的规范性文件当中是存在争议的。之所以如此，一个很重要的原因是，目前科学数据使用类型中营利性质的使用不占主要地位，公务使用、公益性使用占有重要地位，这些使用难以简单地用商业行为来解释，因此我们可以发现在这些使用类型中，公务使用具有最大的使用权限而且无须付费，而营利性使用地位不仅需要付费，而且限制很多。根据用户类型制定的许可方式与普通的知识产权许可大相径庭。与对公务使用的极大宽容相比，营利性使用许可面临着极大的限制，这种限制几乎使营利性使用失去了价值。之所以如此，主要原因在于公共部门想努力保住公共部门信息的整个市场，结果是商业性使用者既不能分发或者销售获得的公共部门信息，而且其加工也面临着严格限制，导致其几乎无法利用获取的信息自由开展商业活动。而公共部门信息再利用的根本要义就在于公共部门信息的自由的可重复再利用。目前对科学数据使用的严格限制意味着商业性使用者只能将这些融入自己现有的业务之中，而无法研发以公共部门信息为基础的信息产品。

以用户类型为基础制定信息使用政策极大地增加了公共部门信息再利用的成本，不利于科学数据再利用市场的拓展。以用户类型作为制定科学数据再利用的根据，看似科学，其实主要目的在于歧视性处理。这里主要存在两种不同的做法，一种是不同类型的用户对应不同的数据接触权；另一种是针对同一种数据，不同类型的用户需要付出不同的代价。这种不同的代价包括程序控制代价、金钱代价和信息减损代价。所谓的程序控制是不同类型用户获得信息的程序不同，越接近市场的用户面临着越严格的程序控制。金钱代价是指越接近市场的用户需要付出的金钱越多。除此之外，还面临着信息减损的问题，从公务用户到营利性用户，能够获得信息也是越来越少。

科学数据使用许可出现了很多超越知识产权保护的规定，具体表现有以下几方面。

（1）将不属于知识产权客体的对象纳入保护

科学数据中有相当多的信息是按照一定的技术规程采集的原始数据，换言之，任何采集都是一样的，虽然付出了辛苦劳动，但是缺少著作权所要求的独创性，不构成作品，但是依然成为科学共享的保护对象。

（2）对用户的使用限制有很多超出了知识产权的范围

比如对营利性用户使用一级数据的限制，一级数据多属于基础性信息，不享有知识产权保护，但是通过对营利性用户的使用限制创造出寻租的空间。即使这些基础信息是享有知识产权的，但是公共部门为了履行公共职责而免费发布这些信息，实质上放弃了其知识产权，但为什么对商业用户就不放弃呢，难道商业用户就被剥夺了普通用户的权利？商业用户与公众用户的使用区别主要在于商业用户对这些信息进行再传播或者与自己的信息进行了合成，如果说这超越了普通用户的使用范围，是不是意味着普通用户接触免费发布的基础性信息实际上面临着很多潜在的约束，那么这种约束的依据何在呢？

综上，目前关于科学数据共享的规定与公共部门信息再利用的需求是极不相称的。公共部门信息商业开发需要建立以公共部门信息为基础的信息开发的市场，在市场上参与者可以自由竞争，从而通过数据集成、挖掘等活动开发出新的信息产品。而目前的科学数据共享由主管部门制定，在迫于数据共享压力的同时不忘为本部门垄断利益，而不是主动开放市场。故上述有关公共部门信息获取的有限改革无法满足公共增值再利用的需要，需要进行比较彻底的获取机制改革。

（三）建立保障我国公共部门信息公平获取的新机制

为了促进公共部门信息增值开发，形成充分竞争的公共部门信息开发市场和相关产业集群，有必要坚持公平、自由和低成本的原则。所谓公平原则是指公共部门一视同仁对待所有的公共部门信息开发者，不设置歧视性条件阻止某些开发主体获取公共部门信息；公共部门信息获取条件对所有开发者都是一样的。坚持该原则旨在限制公共部门选择或者变相选择信息开发者的行为。自由原则是指信息开发者对获取的公共部门信息原则上可以自由开发和使用，除非基于国家安全等重大公共利益，不得设置限制开发、分发的条件。该原则旨在保障开发者对公共部门信息开发的自由。公共部门信息商业价值是多种多样的，很难实现预测，故只有保障开发者自由才能最大限度地发挥信息开发者的聪明才智，创造出符合市场需求的增值信息产品。低成本原则是指公共部门在提供公共部门信息的过程中必须抑制自身的经济利益最大化的冲动，以最低成本提供给信息开发者。公共部门信息开发具有规模使用的作用，无论是信息本身的高定价还是获取信息的高程序性成本都会遏制信息开发者的热情，从而损害公共部门信息再利用市场。

在上述原则指引下，公共部门信息公平获取机制可以由以下规则组成。

（1）公共部门信息审查规则

能够增值开发的信息应该是可以公开传播的消息，是否可以公开传播的甄选机制应该是公共部门信息公平获取的第一道屏障。根据《中华人民共和国政府信息公开条例》第十四条的规定，行政机关不得公开“涉及国家秘密、商业秘密、个人隐私的政府信息”①，行政机关在公开政府信息前，“应当依照《中华人民共和国保守国家秘密法》以及其他法律、法规和国家有关规定对拟公开的政府信息进行审查。”为了进一步扩大公共部门信息开放，有必要改变政府信息开放的审查规则。根据《促进大数据发展行动纲要》规定，改变现有的公共部门信息公开个别审查的方式，为适应公共部门信息开放需要，“推动建立政府部门和事业单位等公共机构数据资源清单”“制定政府数据共享开放目录”。这是我国为适应公共部门信息开放和再利用采取的重要措施。通过制定公共部门信息资源清单和共享开放目录，从以下几个方面彻底改变了公共部门信息审查规则：通过制定清单分类管理公共部门信息，列入共享和开放清单的信息可能会免于审查或者变成批量审查，此其一；通过制定清单将申请审查变成了事前审查，从而得以创造公共部门信息开放数据库，此其二。通过制定清单和目录，将公共部门信息审查变成了一项独立工作，有助于提高效率，从而更好适应数据开放需要。

（2）公共部门信息交易许可规则

在确定可供开放的公共部门信息后，如何设计交易许可规则成为该阶段的重要课题。公共部门信息许可交易核心问题是交易公平和交易成本问题。交易公平主要是指公共机构在提供公共部门信息时公平对待所有的信息开发者，不能厚此薄彼，搞歧视待遇。由于公共机构的垄断地位，如果对信息开

① 《中华人民共和国政府信息公开条例》第十四条第四款规定，“行政机关不得公开涉及国家秘密、商业秘密、个人隐私的政府信息。但是，经权利人同意公开或者行政机关认为不公开可能对公共利益造成重大影响的涉及商业秘密、个人隐私的政府信息，可以予以公开”。

发者进行歧视，那么就会排除一些信息开发者，限制一些信息开发者，优待一些信息开发者，人为操纵公共部门信息开发市场，导致公共部门信息开发产业畸形发展。交易成本是影响公共部门信息交易规则的另一个关键因素。单条公共部门信息商业价值低和规模使用的叠加使得公共部门信息开发对成本非常敏感，而公共机构偏偏没有动力帮助降低交易成本。首先，公共机构运行有财政资金支持，不受市场规律约束，不指望通过出售公共部门信息收回成本和取得收益。其次，公共部门信息交易不存在正规市场，没有健全的交易设施降低交易成本。最后，公共机构的垄断地位使其在定价中占据优势。综上，可以发现如果不对公共机构的公共部门信息交易行为施加约束，不仅搜索、谈判等交易成本难以降低，而且公共部门信息本身的价格也会居高不下。

目前我国公共部门信息交易规则无系统性规定，基本是采取个别交易的方式，只是在科学数据交易领域以用户类型、用途类型为标准建立起公共部门信息许可机制，但是个别交易过多，而科学数据分类许可机制尽管与域外的创作共用许可规则相比是“形似而神异”，与鼓励公共部门信息增值再利用的精神实质相差甚远。基于交易公平和降低交易成本的要求，目前域外的英国、澳大利亚、韩国等主要采纳创作共用许可规则（CC 协议）为基础设计公共部门信息交易规则，我国有不少学者主张借鉴域外这些有益的经验。创作共享协议是在自由软件运动的基础上发展而来，2001 年由美国一些著名大学和研究机构的知名学者发起成立，是目前被广泛采用的网络作品分发协议。其核心理念是在保留作者部分权利的前提下，允许和鼓励他人自由使用，从而促进公共知识空间的创作和传播。CC 协议存在的意义在于在现有的“保留著作权”和“放弃著作权”之外开辟了著作权权利行使的第三条道路。不过 CC 协议是以免费为特征的网络作品分发协议，与公共部门信息交易需求既存在共性，但也存在差别。共性在于二者均主要适用于网络环境，以促进信息开放为主要诉求；其区别在于公共部门信息交易尽管有降低交易成本的需求，但并不意味着必然免费；创作共用协议中作者权利保留和对作品利用的限制有些并不适合公共部门信息许可。因此 CC 协议适用于公共部门信息许可必须进行适应性改造。

知识共享协议作者保留的权利类型与各国著作权法规定相比进行了简化。按照作者保留权利类型或者要求，主要分为署名、禁止演绎、非商业性使用、以相同方式分享四个基本选项，四个选项可以根据需要进行组合，目前主要存在署名、署名+禁止演绎、署名+非商业性使用、署名+相同方式使用、署名+禁止演绎+非商业性使用、署名+非商业性使用+相同方式分享六种基本类型。这些基本选项和组合基本能够满足政府对公共部门信息进行梯级管理需要。2010年英国推出《英国政府许可框架》，规定了开放政府许可、非商业性政府许可及收费许可三种类型，其中开放性政府许可、非商业性政府许可大致相当于“署名”“署名+禁止商业性使用”两类组合，其他四种知识共享协议类型被放弃，另行设计了收费许可协议，主要针对数据库的再利用，政府收取合理比例的费用。2010年澳大利亚发布了知识共享协议3.0，完全采纳了共享协议的六种类型。韩国2012年借鉴CC协议开发出四种公共部门信息许可类型，分别是“署名”“署名+禁止用于商业用途”“署名+禁止演绎”“署名+禁止商业性使用+禁止演绎”四类。比较上述三国的做法，我们发现在借鉴知识共享协议进行公共部门信息许可协议设计时，各国基于自身对公共部门信息管理需求进行了不同的选择。如果从促进公共部门信息再利用角度考察，英国的许可协议类型最佳，开放许可作为政府信息许可的主要类型，仅仅要求标示来源，除此之外没有任何其他限制，能够最大限度地满足公共部门信息开发需要。非商业性政府许可仅仅有署名和不得从事商业性使用两项要求，同样便利公共部门信息再利用。两类许可结合满足对公共部门信息的商业开发和非商业开发需求。韩国则舍弃了“以相同方式分享”的选项，因为“以相同方式分享”会极大地限制开发者对公共部门信息的后续利用，妨碍其建立自己的商业模式。

之所以有很多国家借鉴知识共享协议设计公共部门信息许可协议，主要源于二者的契合性以及知识共享协议成熟的运作模式。首先，知识共享协议通过著作权保留与放弃的组合式设计，能够在有限的公共部门信息控制与促进公共部门信息再利用之间达成某种平衡，其类型化控制也有助于公共部门对公共部门信息的分类管理，从署名类型到“署名+禁止商业使用+禁止演绎”，著作权人的控制依次增强，公共部门可以对特定类型的公共部门信息控制进行评估，进而选择合适的许可类型。其次，知识共享协议具有开放性和透明性，能够最大限度地解决公平获取难题；同时标准化的协议设计有助于降低签约成本。最后，知识共享协议已经形成一套非常成熟的操作机制，能够为公共部门信息许可直接利用。知识共享协议可以分为三个层次，第一层次是普通版本，是用通俗移动的语言文字写成，配有容易理解的图案标志；第二层次是法律版本，用严谨的法律语言写成；第三层次是技术版本，将协议转换成机器可读的形式，能被知识共享协议的引擎识别和搜索。三个层次的版本发挥不同功能，第一层次为作者和使用者提供简便易懂的协议范本；第二层次进行法律上严谨界定，定分止争；第三层次提供了网络环境下便于执行的方式。三个层次的知识共享协议提供了一个既简便易懂，法律上又能精确界定，技术上易于操作的许可协议运作机制，为公共部门信息许可提供了成熟的运作经验。

基于上述因素，很多国家借鉴知识共享许可设计公共部门信息许可机制是合理可行的，我国也应该借鉴。对此，本文提出以下建议。

第一，我国应该利用网络建立公共部门信息开放平台，不管这个平台是集中管理的开放平台还是政府信息开放平台集合，关键点在于提供统一的入口。第二，制定统一的公共部门信息许可协议，以类型化的方式提供给公共机构使用。公共机构对于可以开放的公共部门信息必须采纳标准的许可协议，至于某类公共部门信息选择何种公共部门信息许可协议类型，有权机关应该出台指导性意见，既要有统一的规划，也允许具体的公共机构有一定的自主权。第三，许可协议类型基于国情可以在韩国四种类型的基础上增加两种类型：收费许可和公共领域许可。收费许可主要针对引进民间资本制作的公共部门信息数据库，该数据库可以在公平向所有开发者开放的前提下，收取适当的费用。之所以允许收费许可的存在主要是考虑到提供适合开发的公共部门信息也是一个浩大的工程，需要大量投资，目前指望政府进行大量投资，将所有的公共部门信息数字化并免费提供给开发者在我国并不现实，因此有必要引进社会资本来完成这个工程，那么允许适当收费是支付该笔费用的必要手段。不过对于收费许可应该进行适当的限制，对收费高低、收费对象以及年限均进行限制，同时要求投资对基础信息数据库经营与其增值信息开发分开经营，避免产生的市场竞争扭曲。公共领域贡献协议主要针对那些已经属于公共领域的作品或者那些仅仅在技术上享有版权但实际上作者并不想以任何方式行使其权利的作品。对于公共领域许可协议从法律角度讲是没有必要的，但是从明确公共部门信息权利状态，便于使用者使用的角度讲又是必要的。在我国还具有抑制公共部门信息准著作权保护的功能。尽管我国《著作权法》已经排除了法律法规等官方文件的著作权法保护，但是行政法规等规范性文件依然将其纳入准著作权保护，利用公共领域许可协议就可以有效限制准著作权保护。第四，有必要采纳三个层面的公共部门信息许可协议，做到外观上容易识别，法律上精确界定，技术上便于实施，充分利用知识共享协议现有的运作经验，助力我国公共部门信息许可实践。

参考文献

丁波涛：《政府信息资源商业化的研究》，《图书情报工作》2008 年第 9 期。

陈传夫，陈一：《公共部门信息增值开发非排他性授权原则研究》，《情报资料工作》2016 年第 3 期。

冉从敬：《公共部门信息再利用制度研究》，科学出版社，2015。

孙汉基：《韩国〈著作权法〉中公共作品自由利用制度的引入及完善》，《中南民族大学学报》（人文社会科学版）2017 年第 4 期。

王小丽：《公共作品利用的法律完善——以开放数据为视角》，《河南财经政法大学学报》2018 年第 3 期。

郑友德：《公共部门信息再利用的版权治理与许可对策》，《法学评论》2015 年第 1 期。

B.12 知识产权强省建设背景下河南专利行政保护的实践与探索

涂先明　董一晨*

摘　要： 近年来，河南省知识产权局解放思想，锐意进取，以执法维权专项行动为抓手，持续加大专利行政执法工作力度，不断提升执法能力，深化知识产权维权援助工作，使河南省知识产权保护工作呈现稳中有进的态势，并提出了做好知识产权保护宣传培训工作、做好知识产权维权援助工作、做好绩效考核工作、开展知识产权协同保护、提升执法能力等具体措施。

关键词： 知识产权强省　行政执法　专利保护

2016年10月20日，河南省获国家知识产权局正式批复，成为支撑型知识产权强省建设试点省份，开启了河南省知识产权强省建设征程。在发展知识产权强省背景下，如何严格知识产权保护，构建大保护工作格局，营造河南良好的营商环境，河南省知识产权局解放思想，锐意进取，以执法维权专项行动为抓手，持续加大专利行政执法工作力度，不断提升执法能力，深化知识产权维权援助工作，使河南省知识产权保护工作呈现稳中有进的态势。

* 涂先明，河南省知识产权局法律事务处处长；董一晨，河南省知识产权局法律事务处副主任科员。

一　政策制度方案不断完善

（一）出台知识产权强省文件

为贯彻落实《国务院关于新形势下加快知识产权强国建设的若干意见》（国发〔2015〕71号）（以下简称《意见》），加快河南省知识产权强省试点省建设，2016年，河南省知识产权局按照贯彻落实《意见》和河南省十次党代会精神原则，在借鉴周边及先进省份经验做法的基础上，完成了《河南省人民政府关于新形势下加快知识产权强省建设的若干意见（征求意见稿）》起草工作，分送省知识产权战略实施工作联席会议成员单位及相关省直部门征求意见。在吸收各部门意见和建议的基础上，对征求意见稿进行了认真修改和完善。2017年5月11日，河南省人民政府正式印发《关于新形势下加快知识产权强省建设的若干意见》，标志着河南省"一意见、一方案、一制度"知识产权发展体系基本建立，河南省知识产权强省建设新格局正式形成。

（二）不断完善各项政策规章

在2016年国家知识产权局出台《关于严格专利保护的若干意见》后，河南省制定出台了《关于严格专利保护行动方案（2017～2019年）》，明确了河南省知识产权发展的任务分工和工作进度方案，落实各项责任分工，督促各项工作开展。此后，结合河南省的知识产权强省方案，2016年，河南省又制定出台了《河南省产业集聚区知识产权维权援助工作方案》和《河南省产业集聚区知识产权维权援助工作站管理办法》，明确了在"十三五"规划期间实现全省所有产业集聚区知识产权维权援助工作站全覆盖，规范了工作站的设立、管理和服务等流程，推动全省知识产权援助工作规范化、制度化。

（二）以专项行动引领日常行政执法工作

按照国家知识产权局的部署和要求，近年来，河南省连续开展知识产权执法维权专项行动，以专项行动促进日常执法。每年年初都制定印发《河南省知识产权局系统知识产权执法维权“护航”专项行动工作方案》，统领全省专利行政执法维权工作，明确行动目标、行动重点、行动要求和时间进度。2016 年，在国家知识产权局的领导组织下，河南省和全国 18 个省（市）知识产权局共同签署了《知识产权系统电子商务领域专利执法维权协作调度机制运行协调会议备忘录》后，按照国家知识产权局关于深化电子商务领域执法维权协作的总体要求，河南省知识产权局印发了《河南省电子商务领域专利执法维权专项行动工作方案》，2017 年又印发了《河南省知识产权局系统执法维权“雷霆”专项行动工作方案》，统筹全省电子商务领域执法维权活动，推动全省电子商务领域执法维权工作向前发展。为解决省直管县的执法困境，提高办案质量和数量，2016 年河南省知识产权局根据相关法规制定印发了《河南省知识产权局关于开展查处专利侵权假冒行为联合执法检查活动的通知》，对开展省、市、县联合执法活动做出统一部署。通过专项行动、联合行动、电商执法、展会维权等专项活动，极大推动河南省专利行政执法上了一个新台阶。

二　全省专利行政执法工作取得丰硕成果

（一）专项执法行动成效显著

为使各项执法专项行动取得实效，河南省知识产权局每年按照《知识产权执法维权护专项行动工作方案》各项要求，督促各地市制定专项行动工作方案，赴省辖市及直管县督导专项行动开展，与省辖市局及县级专利管理部门开展联合执法行动，扩大了专利行政执法的影响力，形成打击知识产权侵权假冒的高压态势。2018 年，全省共办理专利侵权假冒案件 3612 件，较上年增长 21%，其中纠纷案件 1690 件，较上年增长 40%，假冒专利案件 1922 件，较上年增长 8%，有效保护了专利权人的合法权益，营造了保障创新发展的良好市场环境。

郑州、新乡、濮阳、南阳、安阳、焦作等省辖市局执法人员，克服了人员较少、设备不足等困难，履职尽责，执法案件数量和质量都有了很大提高，在全国执法案件排名和绩效考核中都有了较大的提升和较好的成绩，通过各种执法维权行动的开展，极大地宣传专利行政保护，提高了社会知识产权保护意识，规范了市场竞争秩序。

表1　2014～2018年河南省专利案件数量与类型

项目 \ 年份	2014	2015	2016	2017	2018	合计
办案总量(件)	1078	1448	2056	2981	3612	11175
纠纷案件(件)	252	226	704	1208	1690	4080
假冒案件(件)	826	1222	1352	1773	1922	7095
出动人员(次)	1007	185	2600	2776	2832	9400

资料来源：作者根据河南省知识产权局2014～2018年专利案件数量与类型整理而成。

（二）电子商务领域执法进展迅速

在省知识产权局的全面部署下，在各省辖市拓展执法领域，积极开展电子商务领域执法专项行动，净化电子商务领域知识产权市场环境，取得了突出成效。按照《电子商务领域专利执法维权专项行动工作方案》等方案的部署，郑州、濮阳、新乡、南阳、洛阳、安阳、商丘、周口、驻马店等省辖市积极开展电子商务领域执法活动，积极办理电商领域案件，有效遏制了电子商务领域专利侵权假冒行为，营造权利人、创新者、投资者和广大消费者都放心的电子商务环境。各地在省局统一组织下，积极接受电商领域执法培训，积极办理浙江电商中心所移交案件，其中仅2016年电商领域执法办案数量达706件，2017年河南省电商领域办案量在全省的办案总量突破1000件。2018年印发的《河南省知识产权局关于深化电子商务领域知识产权保护专项整治工作的通知》，总结了开展电子商务领域知识产权保护专项整治，摸清河南省主要电商平台情况，探索建立符合河南省实际的电商领域知识产权保护模式。2018年，河南省共办理电商领域专利执法维权案件1606件，网络市场环境得到进一步净化。

（三）展会知识产权执法保护不断加强

近年来，河南省知识产权局协调相关省辖市局、维权中心与相关展会组织部门，积极进驻展会开展展会专利执法保护工作，先后组织省维权援助中心及相关省辖市局进驻各大型展会，做好展会知识产权保护工作，处理多起侵权假冒案件，展会专利保护取得显著成效。先后在全国农业机械及零部件展览会、中国（郑州）国际轿车微车配件博览会、中国中部投资贸易博览会、中国（郑州）汽车微配博览会、中国（郑州）国际汽车博览会暨中国汽车用品（郑州）交易会、全国商品交易会暨日用消费品博览会、中国（漯河）食品博览会、南阳玉雕节暨国际玉文化博览会、中国（郑州）国际汽车用品暨改装博览会等大型展会开展专项执法活动，取得了很好的社会效益，受到展会组织方和参展方的好评。郑州、南阳、漯河、平顶山、商丘、焦作、鹤壁、濮阳等省辖市局积极入驻本地展会开展执法维权专项行动，据不完全统计，各省辖市局先后处理侵权假冒案件400余件，营造了良好的展会知识产权保护环境。

三 执法能力进一步提升

（一）执法协作机制继续完善

按照国家知识产权局的部署，2014年，河南省知识产权局和湖北、湖南省知识产权局共同签订了《华中地区执法协作调度中心工作确认书》，举办华中地区专利执法协作研讨会，来自湖南、湖北、河南三省知识产权局及市（地、州）知识产权局近80名会议代表参加了会议。跨区域城市间执法协作机制继续深化，省内十市执法协作机制信息畅通，案件移送顺畅；鲁苏豫皖四省交界区域知识产权维权联盟积极探索跨区域专利行政执法和维权援助实践途径；宛襄两市跨省协作办案快捷有效；晋冀鲁豫四省五市跨地区执法协作扩充到四省十五市执法协作，2018年在焦作市举办了“晋冀鲁豫”四省十五市执法协作会议，开展执法经验交流和典型案例研讨，首次探索在跨区域多城市间同时集中开展的打击假冒专利行动，共查处以“净肤堂”产品为主的假冒专利案件400余件，跨区域执法协作不断取得新成果。郑洛新自主创新示范区、中国（河南）自由贸易试验区执法协作机制正式建立，郑州、开封、洛阳、新乡等市局共同签署执法协作议定书，约定案件信息共享、开展联合执法等事项。

（二）加强执法规范化建设

按照有关规定，河南省知识产权局对行政处罚、行政强制、行政征收以及其他职权方面，涉及假冒专利行为处罚、专利侵权纠纷处理、专利纠纷调解、展会专利保护、专利广告出证等职能进行梳理，绘制行政职权流程图，规范专利行政执法。按照国家知识产权局和省政府法制办要求，完成了全省所有执法人员持有国家知识产权局执法证和省政府执法证的换证工作。积极做好行政执法处罚信息公开工作，对全省的行政案件信息公开工作的内容、时限、方式以及规范等做出了要求，以全国专利行政执法信息报送系统为载体，加强信息公开工作监督指导，切实做到监督到位、规范执法。

（三）探索多渠道知识产权纠纷调解机制

为建立健全专利行政执法与司法衔接的知识产权纠纷快速调解机制，探索建立符合河南省特色的知识产权案件诉调对接机制，河南省知识产权局与省高院协商，在复审委第九巡回审理厅挂牌成立了河南省知识产权社会法庭。23 名专家、学者、律师被聘为知识产权社会法官，这有利于化解知识产权纠纷，提高专利纠纷调解效率。加强知识产权法治建设，开展公职律师试点工作，经过层层筛选，两名符合公职律师资格的人员获得公职律师证书，公职律师将为权利人提供专业的法律援助。

四　开展知识产权协同保护

（一）推进中国郑州（创意产业）知识产权快速维权中心建设运营

为推进知识产权快速维权工作，2016 年初，河南省知识产权局领导一行考察了广东中山（灯饰）和江苏南通（家纺）知识产权快速维权中心，深入调研摸底河南省集聚产业，积极推进以国家知识产权创意产业试点园区为载体的快速维权中心申建工作，2016 年 8 月 31 日，国家知识产权局正式批复同意设立中国郑州（创意产业）知识产权快速维权中心。2017 年 3 月 22 日，中国郑州（创意产业）知识产权快速维权中心正式投入运营。当年，郑州快维中心备案企业 121 家，累计授权外观设计专利 163 件，预审合格案件准确率 100%，处理专利纠纷电商案件 83 起，向国家知识产权局案件报送系统报送维权案件 107 起，各项工作已逐步走向规范化、制度化、常态化。2018 年，中心受理外观设计专利预审 1278 件，授权 664 件，授权率 100%，备案企业达到 243 家，服务企业 1000 余家。参与办理执法维权案件 270 件，其中，电商案件 250 件、展会案件 20 件。

2018 年，河南省知识产权协调将国家知识产权局专利复审委第九巡回审理庭搬迁至知识产权创意园区，审理庭功能与快速维权中心业务相结合，发挥专利复审和无效案件的快速审理确权功能，扩充快维中心的社会服务功能。协调郑州中级人民法院在专利复审委第九巡回审理庭基础上设立知识产权巡回法庭，使知识产权复审无效、知识产权审判、专利申请审查直接深入基层，获得了很好的社会效果，服务了河南省知识产权强省建设大局。

（二）推动本省知识产权保护中心申建工作

根据国家知识产权局下发的《关于开展知识产权快速协同保护工作的通知》（国知发管字〔2016〕92 号）通知要求，按照成熟一个发展一个的原则，河南大力推进知识产权保护平台建设，优先支持新乡申建知识产权保护中心，围绕装备制造和电池产业，开通全类型专利快速获权、确权、维权绿色通道。经过努力，中国（新乡）知识产权保护中心于 2018 年 9 月 26 日顺利获批，中心编制 24 名，新乡市财政部门将中心运行经费纳入市财政年度预算并为中心预留资金 500 万元，2100 平方米的办公场所正在装修当中，人才招聘相关工作正在有序推进。

（三）创新开展专利保险业务

2014 年，河南省知识产权局与中国保险监督管理委员会河南监管局联合制订了《河南省关于开展专利保险试点工作的实施意见》，与中国人保财险河南分公司签署了《河南省推进专利保险试点工作战略合作协议》。积极完成专利保险产品的险种设计和评估，邀请省内外专家授课，组织企业培训宣讲专利保险业务知识。目前，全省已有郑州、南阳、周口、濮阳、漯河、新乡、鹤壁、平顶山、安阳 9 个地市开展了专利保险工作。

五 扎实做好相关部门相关工作及绩效考核工作

（一）做好依法治省、依法行政等相关工作

按照省依法治省领导小组各项要求，做好全面推进依法治省重点工作规划台账工作，及时报送各种总结和计划。按照省政府法制办要求，全面落实行政执法责任制，做好系统行政执法规范化建设，健全执法制度，强化执法管理，加强执法监督，严格责任追究，推进行政执法责任制工作，及时报送各类材料。

根据省社会信用体系建设领导小组办公室和国家知识产权局要求，谋划建设知识产权信用信息平台，目前平台建设方案已经确定。该平台的建成将实现局内信用信息采集与全省多个信用信息平台的无缝衔接，发挥知识产权信用信息在联合惩戒中的作用。

（二）开展打击侵犯知识产权专项行动

按照国务院和国家知识产权局的相关要求，在省政府和省打击侵犯知识产权和制售假冒伪劣商品专项行动领导小组办公室的领导下，我局结合工作职责，扎实有效开展“打击侵犯知识产权专项行动”，制定了工作方案。作为省“双打”领导小组副组长单位，河南省知识产权局积极与省商务厅做

好沟通协调工作，制定出台了《关于“丝绸之路经济带”沿线9省（区市）协同开展知识产权维权专项行动方案》《河南省知识产权局“清风”行动实施计划》《河南省知识产权局加强互联网领域侵权假冒行为治理措施》等方案和措施，配合省“双打办”开展相关工作，及时报送知识产权保护工作的各类计划和总结。

（三）组织好“双打”绩效考核和专利行政执法维权绩效考核

近年来，河南省知识产权局作为打击侵权知识产权和假冒伪劣商品专项行动领导小组副组长单位，作为成员单位接受国家和省“双打办”对我局的考核，并代表省“双打办”对相关省辖市和直管县进行考核，每年按时保质圆满完成任务。每年一度的全国知识产权系统专利行政执法、知识产权维权援助举报投诉绩效考核工作，是国家知识产权局加强知识产权保护，加强知识产权执法维权工作的一个重要抓手，国家知识产权局和各省市局都极为重视。考核指标体系涉及几十项，考核不仅包括省局，还包括全省各个试点示范城市、国家级维权中心，2017年又新增郑州（创意产业）快速维权中心。近年来，河南省的执法绩效考核成绩一直居全国各省（市、区）前列。

六　知识产权维权援助工作逐步深化

（一）加强维权援助工作体系建设

知识产权维权援助工作是保护知识产权工作的重要组成部分，河南省知识产权局通过制定维权援助方案、加强宣传培训、争取各项支持等多项措施开展此项工作。与省维权援助中心多策并举，健全知识产权维权援助服务体系，提升知识产权维权服务能力。指导省辖市局、各国家级维权援助中心设立知识产权维权援助分中心，或在产业集聚区设立知识产权维权援助工作站，深入企业一线提升服务效能。2016年底，全省省辖市已经实现了知识产权维权援助中心或分中心全覆盖，各维权援助中心积极接受咨询和举报投诉，有效发挥了“12330”知识产权举报投诉服务窗口和平台作用。

为规范维权援助服务行为，河南省知识产权局2015年制定了《河南省知识产权维权援助中心工作人员服务规范（试行）》《河南省知识产权维权援助专家库管理办法（试行）》，联合省维权援助中心组建了省知识产权维权援助专家库，首批95名专家被列入省知识产权维权援助专家库，为各中心提供人才保障和技术支撑。完善了维权援助工作绩效考评制度，对各维权中心进行了年度考评。《河南省知识产权维权援助中心工作人员服务规范（试行）》的出台，全面提高了河南省维权援助工作的专业性和规范性。2016年至今，对照知识产权强省建设目标，河南省制定了《河南省产业集聚区知识产权维权援助工作方案》和《河南省产业集聚区知识产权维权援助工作站管理办法》，扎实推进产业集聚区知识产权维权援助工作站建设。2018年，全省已累计在127个产业集聚区设立维权援助工作站，全省产业集聚区累计已设立53个知识产权维权援助工作站，其中，濮阳市产业集聚区已实现维权援助工作站全覆盖。

（二）大力开展维权援助服务

近年来，河南省累计争取上级知识产权维权援助资金近200万元，对饱受侵权困扰的洛阳北玻、河南活顶尖、恒昊玻璃、鹤壁佳多、河南太行全利重工、洛阳兰迪玻璃等重点企业提供资金援助，帮助企业进行维权，特别是对洛阳北玻的援助，有力支持了该企业开展海外知识产权维权；与新乡中心一起协调国家知识产权局相关部门为河南科隆集团有限公司专利产品出口印度、欧洲做同族专利检索服务，协调审协河南中心为该公司产品出口进行专利预警分析；洛阳中心对两起影响力较大且维权费用支出较高的专利纠纷案件发放援助资金18万元；南阳中心为经济困难的专利权人发放援助资金5万余元；濮阳中心为明锐建筑节能技术有限公司发放维权援助资金3万元。这些资金支持虽然不是大额，但都有效提升了企业维护自身知识产权合法权益的积极性，提振了企业在国内或国外维护知识产权的信心，对企业进行市场开拓、走出国门有着积极的推动和激励作用。

七　做好知识产权保护宣传培训工作

（一）加大知识产权保护宣传力度

为总结和宣传近年来专利行政执法工作取得的成绩，河南省知识产权局2015年编印了专利行政执法画册，图文并茂、全方位记录自“十一五”计划以来河南省知识产权保护工作历程和成就。先后邀请郑州市中级人民法院、郑州大学、中原工学院等单位的多名专家教授，分赴多个省辖市开展执法维权巡讲活动，听课人员达到1000余人次。组建维权援助与举报投诉志愿者队伍，目前举报投诉志愿者队伍已达到200余人。与省维权中心在河南电视台政法频道黄金时段用1个月的时间播出了“12330”公益广告，提高“12330”的社会认知度。在新华社、中国知识产权报等中央媒体在豫采风期间，选送省内典型案例，提升社会对知识产权保护的认识高度。

（二）加大知识产权执法维权培训力度

为切实提高执法人员素质，河南省知识产权局开展了一系列培训交流活动，取得良好效果。先后举办了专利复审与无效宣告电子请求培训班、中介机构专利保护座谈会、专利行政执法上岗培训班、专利执法能力提升培训班、华中地区专利执法协作研讨会、专利保险培训班、全省电子商务领域专利执法维权专项行动暨实战培训班、专利无效宣告案件旁听审理、知识产权维权援助举报投诉工作研讨会等一系列培训和研讨交流活动，通过培训与工作研讨交流，提升了执法维权工作人员的业务能力和素质。

（三）执法能力建设取得长足进步

为依法记录执法过程，规范专利行政执法行为，2018年河南省知识产权局集中采购一批执法记录设备，并向全省 18 个省辖市知识产权局发放，进一步完善执法条件，有效加强了视频证据记录，确保专利执法行为程序合法性；2018 年开展了专利执法证年检工作，换发证件 140 份，注销不合格证件 100 份；做好执法案件信息录入，严格审核录入案件信息，确保有案必录、录入完整。依法及时公开执法案件信息，做到应予公开信息及时公开到位，接受社会监督。

八　强化知识产权保护政策法律支撑

为适应强省建设的需要，河南省知识产权局开展了《河南省专利保护条例》（以下简称《条例》）修订研究，协调省人大教科委将《条例》修订工作列入其 2018 年重点事项，组建《条例》修订领导小组、专家组、工作组，制定工作方案，召开专家座谈会，和省人大组成调研组赴福建、浙江、湖北及武汉开展调研，加快推进《条例》修订研究工作。目前，《条例》修订草案初稿已经形成。

2018 年，河南省知识产权局制定了《关于贯彻落实〈“互联网” + 知识产权保护工作方案〉的若干意见》，探索建立符合河南省实际的“互联网 + 知识产权保护”工作机制，提高线上线下知识产权保护能力。出台《落实〈专利执法行政复议指南（试行）〉〈专利执法行政应诉指引（试行）〉实施方案》，引导全省知识产权局系统依法合理行使行政复议和行政应诉权力，提高复议和应诉水平。

参考文献

苏平等：《专利法》，法律出版社，2015。

〔美〕丹·L. 伯克、马克·A. 莱姆利：《专利危机与应对之道》，马宁、余俊译，中国政法大学出版社，2013。

孔祥俊：《当前我国知识产权司法保护几个问题的探讨——关于知识产权司法政策

及其走向的再思考》,《知识产权》2015 年 1 月。

赵万一:《知识产权法的立法目标及其制度实现——兼论知识产权法在民法典中的地位及其表达》,《华东政法大学学报》2016 年 11 月。

和育东:《专利契约论》,《社会科学辑刊》2013 年 3 月。

《深入学习贯彻党的十九大精神 奋力开创新时代知识产权事业改革发展新局面——国家知识产权局局长申长雨在 2018 年全国知识产权局局长会议上的报告(摘编)》,《知识产权报》2018 年 1 月 5 日。

案 例 篇

Case Articles

B.13

南北“宋城”商标权纠纷案例解析

周欣宇 *

摘 要： 2019年9月6日，北京市知识产权法院对“宋城演艺发展服务有限公司诉开封市东京艺术中心有限公司、开封一城宋韵文化发展有限公司、北京微梦创科网络技术有限公司侵犯商标权及不正当纠纷”一案宣判。法院判定开封两公司侵犯宋城演艺发展服务有限公司商标权，立即停止侵害，赔礼道歉，赔偿损失。近年来各类民营企业发展势头强劲，进步明显，但是河南省在知识产权保护方面与沿海及南方发达省份还有不小的差距，本文就以此案为基础，尝试分析河南省商标权保护方面存在监管不力等问题，并提出重视商标权保护，及时注册商标、企业发展运营中注重对知识产权的创造、保护

* 周欣宇，河南省社会科学院法学研究所助理研究员。

和管理、政府需更加注重对知识产权保护的宣传与司法保护的对策建议。

关键词： 商标侵权　合理使用　商标权保护

商标权作为一种知识产权，保护的是市场产业活动的秩序。模仿或违法使用注册商标行为，会对市场活动秩序造成负面影响。2013 年，开封“小宋城”开始运营，因为开封特殊的历史地位和文化底蕴，“小宋城”周边系列文化旅游项目迅速走红。2017 年开封“小宋城”被宋城演艺发展服务有限公司（以下简称宋城演艺公司）起诉，不久前，随着法院对关系“南宋”“北宋”历史名称的“宋城”商标侵权诉讼的宣判，相关商标使用纠纷也有了初步定论，开封相关公司使用“宋城”字样商标构成侵权，先申请并获批准注册“宋城”商标的宋城演艺公司胜诉，其主张的商标所有权也相应得到了保护。

一　案件背景

因认为开封“小宋城”侵犯商标权，2017 年 3 月，杭州宋城演艺公司一纸诉状将开封市东京艺术中心有限公司（以下称东京艺术公司）、开封一城宋韵文化发展有限公司（以下称一城宋韵公司）、北京微梦创科网络技术有限公司（以下称微梦创科公司）诉至北京市知识产权法院，要求被告三公司停止商标侵权及系列不正当竞争行为，消除侵权影响。2019 年 9 月 6 日，北京市知识产权法院对该案做出一审判决，判令被告东京艺术公司自判决生效之日起停止侵害“宋城”注册商标专用权的行为；停止使用并注销涉案“xiaosongcheng. com”域名；并在《中国旅游报》上刊登声明，就此案商标侵权行为为宋城演艺公司消除影响。

在诉讼过程中，宋城演艺公司认为，东京艺术公司和一城宋韵公司使用的“小宋城”是近似商标，至少从2013年11月18日至上诉之日，未经许可在其经营的“小宋城”文化旅游商区内部及周边，突出使用与宋城演艺商标相同或高度近似的标志，包括在其景区各处的餐饮、演出、洗浴、住宿、KTV、商业管理等外景地、大巴车、服务台、演出售票处、消费凭据等处，并在其官网、新浪微博公众号、微信公众号等处突出使用。

东京艺术公司和一城宋韵公司认为，宋城演艺公司提交的证据均来自浙江省内，其所谓的宋城及其知名度只存在于浙江省杭州市。因开封古称汴梁，故东京艺术公司在开封经营的文化旅游商区有时也称开封“小宋城”，“宋城”在河南省开封市属于通用名称，广泛使用于街道、商家等名称中，东京艺术公司的经营地在开封，故其使用“小宋城”标识属于善意使用；一城宋韵公司在舞台剧演出上使用的是“千回大宋”，也并不侵害宋城演艺的注册商标专用权。

在判决中，法院认为东京艺术公司实际使用“小宋城”或者“开封小宋城”等字样的演出和KTV等服务，与宋城演艺公司的第939972号“宋城”商标在第41类的演出服务的使用，二者在服务的目的、内容、方式、对象等方面较为接近。法院认定东京艺术公司在经营和宣传中单独或者突出实用“小宋城”“开封小宋城”等字样的行为侵犯了宋城演艺公司商标享有的专用权。除要求东京艺术公司停止侵害宋城演艺公司“宋城”商标专用权和注销相关域名外，法院判决东京艺术公司须在《中国旅游报》上刊登声明。

至此，以“北宋”都城开封“小宋城”商标使用为核心的系列行为被法院认定侵权，侵权公司需要赔偿“宋城”商标所有人杭州宋城演艺公司损失、登报致歉，本轮商标使用纠纷诉讼以开封“小宋城”的败诉告终，几年来积累的旅游品牌、声望被认为是基于杭州“宋城”商标的原始影响力，开封两家公司在经营中艰辛打造的品牌被认定为侵权，对开封乃至河南全省民营企业的商标权保护工作产生重大影响。

二　案件中商标权侵权情节的分析与思考

（一）开封相关公司使用“宋城”作为商品宣传标识的相关行为分析

作为北宋都城，当代开封很早便有“宋城”的称法，且属于国内外较为知名的指代性地名，讲起“宋城”，一般公众基本都会认为是开封市。笔者经查询商标登记网站“权大师”等查询平台，20 世纪八九十年代，宋城食品、宋城建筑材料等商标均有注册使用，后来虽因企业经营不善、商标长期停止使用而被宣告无效，但是可以充分证明开封本地企业在国内较早使用了“宋城”这一标识来标明产品来源。开封“小宋城”系由原“东京艺术中心”改造而成，于 2013 年 11 月 18 日开城营业，主要经营开封特色小吃及全国各地风味食品，先后获得“开封人的待客厅”“外地游客的首选地”“开封市的新名片”“文化旅游新地标”等美誉。笔者认为，开封“小宋城”取得的这些成就，并非从开始就以靠近或直接使用杭州“宋城”相同或相似的商标而达成，而是在开封这一北宋都城在历史上地位和影响所带来巨大旅游客流量的基础上，逐渐成熟、名声在外的。“宋城”作为杭州宋城演艺公司的注册商标，被宋城演艺公司在多类项目上进行了注册，其在诉讼中也认为，开封相关公司使用有关“宋城”注册商标的文字和图样，造成了消费者混淆商品服务提供来源的后果，属于商标侵权行为。但是通过对开封历史地位和侵权相关公司所取得成就的分析，开封相关公司使用“宋城”相关标识，可以理解为使用通用的古地名作为商品服务标志。但案件的判决结果却明确认为开封相关公司使用“宋城”标志的商品和服务宣传，不属于地理通用名称作为商标的内容，不能按照合理使用的相关规定予以保护。

（二）开封相关公司使用包含“宋城”商标文字内容的标志是否侵权

商标权指商标所有人依法对其使用的商标享有占有、使用、收益和处分的权利，是商标所有人对其商标所享有的一种排他性的权利。商标权是知识产权领域中的一项重要权利，它产生于近代的西方社会，是商标由行会特权向民事权利转变的新生权利，它与专利权、商号权、原产地名称等权利同属于工业产权。

根据《中华人民共和国商标法》第四十八条对商标使用的规定可以看出，商标权使用的核心是本法所称商标的使用，是指将商标用于商品、商品包装或者容器以及商品交易文书上，或者将商标用于广告宣传、展览以及其他商业活动中，用于识别商品来源的行为。商标使用的核心目的就是区分商品或服务的来源，而就此所形成的商业信誉和产品声望都是商标使用过程中衍生出来的概念①。

宋城演艺公司的“宋城”商标最早注册于1995年，早于开封“小宋城”的设立和使用“小宋城”标识时间，因此，宋城演艺公司在先取得商标权，依法应得到商标法等相关法律的有效保护。开封“小宋城”在开业之初，便以“小宋城”为品牌，打造文化旅游城市名片，可以认为是依托北宋都城的历史地位，用地名来区分服务。但是杭州“宋城”取得商标权在先，并在开封“小宋城”产生影响力前，已经以“演艺”为核心竞争力，成功打造了“宋城”和“千古情”品牌，产业链覆盖旅游休闲、现场娱乐、互联网娱乐，是世界大型的线上和线下演艺企业，特别是重点演出项目大型歌舞“宋城千古情”是目前世界上年演出场次最多和观众接待量最大的剧场演出，经过多年持续使用与广泛宣传，第939972号“宋城”商标具有较高的知名度。开封相关公司此时用包含“宋城”内容的名字，标志在包含杭州“宋城”第35类、第41类和42类商标上，同时注册包含“xiaosongcheng. com”字母的网址域名，势必会在社会上影响到先注册的“宋城”商标使用，一些公众会据此认为，此“小宋城”的节目表演、大型演出等商业活动，是杭州“宋城”商标持有者品牌系列的又一文化旅游项目，从而造成混淆，侵害了杭州“宋城”的商标权。

---

① 赵筱宇：《商标专用权侵权责任研究——南北“稻香村”案例评析》，《法制与社会》2019年第7期（下）。

（三）杭州宋城公司为何选择在北京起诉开封相关公司

根据《中华人民共和国民事诉讼法》等法律法规的规定，商标侵权案件由侵权行为地、被告住所地法院管辖。该案为何在北京海淀区法院审判，就是一审被起诉的被告之一北京微梦创科网络技术有限公司，地址位于北京市海淀区东北旺西路中关村软件园。在诉讼中，开封东京艺术公司提出东京艺术公司和一城宋韵公司与微梦创科公司的行为不构成共同侵权，二者系非必要共同诉讼。东京艺术公司和一城宋韵公司不同意与微梦公司作为共同被告在本案中进行合并审理。同时，要求撤销北京知识产权法院（2017）京73民初40号民事裁定书，将案件移送河南省开封市中级人民法院审理。2018年6月30日，北京市高级人民法院的一份民事裁定书驳回了东京艺术公司就管辖权异议的上诉，案件仍由北京市知识产权法院审理。

杭州宋城演艺公司到北京知识产权法院起诉，不可否认存在躲避管辖的嫌疑，因为根据北京知识产权法院的判决，作为三被告之一的微梦创科公司在2018年2月8日收到相关起诉材料后，当日对“开封小宋城”的新浪微博头像和昵称进行了删除，微梦创科公司不构成帮助侵权。这样，实质承担责任的东京艺术公司和一城宋韵公司，等于是在被异地法院审理的情况下，承担了法律责任。

杭州宋城演艺公司此举，一定程度上是合理利用法律规定，做出了对自己有利的诉讼选择。当前，各地司法机关对本地企业的特殊保护一定程度上还存在，因为本地企业不管是从提升城市影响力上还是增加本地财政收入上，都有着不小的贡献。杭州宋城演艺公司如果按照民事诉讼管辖的要求，在开封企业所在地法院作为起诉法院，很可能因为被告所在地的特殊保护等原因，造成败诉等不利后果。这些方面的问题，也给河南持续优化营商环境，特别是优化提升营商环境法治化水平提出了更高的要求。

三　河南省内企业商标权保护的对策建议

（一）重视商标权保护，及时注册商标

在国家知识产权局官网上，以"宋城"为商标名称查询商标注册登记，自1994年至查询日期止，共425条记录，其中杭州宋城集团有关企业注册登记数量占比高达75%，足以看出杭州宋城演艺公司对商标权的重视程度。企业为更好地避免商标侵权事件，首先需要通过商标注册等法律途径积极进行自我保护。同时也建议各大中小型企业，为了能够保证企业的商标不被他人夺取，企业应该尽早注册所使用的商标商号，以做好商标注册等相关知识产权保护工作。

笔者从国家知识产权局官网查询到，杭州宋城演艺有限公司的"宋城"商标最早注册于1995年，且系该公司于2001年前后商标受让取得。该公司还于2017年起诉开封相关公司后大量注册与"宋城"有关的"宋城千古情""宋城西塘""宋城书房"等与"宋城"相关联的商标，进一步加大了对"宋城"商标的法律保护力度。在国家知识产权局官网《商标查询》栏目上，笔者也查询到开封相关企业于"宋城"商标纠纷后也积极申请注册了"汴梁小宋城""汴梁小宋城开封人的待客厅"等注册商标。

"小宋城"相关商标，开封相关企业和杭州宋城演艺公司申请前期均被驳回，但是之后，杭州宋城演艺公司并没有停止努力，而是再次发起冲击，在驳回基础上申请了复审。而开封相关企业虽然在先前申请注册过"小宋城"商标而且在时间上先于杭州"宋城"商标申请时间，但是在申请被驳回后却不再跟进，一旦杭州宋城演艺公司申请复审通过，商标申请成功，开封相关企业再做任何努力都已经无效，这也是我们内地企业当前需要克服的知识产权保护重视不够、保护经验欠缺的问题。

（二）企业发展运营中注重对知识产权的创造、保护和管理

企业在成长发展中，就要注重商标权等知识产权的创造和保护，在企业

设立或新业务开展过程中，需要对将启动运营新业务在国内、甚至世界上的发展状况进行仔细调研，摸清知识产权保护现状，从而避免千辛万苦策划出来的产品和服务与现有具有知识产权的产品和服务相类似、相冲突，最终落得侵权赔偿、变换名称的不利后果。

对企业已经形成一定社会和公众影响力的产品和服务，要及时总结归纳，以商标注册等知识产权保护模式，把企业的产品和服务主要内容、核心亮点表现出来，在社会上形成商标权影响力。对先存在的与自身商标有一定重合或冲突的商品或服务商标，早做谋划，利用获取授权、收购等方式实现本商品服务领域商标的统一。

企业在不断地发展壮大中，要根据生产经营状况的不断变化，对商标进行合理优化，对核心商标周围的辅助性商标或核心商标类型范围外的商标提早进行注册登记，早日获得注册商标使用权，以免被在先注册或恶意抢注，从而实现企业生产经营的顺畅。

（三）政府需更加注重对知识产权保护的宣传与司法保护

2018 年，国务院印发的《国家知识产权战略纲要》，明确了中国运用知识产权制度促进经济社会全面发展的重要国家战略，从国家战略层面要求强化知识产权在经济、文化和社会政策中的导向作用，加强司法保护体系。2019 年 2 月，河南省委办公厅、省政府办公厅联合下发《关于加强知识产权审判领域改革创新若干问题的实施意见》，通过对中央相关意见的细化和补充，力图破解知识产权审判面临的举证难、赔偿低等难题。

如何做好对省内企业商标权的保护，从省级层面上讲，政府要在保护商标权等知识产权上下功夫。对有较大成长潜力和保护价值的企业，加强对商标注册申请及商标权保护等方面的辅导，提升省内企业的商标权保护水平，让广大民营企业看到创造、保护、发展商标权对企业经营收益的积极影响，提升企业对商标权等知识产权保护的积极性。另外，政府要鼓励企业苦练内功，多创造有自主知识产权的产品和服务，对在商标权等知识产权方面有创新，取得显著成就的企业予以奖励，刺激更多本地企业重视对商标权等知识产权的保护，从而形成尊重知识产权、敬畏知识产权的良好氛围。

参考文献

马丽萍：《论商标使用与商标侵权判定的关系》，《武陵学刊》2019 年第 3 期。

凌斌：《肥羊之争：产权界定的法学和经济学思考——兼论〈商标法〉第 9、11、31 条》，《中国法学》2008 年第 5 期。

黄汇：《商标权正当性自然法维度的解读——兼论中国〈商标法〉传统理论的澄清与反思》，《政法论坛》2014 年第 5 期。

蒋万来：《商标使用的恰当定位与概念厘清》，《政法论坛》2016 年第 3 期。

赵筱宇：《商标专用权侵权责任研究——南北“稻香村”案例评析》，《法制与社会》2019 年第 7 期（下）。

祝建军：《知识产权疑难案件裁判思维》，法律出版社，2015。

B.14
利用注册商标傍名牌及虚假宣传案例解析*

祁雪瑞**

摘　要： 侵权人注册了与驰名商标近似的商标，并在注册后跨类别使用，同时在营销过程中故意虚假宣传，造成与驰名商标的混淆，诱导消费者误认，其商标侵权行为和不正当竞争行为被法院一审判决认定后，被告之一上诉，二审维持原判。该案件涉及的侵权行为包括注册商标相似、扩大注册商标使用范围、虚假宣传不正当竞争等。

关键词： 注册商标　傍名牌　虚假宣传

一　案件事实

上诉人郑州京祥银首饰有限公司（以下简称京祥银公司）因与被上诉人河南梦祥纯银制品有限公司（以下简称梦祥银公司）、原审被告北京老京祥珠宝有限公司、荥阳市索河路梦园金店侵害商标权及不正当竞争纠纷一案，不服河南省郑州市中级人民法院（以下简称一审法院）（2016）豫01民初1376号民事判决，提起上诉。

经两审法院审理查明，2003年5月7日，梦祥银公司经国家工商行政

---

* 本案例来源于（2018）豫民终363号民事判决书。

** 祁雪瑞，河南省社会科学院研究员。

管理总局商标局核准注册第3114152号“梦祥”图案商标，吉祥锁型外框内有“梦祥”两个中文字，核定使用商品为第14类“银饰品、装饰品（珠宝）、贵重金属艺术品、耳环、银制工艺品、景泰蓝”，经核准续展注册有效期至2023年5月6日；2011年10月7日，梦祥银公司经国家工商行政管理总局商标局核准注册第8697691号“梦祥银”艺术字商标，中文字加外部修饰加下部英文MYSHINE，核定使用商品为第14类“未加工或半加工贵重金属、未加工、未打造的银、首饰盒、珠宝（首饰）、翡翠、银制工艺品、景泰蓝、电子万年历、表”，注册有效期至2021年10月6日。

2010年12月28日至2015年，梦祥银公司的“梦祥”图案商标被河南省工商行政管理局认定为河南省著名商标（有效期三年）；2014年9月4日，国家工商行政管理总局商标局认定梦祥银公司在第14类银饰品商品上的“梦祥”图案商标为驰名商标；2015年12月31日，河南省工商行政管理局认定梦祥银公司在第14类银饰品、银制工艺品、珠宝上的“梦祥银”艺术字商标为河南省著名商标。

2014年3月14日，郑州京祥银首饰有限公司经国家工商行政管理总局商标局核准注册第11577080号“京祥”商标，核定使用商品为第14类“未加工或半加工贵重金属、贵重金属盒、小饰物（首饰）、纪念章（宝石）、装饰品（珠宝）、宝石、贵重金属艺术品、银制工艺品、玛瑙、人造金刚石”，注册有效期至2024年3月13日；2014年4月7日，郑州京祥银首饰有限公司经国家工商行政管理总局商标局核准注册第11676313号“京祥银”艺术字商标，中文字加外部修饰加下部汉语拼音，核定使用类别为第35类“货物展出、商业橱窗布置、商业管理辅助、组织商业或广告展览、组织商业或广告交易会、特许经营的商业管理、为广告或销售组织时装展览、进出口代理、替他人推销、市场营销”，注册有效期至2024年4月6日。

京祥银公司为本案支付公证费14600元，律师费20000元，购买涉案商品1049.6元。

二 法院认为

一审法院认为，梦祥银公司的两个注册商标在相关公众中享有较高的知名度。《商标法》第五十七条第（二）项规定，未经商标注册人的许可，在同一种商品上使用与其注册商标近似的商标，或者在类似商品上使用与其注册商标相同或者近似的商标，容易导致混淆的，属于侵犯注册商标专用权的行为；该条第（三）项规定，销售侵犯注册商标专用权的商品亦属于侵犯注册商标专用权的行为。京祥银公司将其注册在第35类服务项目上的“京祥银”艺术字商标使用在“珠宝、银饰品”商品及包装上，超出了核定使用的商品（服务）范围，与梦祥银公司的“梦祥银”艺术字商标核定使用的第14类“银饰品”商品属于同类商品。梦祥银公司的第3114152号“梦祥”图案商标与京祥银公司的第11577080号“京祥”图案商标核定使用商品均为第14类，均包括“贵重金属艺术品、银制工艺品”等商品。

将涉案的“梦祥银”商标与“京祥银”商标进行比对，两者均是由汉字加汉语拼音或英文组合而成，设计风格相同，其中主要部分“祥银”二字亦相同，结合“梦祥银”商标的知名度，综合判断两者在同类商品上构成近似，容易使相关公众造成混淆或者误认，故京祥银公司侵害了梦祥银公司的注册商标专用权。

将涉案的“梦祥”商标与“京祥”标识进行比对，两者均为“锁形图案+文字”组合图形，锁形图案相同，两者构成近似，容易使相关公众对商品的来源造成误认，故梦园金店使用“京祥”标识的行为侵害了梦祥银公司的注册商标专用权。

关于京祥银公司、老京祥公司的行为是否构成不正当竞争的问题。梦祥银公司与京祥银公司、老京祥公司的经营范围均包括银饰品、珠宝销售，存在同业竞争的关系。梦祥银公司与京祥银公司的住所地均位于郑州市辖区，经营场所也曾同处一个商场内，梦祥银公司的“梦祥”商标和“梦祥银”

商标分别被认定为驰名商标和河南省著名商标，京祥银公司作为销售银饰品的经营者，应当明知梦祥银公司的“梦祥银”商标在本地银饰品行业内具有较高的知名度，其应当从诚信经营的角度自觉避让享有较高知名度的“梦祥银”品牌，以避免相关公众造成误认，但京银祥公司、老京祥公司仍然在其相关网页中使用“梦祥银银饰批发加盟请找郑州京强珠宝销售有限公司（老京祥）”宣传语，傍附“梦祥银”商标的知名度谋取利益，其行为构成不正当竞争。

关于老京祥公司是否构成共同侵权及不正当竞争的问题。经查，京祥银公司、老京祥公司与案外人郑州京强珠宝销售有限公司在法定代表人、公司股东、经营场所均存在交叉，域名为“laojingxiang. com”的网站中将“老京祥”“京祥银”并列进行宣传，网页中亦显示“梦祥银银饰批发加盟请找郑州京强珠宝销售有限公司（老京祥）”内容；并且，京祥银公司销售的商品手提袋上注明“京祥银北京老京祥珠宝有限公司旗下品牌、北京老京祥珠宝有限公司（京祥银）”等内容，证明京祥银公司认可老京祥公司对“京祥银”标识的使用。根据以上事实，京祥银、老京祥公司在经营及宣传活动中同时出现，足以认定其共同实施了侵权行为，同时老京祥公司的行为亦构成不正当竞争。

关于梦园金店是否与京祥银公司、老京祥公司构成共同侵权的问题。经查，梦园金店的经营者李超，2011 年至 2015 年期间系梦祥银公司的加盟商，熟知梦祥银公司享有商标专用权的涉案注册商标，但在老京祥公司销售人员声称“京祥银的产品价格低、商标标识和装潢风格也刻意模仿梦祥银，加盟条件优厚，你现在有多年做梦祥银产品的积累和客户群体，如果转做我们‘京祥银’的产品，我们将给你更多的优惠条件”的诱惑下，李超“感觉可以模仿‘梦祥银’的产品”，并经过实地考察后，与京祥银签订了合同，证明李超与京祥银、老京祥公司在主观上存在侵权故意，客观上共同实施了侵权行为，故梦园金店与京祥银公司、老京祥公司构成共同侵权。

关于赔偿数额如何确定的问题。《中华人民共和国商标法》第六十三条第一款、第三款规定：侵犯商标专用权的赔偿数额，按照权利人因被侵权所受到的实际损失确定；实际损失难以确定的，可以按照侵权人因侵权所获得的利益确定；权利人的损失或者侵权人获得的利益难以确定的，参照该商标许可使用费的倍数合理确定。赔偿数额应当包括权利人为制止侵权行为所支付的合理开支。权利人因被侵权所受到的实际损失、侵权人因侵权所获得的利益、注册商标许可使用费难以确定的，由人民法院根据侵权行为的情节判决给予300万以下的赔偿。梦祥银公司为制止侵权行为共支付公证费14600元、购买涉案商品费用1049.6元，该院予以支持；律师费20000元，酌情予以支持。梦祥银公司未举证证明其因侵权所受的损失数额或因侵权所获利益的数额，该院综合考虑涉诉商标的知名度和影响力，侵权行为的性质、情节、经营规模、经营时间及梦祥银公司为制止侵权所支出的合理费用等因素，将京祥银公司、老京祥公司赔偿数额酌定为20万元，考虑到梦金园在共同侵权行为中作用相对较小，将梦园金店赔偿数额酌定为4万元。

综上，依照《中华人民共和国商标法》第五十七条第（二）、（三）项、第六十三条第一、三款，《中华人民共和国商标法实施条例》第七十六条，《中华人民共和国反不正当竞争法》第二条，最高人民法院《关于审理商标民事纠纷案件适用法律若干问题的解释》第十六条规定，判决如下：①京祥银公司、老京祥公司立即停止侵害梦祥银公司第8697691号“梦祥银”注册商标专用权的行为，梦园金店（经营者李超）立即停止侵害梦祥银公司第3114152号“梦祥”、第8697691号“梦祥银”注册商标专用权的行为；②郑州京祥银首饰有限公司、老京祥公司立即停止虚假宣传的不正当竞争行为；③京祥银公司、老京祥公司于判决生效之日起十日内赔偿梦祥银公司经济损失20万元，梦园金店（经营者李超）于判决生效之日起十日内赔偿梦祥银公司经济损失四万元；④驳回梦祥银公司的其他诉讼请求。如果未按判决指定的期间履行给付金钱义务，应当按照《中华人民共和国民事诉讼法》第二百五十三条之规定，加倍支付迟延履行期间的债务利息。案件受理费22800元，由梦祥银公司负担2800元，京祥银公司负担8000元，老京祥公司负担8000元，梦园金店（经营者李超）负担4000元。

二审法院做如下认定。

1. 关于京祥银公司是否侵犯了梦祥银公司注册商标专用权问题

判断是否构成侵犯注册商标专用权意义上的商标近似，不仅要比较相关商标在字形、读音、含义等整体外观上的近似与否，还应考虑其近似是否达到足以造成市场混淆的程度。京祥银公司的“京祥银”“京祥”商标与梦祥银公司的“梦祥银”“梦祥”商标两者字体外观的视觉效果相同、图形部分基本相同，且京祥银公司涉案商标均使用在第 14 类“银饰品”商品上。以相关公众的一般注意程度，在隔离状态下进行对比，在与梦祥银公司涉案商标均使用在银饰品的情况下，相关公众容易将两者混淆。依照《中华人民共和国商标法》第五十七条第一款第二项：“未经商标注册人的许可，在同一种商品上使用与其注册商标相同或者近似的商标，容易导致混淆的，属于侵犯注册商标专用权的行为”的规定，京祥银公司使用的涉案商标与梦祥银公司的第 3114152 号“梦祥”、第 8697691 号“梦祥银”注册商标近似，京祥银公司侵犯了梦祥银公司的注册商标专用权。《中华人民共和国商标法》第四十八条规定，商标法所称商标的使用，是指将商标用于商品、商品包装或者容器以及商品交易文书上，或者将商标用于广告宣传、展览以及其他商业活动中，用于识别商品来源的行为。根据上述法律规定，京祥银公司提出“被上诉人的使用行为并不是商标法规定保护的正常使用注册商标行为，没有侵犯被上诉人商标权”的上诉理由不能成立，本院不予支持。

2. 京祥银公司是否存在虚假宣传的不正当竞争行为问题

2010 年 12 月 28 日，梦祥银公司的“梦祥”商标被河南省工商行政管理局认定为河南省著名商标（有效期三年）；2014 年 9 月 4 日，国家工商行政管理总局商标局《关于认定“梦祥及图”商标为驰名商标的批复》（商标驰字〔2014〕72 号）认定梦祥银公司在第 14 类银饰品商品上的“梦祥”商标为驰名商标；2015 年 12 月 31 日，河南省工商行政管理局《关于认定“梦祥银 MYSHINE”商标为著名商标的决定》（豫著标新字〔2015〕714 号）认定梦祥银公司在第 14 类银饰品、银制工艺品、珠宝上的“梦祥银”商标为河南省著名商标。京祥银公司与梦祥银公司经营场所同属一个商场，住所地均在郑州市辖区，京祥银公司应当知道梦祥银公司其商标相关权益及行业知名度，在与梦祥银公司并无关联情况下，京祥银公司在所属相关网页中使用“梦祥银银饰批发加盟请找郑州京强珠宝销售有限公司（老京祥）”宣传语等与事实不符的信息，违反诚实信用原则，属于虚假宣传，容易导致相关公众产生误解。虽然京祥银公司对该公证的事实提出异议，但是未提交足够证据予以否定。依照《中华人民共和国反不正当竞争法》第二条，“经营者在市场交易中，应当遵循自愿、平等、公平、诚实信用的原则，遵守公认的商业道德”；第五条，“（三）擅自使用知名商品特有的名称、包装、装潢，或者使用与知名商品近似的名称、包装装潢，造成和他人的知名商品相混淆，使购买者误认为是该知名商品”；第九条，“经营者不得利用广告或者其他方法，对商品的质量、制作成分、性能、用途、生产者、有效期限、产地等作引人误解的虚假宣传”之规定。京祥银公司的行为构成不正当竞争，应当承担相应民事责任。梦祥银公司在本案一审时，即请求判令京祥银公司停止侵权，一审法院据实做出判决并无不当。并未超出诉讼请求。综上，京祥银公司提出的一审判决超出诉请，其没有虚假宣传行为的上诉理由不能成立，本院不予支持。

3. 判决数额是否适当问题

《中华人民共和国商标法》第六十三条第一款、第三款规定：侵犯商标专用权的赔偿数额，按照权利人因被侵权所受到的实际损失确定；实际损失难以确定的，可以按照侵权人因侵权所获得的利益确定；权利人的损失或者侵权人获得的利益难以确定的，参照该商标许可使用费的倍数合理确定。赔偿数额应当包括权利人为制止侵权行为所支付的合理开支。权利人因被侵权所受到的实际损失、侵权人因侵权所获得的利益、注册商标许可使用费难以确定的，由人民法院根据侵权行为的情节判决给予300万以下的赔偿。京祥银公司侵权是本案发生的主要原因，依据以上规定，梦祥银公司为维权支付的费用理应由京祥银公司负担。至于京祥银公司提出律师费及诉讼费分担不合理的问题，由于京祥银公司侵权是本案发生的主要原因，由此产生的律师费、公证费应当由京祥银公司承担，诉讼费用也应承担较大的份额。一审法院综合考虑涉诉商标的知名度和影响力，侵权行为的性质、情节、经营规模、经营时间及梦祥银公司为制止侵权所支出的合理费用等因素，将京祥银公司、老京祥公司赔偿数额酌定为20万元并无不当。

综上所述，京祥银公司的上诉请求不能成立，应予驳回；一审判决认定事实清楚，适用法律正确，应予维持。依照《中华人民共和国民事诉讼法》第一百七十条第一款第一项规定，判决如下：驳回上诉，维持原判。二审案件受理费4300元，由郑州京祥银首饰有限公司负担。

三　案例解析

本案例是对利用商标的相似性和虚假宣传傍名牌谋取不正当利益的违法行为的审判。一般的傍名牌行为都是利用非注册商标近似注册商标，或者假冒注册商标，本案的特殊性在于以注册商标近似注册商标，被侵权的两个商标均在第14类商品使用，侵权的锁型商标核准使用在第14类商品，侵权的艺术字型商标核准在第35类服务使用。侵权人在商标使用过程中，故意把两个与知名商标近似的商标都用在相同的商品上，并在营销活动中刻意做混淆宣传。就其傍名牌的虚假宣传行为，对知名商标来说是侵权，对消费者来说是欺诈。

不言而喻，在后的商标也是经过商标局相似性审查的，在前的商标于2003年注册，2013年续展，在后的商标于2014年注册，在后的商标注册时间与在前的商标续展时间相差只有一年，为什么审查相似性的时候没有发现？这说明注册商标的相似性审查存在制度性或者是技术性漏洞。对于商标相似度的审查，还没有详细的量化的专业性标准，还是经验性的描述，所以会出现因人而异，不同的审查者会得出不同的结论，造成实践中的混乱。对商标的相似度判断需要增加技术含量，或者以团体中相当多数人的意见作为判断的依据。

傍名牌的违法行为在现实中很常见，有的名牌被各种各样的违法者仿照，使消费者难辨真伪。这种违法行为在侵害商标专用权的同时也严重侵害了消费者的利益，社会危害性很大，必须严厉制裁。对于这种行为，商标所有人依据《商标法》，可以向法院起诉请求赔偿，也可以向执法部门投诉要求处罚违法者，消费者依据《消费者权益保护法》，基于消费事实，也可以投诉、举报和诉讼。

本案例发现侵权行为的起始时间是2015年，起诉时间是2016年，一审判决是2017年，二审判决是2018年，历时4年。其间需要证据公证提存等环节，调解和鉴定的时间都需要排除在审限之外。可见，知识产权的诉讼保护比较复杂，相对于其他民事纠纷，案件的审理周期比较长。在三类传统的知识产权案件中，商标纠纷的审理还算是难度较低的，专利纠纷难度最大，版权纠纷由于网络著作权的出现审理难度在上升，因为网络作品作者往往使用笔名，需要证明作者笔名与真名之间的关系，而这项证明过程难以操作。随着司法技术的深度运用，一些难题会迎刃而解，比如，北京互联网法院开通司法区块链，网络作品预先上传加密模块，一旦纠纷发生，就可以作为证据使用，方便快捷，客观性强。

商标侵权的类型主要有：依据侵权主体，可分为使用者侵权、销售者侵权和印制者侵权；依据侵权方式，可分为假冒和近似，在相同商品上使用和在类似商品上使用。对于近似商标，如前所述，还没有严格的量化标准，还只是经验感觉的标准，即“足以造成普通人误认”，因此，往往在是否相似的问题上产生争议。商标相似性的比对有待提升标准化水平。

对注册商标提起无效宣告申请，也是注册商标权保护的途径之一。《商标法》列专章对这一问题进行了规定，任何人在任何时候都可以对注册商标提出异议。对于宣告无效的注册商标，由商标局予以公告，该注册商标专用权视为自始即不存在。

另一个值得注意的问题是，二审法院认为，对案件发生负有主要责任的被告，应当承担原告支出的律师费、公证费。对于案件胜诉方的律师费是否应该由败诉方承担，各个法院判决不一，但是对于知识产权侵权类案件，由于案情复杂，专业性强，聘请律师和公证证据都是十分必要的，所以，在知识产权案件中这两项费用由败诉方承担应该成为明确的司法制度。

四 河南法院审理知识产权案件概况

近年来无论是最高决策层还是最高人民法院，对知识产权审判都非常重视，中央要求对知识产权侵权建立惩罚性赔偿制度。2019 年 1 月 1 日，最高人民法院知识产权法庭成立，主要审理知识产权民事和行政上诉案件。河南省高级人民法院在 2008 年成立了知识产权法庭，郑州市中级人民法院 2012 年成立知识产权法庭。

河南两级法院知识产权法庭成立后案件受理量一直居高不下，但是根据最高人民法院的要求，知识产权案件没有单独编制案件号，与其他民事、行政、刑事案件混合在一起编号，所以给案件统计带来困难。从判决书的编号可以发现，郑州市中级人民法院 2015 年之前的知识产权案件是单独编号的，到 2016 年又混编了，而河南省高级人民法院一直是混编的。根据最高人民法院的最新要求，2019 年 3 月 1 日起，所有法院的知识产权案件单独编号，并区分民事、行政和刑事，这对案件的统计是重大利好。

2018 年，河南全省法院共受理一审知识产权民事、刑事和行政案件 8628 件，同比增长 33.4%，结案 7677 件，同比增长 20%，结案率 88.9%；二审知识产权民事、刑事和行政案件 896 件，同比增长 238%，结案 822 件，同比增长 254%，结案率 91.7%。在受理的一审案件中，著作权类案件 2378 件，专利权类案件 1302 件，商标权类案件 3749 件，不正当竞争案件 889 件，其他知识产权纠纷 310 件。截至 2019 年 8 月，省高院新收二审案件 665 件，其中 663 件民事案件，2 件刑事案件。以上数据显示，河南省知识产权案件受理的数量增长明显，二审受理量增长更多，2018 年上诉率提高。对各种类型的案件进行比较，商标权类案件最多，说明现实中的商标使用管理有待加强，也说明商标类案件司法救济比较有效。

参考文献

曾心怡：《商标侵权认定中的“混淆性”研究》，《法制与社会》2018 年第 9 期。

方洁：《商标侵权认定之混淆可能性判断》，《吉林工商学院学报》2018 年第 1 期。

朱晓睿：《商标侵权中“商标使用”的认定》，《知识产权》2017 年第 11 期。

范楚仪：《驰名商标制度研究》，《法制博览》2019 年第 21 期。

王丽洁、贾小龙：《对我国著名商标保护制度废止的思考》，《西部法学评论》2019 年第 1 期。

B.15

实用新型专利侵权案例解析*

赵　筝**

摘　要： 本案例是实用新型专利侵权纠纷。专利产品为煤矿用局部通风机消声装置，争议的主要部件，一个是环形滤波器，一个是圆形消声片，名称不同，材质有差异，而且被告以“现有技术”抗辩。一审法院认为侵权不成立，判决原告败诉，二审法院认为侵权成立，撤销一审判决。两审法院对客观事实的认定相同，分歧在于对法律的理解和适用，对事实性质的判断。

关键词： 专利侵权　实用新型　权利要求　现有技术

一　案件事实

上诉人（原审原告）商丘市金桥环保科技有限公司（以下简称商丘金桥公司）诉被上诉人（原审被告）郑州静邦噪声振动控制工程技术有限公司（以下简称郑州静邦公司）侵害实用新型专利权纠纷一案，不服河南省郑州市中级人民法院（以下称一审法院）（2015）郑知民初字第01457号民事判决，提起上诉，请求撤销一审判决，改判郑州静邦公司立即停止生产、

* 本案例来源于（2017）豫民终416号判决书。该判决书获2019年全国法院首届“百篇优秀裁判文书三等奖”，审判长赵筝。

** 赵筝，河南省高级人民法院法官。

销售侵犯商丘金桥公司专利的侵权产品，赔偿商丘金桥公司经济损失100万元，一审、二审诉讼费用全部由郑州静邦公司承担。

郑州静邦公司答辩称，商丘金桥公司的上诉请求不成立。事实与理由如下。

首先，根据权利要求4是权利要求1、2的从属权利要求，其技术方案为权利要求1+权利要求2+权利要求4所述的全部技术特征。该权利要求4的技术方案应为：一种局部通风机消声装置，包括进风消声装置、排风消声装置、消声箱（3），其特征在于，进风消声装置通过消声箱（3）与排风消声装置相连接；所述的消声箱（3）包括金属外壳（17）、吸声材料（16）、穿孔板和置于其内的局部通风机。所述的进风消声装置包括进风消声器（1）及与其连接的第一收缩腔（2），所述的排风消声装置包括依次顺序连接的扩张腔（4）、排风消声器（5）、第二收缩腔（18）以及集风器（6）。所述进风消声器（1）、排风消声器（5）包括金属外壳（11）以及置于金属外壳（11）内并通过连接板或杆（15）与金属外壳（11）连成一体的环形筒式滤波器。郑州静邦公司的产品与商丘金桥公司专利权利要求4所述的全部技术特征相比有以下区别：第一，郑州静邦公司产品无权利要求1所述的局部通风机；第二，郑州静邦公司产品没有权利要求2所述的扩张腔收缩腔、集风器；第三，与权利要求4的环形筒式滤波器不同，郑州静邦公司的产品是圆形消声片，且圆形消声片是现有公开技术，因内部振动较大，消声片之间和外壳的连接为焊接，结合权利说明书和附图描述的该功能或者效果的具体实施方式及其等同的实施方式，不能认定郑州静邦公司的消声片等同于商丘金桥公司的滤波器。

其次，滤波器和消声片的区别。针对滤波器，郑州静邦公司经多方查询，较为权威的有下面两种解释：①滤波器是一种用来干扰杂讯的器件，将输入或输出经过过滤而得到纯净的交流电；②电源滤波器是由电容、电感和电阻组成的滤波电路。滤波器可以对电源线中特定的频点或该频点以外的频率进行有效滤除，得到一个特定频率的电源信号，或消除特定频率后的电源信号。针对消声片，消声片主要是消声器的主要部件，由吸声材料和护面板组成，在气流通过时，用于减弱和降低空气动力噪声。属于物理防治范畴。

综上可知，滤波器不是消声片，消声片更不是滤波器。

第三，假如商丘金桥公司所述的滤波器为消声片，该专利则缺乏新颖性和创造性。若滤波器与消声片功能特征相同，则商丘金桥公司表达专利时就没有必要表述为滤波器，因为消声片为通用名称，易于相关领域人员理解和实施。在降噪领域，普通的技术人员都知道和理解，使用消声片进行消声为现有技术。

第四，权利要求 4 引用了权利要求 2，则权利要求 4 应涵盖权利要求 2 的所有技术特征。在权利要求 2 中，“根据权利要求 1 所述的消声装置，其特征在于，所述的进风消声装置包括进风消声器（1）及与其连接的第一收缩腔（2），所述的排风消声装置包括依次顺序连接的扩张腔（4）、排风消声器（5）、第二收缩腔（18）以及集风器（6）”。其局部通风消声装置包含集风器。从现场查看和照片都可以证明，郑州静邦公司的排风消声器后端部是一个仅有 30mm 的钢质连接件，起到和风筒布相连接的作用，而不是由金属外壳、离心玻璃棉、玻璃丝布与金属孔板组成的集风器。商丘金桥公司专栏中的集风器既然是由金属外壳、离心玻璃棉、玻璃丝布与金属孔板组成的，所买这个集风器是一个较大、较主要的部件，并且还是具有消声和隔声作用的重要部件。因此，郑州静邦公司不具有上诉人权利要求 2 所述的集风器。

最后，郑州静邦公司专利的权利要求 6：根据权利要求 4 或 5 所述的消声装置，其特征在于，所述的滤波器朝向进风流（9）一端为锐角形结构。郑州静邦公司消声装置中没有锐角形结构，且外层消声片的进风端为平面。

一审法院认定，2011 年 5 月 15 日，商丘市金桥金属制品有限公司、朱永朝及梁世峰向国家知识产权局申请名为“局部通风机消声装置”的实用新型专利，该专利于 2011 年 11 月 30 日经国家知识产权局授权并予以公告，专利号为 ZL201120161945.3，专利权人为商丘市金桥金属制品有限公司、朱永朝及梁世峰。2013 年 2 月 4 日，经国家专利局核准，专利权人商丘市金桥金属制品有限公司变更为商丘金桥公司。商丘金桥公司于 2015 年 4 月 23 日缴纳了专利年费 900 元。该专利权利要求为：①一种局部通风机消声装置，包括进风消声装置、排风消声装置、消声箱，其特征在于，进风消声装置通过消声箱与排风消声装置相连接。所述的消声箱包括金属外壳、吸声材料、穿孔板和置于其内的局部通风机；②根据权利要求 1 所述的消声装置，其特征在于，所述的进风消声装置包括进风消声器及与其连接的第一收缩腔，所述的排风消声器装置包括依次顺序连接的扩张腔、排风消声器、第二收缩腔以及集风器；③根据权利要求 2 所述的消声装置，其特征在于，所述的第一收缩腔、第二收缩腔、扩张腔，以及集风器是由金属外壳、离心玻璃棉、玻璃纤维布与金属孔板组成；④根据权利要求 2 所述的消声装置，其特征在于，所述的进风消声器、排风消声器包括金属外壳以及置于金属外壳内并通过连接板或杆与金属外壳连成一体的环形筒式滤波器；⑤根据权利要求 4 所述的消声装置，其特征在于，所述的滤波器为由内层滤波器、中层滤波器和外层滤波器组成的三层结构；⑥根据权利要求 4 或权利要求 5 所述的消声装置，其特征在于，所述的滤波器朝向进风流一端为锐角形结构；⑦根据权利要求 1 所述的消声装置，其特征在于，所述的吸声材料是玻璃纤维布及离心玻璃棉；⑧根据权利要求 1 所述的消声装置，其特征在于，在消声箱的金属外壳下部安装底座，两侧面顶部用锁紧卡固定。本案中，商丘金桥公司明确要求保护权利要求书中的第 4、5、6 项权利要求。2015 年 11 月 11 日，经专利权人商丘金桥公司、朱永朝及梁世峰的申请，国家知识产权局出具了专利权评价报告。初步结论为，权利要求 1～3、权利要求 7～8 不符合授予专利权的条件，权利要求 4～6 未发现存在不符合授予专利权条件的缺陷。

2016 年 1 月 13 日，商丘金桥公司的法定代表人梁世峰向河南省新密市公证处申请并进行了证据保全，到郑煤集团裴沟矿机电科仓库，取得照片 9 张，刻制光盘 1 张。从照片上显示拍摄地点为裴沟煤矿，被控侵权产品有进风消声器、隔音箱体、排风消声器等局部装置。进风消声器系由金属外壳以及置于金属外壳内通过连接杆与金属外壳相连，该进风消声器系由外、中、内三层结构组成，中层及内层一端为锐角形结构。在隔音箱体上印有郑州静邦公司的名称。在照片中无法显示排风消声器的具体特征。以上有河南省新密市公证处出具的（2016）新密证民字第 031 号公证书予以确认。

2016年3月3日，一审法院经商丘金桥公司申请，前往郑煤集团杨河煤业裴沟煤矿对被控侵权产品进行现场勘验。在勘验现场，被控侵权产品为局部通风机消声装置，系由进风消声器、隔音箱体及排风消声器组成，且该装置的一端为进风消声器通过收缩腔与隔音箱相连；隔音箱与排风消声器由扩张腔相连；在排风消声器的另一端为收缩腔和集风器；该收缩腔及扩张腔是由金属外壳、金属孔板及离心玻璃棉或纤维布组成，排风器部分为单一的金属外壳组成，内部没有金属孔板及离心玻璃棉或纤维布；进风消声器与排风消声器是由金属外壳组成，该金属外壳内有连接板或杆与金属外壳连成一体的环形筒状；该环形为三层结构，分为外层、中层及内层；在其进风流处显示为锐角形结构。

郑州静邦公司在诉讼中向一审法院提供了一份《噪声与振动控制工程手册》，以证明商丘金桥公司的专利为现有技术。该手册中显示有型号为YHZ型罗茨鼓风机消声器的断面示意图、F型阻抗复合式消声器结构示意图及阻性与微穿孔板复合矿井用轴流风机配套消声器机构示意图等，证明所有的消声装置及其组成原理均一样，属于现有技术的范围。

另查明，2013年10月21日，郑州静邦公司与郑州煤炭工业（集团）有限责任公司签订的工业品买卖合同中约定，被控侵权设备使用单位包括郑煤集团杨河煤业裴沟煤矿，一套设备单价为36000元；商丘金桥公司为此案支付公证费1000元，专利评价报告费用2400元。

二审期间，商丘金桥公司依法提交了两组新证据。

证据一：商丘金桥公司2012年至2015年涉案专利产品销售合同四份。分别是：2012年3月与郑州煤电物资供销公司签订的价款为21万的工业品买卖合同，显示2＊30KW产品单价26500元，2＊15KW产品单价23500元；2015年1月与河南省正龙煤业有限公司城郊煤矿签订的代储代销合同，2＊15KW产品单价7600元。拟证明2013年10月21日，郑州静邦公司与郑州煤炭工业（集团）有限责任公司签订的工业品买卖合同中约定，被控侵权设备使用单位包括郑煤集团杨河煤业裴沟煤矿，一套设备2＊30KW产品单价为36000元，郑州静邦公司一套产品的利润非常高。由此明显看出，涉案专利的专利产品原本利润丰厚，但由于郑州静邦公司的侵权，导致售价急剧下跌。从郑州静邦公司的买卖合同也可以看出，其至少从2013年就已经开始有侵权行为，至上诉时已经长达4年。证明了权利人商丘金桥公司损失重大。

证据二：专利登记副本及2017年涉案专利费缴纳凭证。缴纳金额为1200元整。拟证明涉案专利目前仍然合法有效。

郑州静邦公司针对对方提交的证据不予认可，认为与本案没有关系，真实性无法认定。对于证据的真实性亦不申请鉴定。

二审期间，商丘金桥公司放弃对ZL201120161945.3号“局部通风机消声装置”实用新型专利权利要求6的主张。

二　法院判例分析

一审法院认为，商丘金桥公司依法对“局部通风机消声装置”享有实用新型专利权，其在专利有效期内交纳了年费，该专利权应受法律保护。任何单位或者个人未经专利权人许可，都不得为生产经营目的制造、使用、许诺销售、销售、进口其专利产品。

《中华人民共和国专利法》第五十九条第一款规定：“发明或者实用新型专利权的保护范围以其权利要求的内容为准，说明书及附图可以用于解释权利要求的内容。”《最高人民法院关于审理侵犯专利权纠纷案件应用法律若干问题的解释》第七条规定：“人民法院判定被诉侵权技术方案是否落入专利权的保护范围，应当审查权利人主张的权利要求所记载的全部技术特征。被诉侵权技术方案包含与权利要求记载的全部技术特征相同或者等同的技术特征的，人民法院应当认定其落入专利权的保护范围；被诉侵权技术方案的技术特征与权利要求记载的全部技术特征相比，缺少权利要求记载的一个以上的技术特征，或者有一个以上技术特征不相同也不等同的，人民法院应当认定其没有落入专利权的保护范围。”本案中，将被控侵权产品的技术特征与涉案专利的权利要求对比，可显示两者均有进风消声器、两个收缩腔、消声箱、排风消声器、扩张腔及集风器；进风消声器及排风消声器是由金属外壳及其内通过连接板或杆连成一体的三层环形筒状结构，且在该筒状结构中进风流的一端呈锐角形结构；不同之处在于集风器的组成上。此外，商丘金桥公司没有充分证据证明其权利要求书中所称的滤波器与郑州静邦公司的被控侵权产品中使用的消声器是否构成相同或等同的情况下，一般不宜对专利要求书中的权利要求做扩大解释。故被控侵权产品并未完全落入商丘金桥公司的专利权保护范围。因此，商丘金桥公司所诉请求郑州静邦公司停止侵权行为及赔偿损失的诉讼请求，理由不能成立，不予支持。判决如下：驳回商丘金桥公司的诉讼请求；案件受理费 13800 元，由商丘金桥公司负担。

二审法院认为如下。

1. 关于郑州静邦公司是否构成侵权的问题

商丘金桥公司依法对专利号为 ZL201120161945. 3 的“局部通风机消声装置”拥有实用新型专利权，其在专利有效期内缴纳了年费，该专利应受法律保护。《中华人民共和国专利法》第五十九条第一款规定：“发明或者实用新型专利权的保护范围以其权利要求的内容为准，说明书及附图可以用于解释权利要求的内容。”《最高人民法院关于审理侵犯专利权纠纷案件应用法律若干问题的解释》第七条规定：“人民法院判定被诉侵权技术方案是否落入专利权的保护范围，应当审查权利人主张的权利要求所记载的全部技术特征。被诉侵权技术方案包含与权利要求记载的全部技术特征相同或者等同的技术特征的，人民法院应当认定其落入专利权的保护范围；被诉侵权技术方案的技术特征与权利要求记载的全部技术特征相比，缺少权利要求记载的一个以上的技术特征，或者有一个以上技术特征不相同也不等同的，人民法院应当认定其没有落入专利权的保护范围。”商丘金桥公司要求保护的权利要求是权利要求 4、权利要求 5，权利要求 4 是权利要求 1、权利要求 2 的从属权利要求，因此，商丘金桥公司请求保护的权利要求的范围是权利要求 1、权利要求 2、权利要求 4、权利要求 5。

在集风器方面，涉案侵权产品权利要求 4 引用权利要求 1 和权利要求 2，未引用权利要求 3 中对集风器的材料与作用进行限定，即未引用所述的第一收缩腔、第二收缩腔、扩张腔、以及集风器是由金属外壳、离心玻璃棉、玻璃纤维布与金属孔板组成。集风器一般与风筒连接，风经过集风器，从风筒排出。在商丘金桥公司要求保护的权利要求1、权利要求2、权利要求4、权利要求5并未对集风器的材质进行限定的情况下，不宜对集风器减噪消声做扩大解释。在一审认定事实中，将被控侵权产品的技术特征与涉案专利的权利要求对比，可显示两者均有进风消声器、两个收缩腔、消声箱、排风消声器、扩张腔及集风器。因此，在双方产品均有集风器的情况下，集风器材质的不同并不影响郑州静邦公司产品的技术特征落入商丘金桥公司产品的权利要求保护范围。

在滤波器方面。根据商丘金桥公司涉案专利的权利要求4、权利要求5，“所述的滤波器置于金属外壳内并通过连接板或杆与金属外壳连成一体，呈环形筒式；所述的滤波器为由内层滤波器、中层滤波器和外层滤波器组成的三层结构”。根据一审勘验照片与认定事实：“被控侵权产品的进风消声器与排风消声器是由金属外壳及置于金属外壳内通过连接板或杆与金属外壳连成一体的环形筒状组成；该环形筒状为三层结构，分为外层、中层及内层。”据此，对比双方产品具有相同形状、结构、相同连接关系的部件，可以确定被控侵权产品具有与本专利消声装置中“滤波器”相同的技术特征。因此郑州静邦公司的被诉侵权产品的技术特征，落入涉案专利第4、5项权利要求保护范围。

2. 关于郑州静邦公司所称的现有技术抗辩问题

根据《最高人民法院关于审理侵犯专利权纠纷案件应用法律若干问题的解释》第十四条：“被诉落入专利权保护范围的全部技术特征，与一项现有技术方案中的相应技术特征相同或者无实质差异的，人民法院应当认定被诉侵权人实施的技术属于专利法第六十二条规定的现有技术。”由于涉案专利的全部技术特征未全部落入郑州静邦公司所提交的《噪声与振动控制工程手册》中罗茨鼓风机消声器、F型阻抗复合式消声器、阻性与微穿孔板复合矿井用轴流风机配套消声器结构的相应技术特征。因此，对于郑州静邦公司现有技术抗辩本院不予支持。

3. 关于侵权赔偿数额的认定问题

根据《中华人民共和国专利法》第六十五条：“侵犯专利权的赔偿数额

按照权利人因被侵权所受到的实际损失确定；实际损失难以确定的，可以按照侵权人因侵权所获得的利益确定。权利人的损失或者侵权人获得的利益难以确定的，参照该专利许可使用费的倍数合理确定。赔偿数额还应当包括权利人为制止侵权行为所支付的合理开支。权利人的损失、侵权人获得的利益和专利许可使用费均难以确定的，人民法院可以根据专利权的类型、侵权行为的性质和情节等因素，确定给予一万元以上一百万元以下的赔偿。”的规定，鉴于商丘金桥公司并未提交证据证明因郑州静邦公司侵权给其造成的实际损失，郑州静邦公司因侵权获得的利益，或者涉案专利的许可使用费。综合考虑郑州静邦公司在 2013 年起侵权行为的性质、主观过错、交易时间、商丘金桥公司自 2012 年至 2015 年同类产品价格下降，以及商丘金桥公司维权支出等因素，本院酌定郑州静邦公司赔偿商丘金桥公司损失 20 万元。

综上所述，商丘金桥公司的上诉请求部分成立，判决如下。

第一，撤销河南省郑州市中级人民法院（2015）郑知民初字第 01457 号民事判决。

第二，郑州静邦噪声振动控制工程技术有限公司立即停止生产、销售侵犯商丘市金桥环保科技有限公司 ZL201120161945. 3 号实用新型专利权的产品。

第三，郑州静邦噪声振动控制工程技术有限公司自本判决生效之日起十日内，赔偿商丘市金桥环保科技有限公司损失 20 万元。

第四，驳回商丘市金桥环保科技有限公司其他诉讼请求。

一审诉讼费用 13800 元，由郑州静邦噪声振动控制工程技术有限公司负担 7780 元；由商丘市金桥环保科技有限公司负担 6020 元。二审诉讼费用 13800 元，由郑州静邦噪声振动控制工程技术有限公司负担 7780 元；由商丘市金桥环保科技有限公司负担 6020 元。

三　案例解析

专利纠纷是知识产权案件中最为复杂的类型，取证难、证明过程复杂、理论分歧多、事实判断见仁见智。所以，原告没有十足的把握一般不会起诉。另外，由于专利纠纷案件牵涉的赔偿数额较大，判决的后续也影响重大，当事人上诉率几乎是100%。

根据《专利法》规定："实用新型，是指对产品的形状、构造或者其结合所提出的适于实用的新的技术方案。"基于这一概念，对于实用新型专利侵权的判断有三个基本项，即形状、构造或者其结合。

本案中，一审判决被二审推翻，两审法官依据的是相同的事实，同一部法律同一个法条，得出的结论却不一样。关键点在于，对法条的理解和运用的背后，还有法理的关照和助力。对于法条难以描述的微观事实的性质判定，需要结合法律的立法目的、社会的价值排序以及对当事人行为目的的推理，进行综合性判断。一审法院纠结于"滤波器"与"消声片"名称的不同，并把证明责任分配给原告，并认为不能对权利要求书中的权利要求做扩大解释，所以做出不利于原告的判决，结论与前面的事实因果关系不明晰。二审法院的事实分析紧紧围绕实用新型专利的概念特征和权利要求的内容进行实物比对，认为权利要求没有限定材质，材质的不同不影响技术特征，并回应了被告关于"现有技术"的抗辩，分析全面，论证有力，因果关系逻辑性强。因此，二审判决书在全国性的评比中脱颖而出，获得三等奖。

《专利法》于2008年12月27日修改公布，自2009年10月1日起施行，设置了9个月的过渡期。专利制度的构建，"为了保护专利权人的合法权益，鼓励发明创造"，专利制度的副作用是减弱了专利应用的效率，但这是必须付出的代价。为了在保护专利权人和促进经济社会发展之间寻求价值平衡，专利法对权利人的权利期限进行了限定，发明专利权的期限为二十年，实用新型专利权和外观设计专利权的期限为十年，并设置了专利强制许可制度。

在专利法保护的三类对象中，实用新型专利处于中等难度状态，其司法保护的力度，相较于发明专利和外观设计专利，也应该处于中等的强度，这需要法官在审判实践中进行权衡比较。

最高人民法院知识产权法庭建立了技术调查官制度，并实行专项技术调查官调派制度支援地方法院，倡导打造大区域技术调查官资源共享机制，以提高知识产权案件审判质量和效率。可以预见，河南专利侵权案件的审判会越来越高质高效。

B.16
河南法院2018年度民事案例分析报告

河南省高级人民法院课题组*

摘　要： 案例指导制度是中国特色社会主义司法制度的重要组成部分，随着案例指导制度的深入实施，案例在总结审判经验、指导审判实践、规范法官自由裁量、维护司法公正、宣传法制、促进立法等方面的作用日益显现。2019年初，河南省高级人民法院抽调省高院相关业务庭室和部分中级人民法院、基层法院的调研骨干力量组成撰写小组，对民事案例编报工作中反映出来的程序类问题实体类问题、婚姻家庭、继承纠纷相关问题、物权纠纷相关问题、合同相关等法律适用问题进行了概括总结，形成了民事案例分析报告。后依托省高院与郑州大学联合成立的“中国司法案例研究中心”，召开了民事案例分析研讨会，在充分听取专家学者建议的基础上对报告进行修订完善，并形成最终成果。希望本报告在为河南省司法审判和理论研究提供参考的同时，能进一步提升河南省的案例工作指导水平。

关键词： 民事案例　法律适用　案例分析

* 课题组组长：王韶华，河南省高级人民法院党组成员、副院长；课题组副组长：张嘉军，郑州大学法学院教授；课题组成员：王福蕾，河南省高级人民法院民二庭副庭长；宋旺兴，河南省高级人民法院民三庭副庭长；朱正宏，河南省高级人民法院民一庭法官；高新峰，河南省开封市中级人民法院研究室法官；梁锦学；河南省睢县人民法院研究室主任；马斌，河南天欣律师事务所主任。

一　基本情况

2018 年，全省法院共编报民事案例 379 篇，较上一年有所下降。其中各中级人民法院编报 361 篇，较上一年有所下降，省高院各业务庭编报 18 篇，较上一年有所上升。从案例类型来看，排在第一位的依然是合同、无因管理、不当得利类案例，共 132 篇，与上一年基本持平；侵权责任类（68 篇）、婚姻家庭、继承类（27 篇）、劳动争议、人事争议类（20 篇）、与公司、证券、保险、票据等有关类（20 篇）案例，较上一年均有所下降；而诉讼程序类（41 篇）、物权类（37 篇）、人格权类（30 篇）、知识产权与竞争类（4 篇）案例较上一年均有所上升（见表 1、图 1）。

表 1　2018 年与 2017 年编报民事案例类型数据对比

单位：篇

年份＼类型	诉讼程序	人格权	婚姻家庭、继承	物权	合同、无因管理、不当得利	知识产权与竞争	劳动争议、人事争议	与公司、证券、保险、票据等有关	侵权责任	合计
2018 年数量	41	30	27	37	132	4	20	20	68	379
2017 年数量	16	15	33	19	135	2	58	57	104	439

资料来源：作者根据全省法院 2018 年、2017 年编报民事案例类型数据整理而成。

二　典型法律适用问题分析

（一）程序类问题

1. 合同约定管辖的优先效力是否因增加其他被告参与诉讼而改变问题

2018 年安阳中院报送的“王某某与康某某、河南某咨询公司合同纠纷案”案例认为，合同中约定有管辖法院，当事人以合同为基础法律关系进

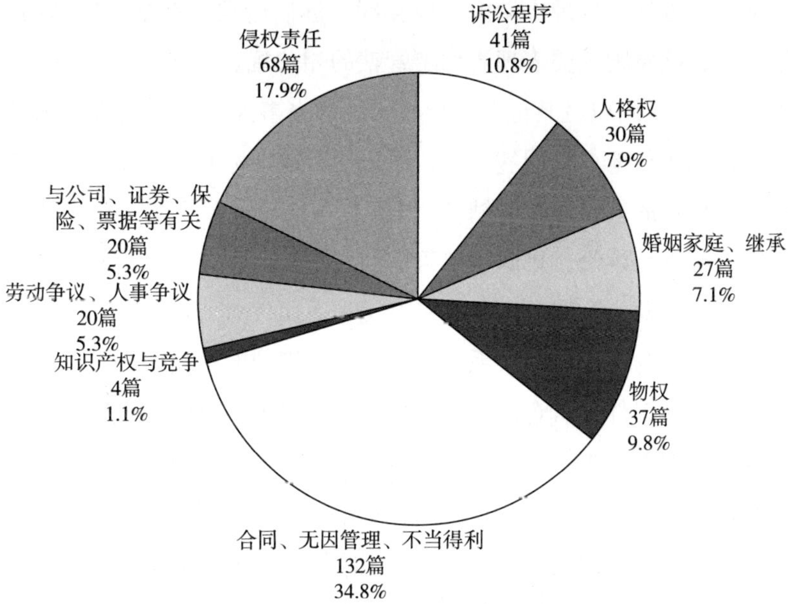

图1　2018年编报民事案例类型数据分布

资料来源：作者根据全省法院2018年编报民事案例类型数据整理而成。

行诉讼时，约定管辖的优先效力不因其增加其他被告而改变。另一方当事人提出管辖异议，应将该案件移送至合同约定管辖的法院。

管辖权问题是整个民事诉讼活动的开始，与当事人的诉讼成本相关。为了创造有利于自己的诉讼环境，很多当事人通过追加不必要参加诉讼的当事人等方式，直接向本不具有管辖权的法院提起上诉，导致大量案件当事人提起管辖异议，既增加了案件审理周期，也浪费了大量司法资源。此案就是管辖权争议处理中一个典型案例，主要涉及三个问题。

一是合同约定管辖具有优先适用效力。意思自治是民事活动的基本原则，也是民事法律关系区别于其他法律关系的根本特征。该原则不仅适用于民事实体领域，在民事诉讼程序中，也同样适用，具体表现为处分原则的规定。我国《民事诉讼法》第十三条第二款规定："当事人有权在法律规定的范围内处分自己的民事权利和诉讼权利。"该原则贯穿于民事诉讼活动的始终，例如民事诉讼的启动就源于当事人的起诉，法院对民事案件采取不告不理的原则。民事诉讼审理中调解、放弃部分诉讼请求等都是该原则的体现。在管辖领域，该原则主要表现为约定管辖的相关规定。我国《民事诉讼法》第三十四条："合同或者其他财产权益纠纷的当事人可以书面协议选择被告住所地、合同履行地、合同签订地、原告住所地、标的物所在地等与争议有实际联系的地点的人民法院管辖。"当事人一旦约定了管辖法院，就应按照约定管辖法院进行诉讼，排除一般管辖的规定，这是意思自治和处分原则的最基本要求。因此，合同约定管辖具有优先适用效力。

二是以合同为基础法律关系的诉讼，约定管辖的优先效力不因增加其他被告而改变。在案件只有合同双方当事人的情况下，合同约定管辖的优先效力自无疑问。但除当事人外，其他被告参与该诉讼时如何处理尚存争议。此案原告与被告河南某咨询公司在签订的代理购车合同中第 7 条明确约定："其他未尽事宜由双方协商解决，如协商不成，向甲方（被告）所在地人民法院起诉。"双方对于管辖法院在合同中已经明确约定。在只有合同双方当事人的情况下，双方之间的纠纷应按照约定由管辖法院管辖。但是，原告在诉讼过程中，将住所地在原告辖区的康某某（被告公司负责原告辖区的业务员）作为被告进行起诉。此时，如何确定管辖法院存在不同意见。有观点认为，约定管辖的效力不及于合同之外的第三人。此时，按照一般民事诉讼管辖原则，被告康某某住所地法院当然也具有管辖权。这时被告河南某咨询公司住所地和被告康某某住所地法院均具有管辖权。在两个法院都有管辖权的情况下，根据《民事诉讼法》第三十五条规定："两个以上人民法院都有管辖权的诉讼，原告可以向其中一个人民法院起诉；原告向两个以上有管辖权的人民法院起诉的，由最先立案的人民法院管辖。"也有观点认为，合同约定管辖的效力可以对抗任何参与诉讼的其他被告，如果允许当事人通过追加其他被告参加诉讼达到规避管辖的目的，将使得约定管辖制度没有实际意义。

如何确定管辖法院的核心在于约定管辖的效力范围问题，此案中完全肯定或者否定约定管辖的效力都有失偏颇。民事案件错综复杂，一个民事纠纷可能存在多个法律关系救济途径。如甲乘坐乙公司的公交车，途中公交车与丙发生事故，双方同等责任。此时，甲可以以合同关系追究乙公司的违约责任，也可以以侵权之债要求乙公司和丙承担侵权责任。因此，约定管辖的效力范围应该与基础法律关系范围一致，确定管辖法院的关键在于诉讼的基础法律关系。此案原告主张权利的基础是其与被告签订的代理购车合同。尽管原告追加了其他被告参加诉讼，但并没有改变双方之间的基础法律关系。因此，此时约定管辖的优先效力不因增加其他被告而改变。

三是民事诉讼应遵循诚实信用原则。诚实信用原则是民法的基本原则之一，被称为民法的“帝王规则”。2012 年，我国《民事诉讼法》修订后，首次在其第十三条第一款将诚实信用原则予以明确规定，即“民事诉讼应当遵循诚实信用原则”。之所以将诚实信用原则纳入民事诉讼，在于实践中普遍存在当事人滥用诉讼权利的情形，恶意诉讼、虚假诉讼、虚假陈述等妨碍民事诉讼活动的行为时有发生，严重扰乱了正常的民事诉讼秩序。将诚实信用原则法定化，有助于引导、规范人们的诉讼行为。民事诉讼立案和管辖法院的确定作为整个民事诉讼活动的开始，当事人也应该遵循诚实信用的原则。此案当事人通过追加其他被告参加诉讼规避约定管辖的行为明显有悖民事诉讼诚实信用原则。

2. 股东是否第三人撤销之诉的适格主体问题

2018 年郑州中院报送的“夏某臣诉刘某利、Z 市 Z 县农林牧发展有限公司借款合同纠纷案”案例认为，第三人同案件处理结果存在的法律上的利害关系，应当是直接关联的法律关系并在事实上产生利益影响。公司股东在公司和第三者之间诉讼案件的处理结果上，没有直接的法律利害关系，公司股东既不是公司与第三者之间诉讼的有独立请求权的第三人，也不是无独立请求权的第三人。公司股东无权对公司与第三者之间的生效裁判文书提起撤销之诉。

该案主要涉及四个方面的问题。一是第三人撤销之诉的构成要件。根据《民事诉讼法》第五十六条第三款规定，提起第三人撤销之诉的要件可以归纳为六项：①主体要件，只能是本条前两款规定的第三人；②程序要件，因不能归责于本人的事由未参加诉讼；③实体要件，有证据证明生效判决、裁定、调解书部分或全部内容错误；④结果要件，错误的裁判内容损害其民事权益；⑤时间要件，自知道或应当知道其民事权益受到损害之日起6 个月内起诉；⑥管辖要件，向做出生效判决、裁定、调解书的法院起诉。其中，要件二体现了第三人撤销之诉的程序保障功能；要件三体现了第三人撤销之诉的纠错目的。

二是第三人撤销之诉的主体构成要件。根据《民事诉讼法》第五十六条规定，提起撤销之诉的主体限于本条规定的第三人。第三人分为有独立请求权的第三人和无独立请求权的第三人。本条第一款规定的是有独立请求权的第三人，即对当事人双方的诉讼标的具有全部或者部分独立请求权的第三人。本条第二款规定的是无独立请求权的第三人，即对当事人双方的诉讼标的，虽然没有独立请求权，但案件处理结果同他有法律上的利害关系的，可以申请参加诉讼，或者由法院通知他参加诉讼的第三人。人民法院判决承担民事责任的第三人，有当事人的诉讼权利义务。在实践中，有独立请求权的第三人，因其对诉讼标的具有独立的请求权，无论是从实体要件还是形式要件，都比较容易审查判断。无独立请求权的实质要件"案件处理结果同他有法律上的利害关系"判断标准较难把握。《民事诉讼法》第五十六条第二款规定的"法律上的利害关系"，应理解为存在直接关联的法律关系并在事实上产生利益影响的情形。当事人仅在事实上遭受利益影响而与原诉争议无法律关系上的直接牵连，不属于原诉无独立请求权第三人，不享有针对原诉裁判提起撤销之诉的原告资格。

三是公司股东并非公司与第三者之间借款纠纷诉讼的第三人。根据《公司法》相关规定，法人财产和股东财产相互独立，公司股东虽然享有公司资产收益权利，但不能直接对法人财产主张实体权利。故股东不能以有独立请求权第三人身份参加诉讼。

四是关于股东权利的救济。股东认为如果确有其他股东滥用权利损害了其合法权益，其不能提起第三人撤销之诉，也并非没有其他救济途径。股东之间的分歧所导致的利益冲突，属于公司内部法律关系，应由股东与股东之间、股东与公司之间依法处理。《公司法》第二十条规定："公司股东应当遵守法律、行政法规和公司章程，依法行使股东权利，不得滥用股东权利损害公司或者其他股东的利益；不得滥用公司法人独立地位和股东有限责任损害公司债权人的利益。公司股东滥用股东权利给公司或者其他股东造成损失的，应当依法承担赔偿责任。"其他股东有恶意串通、虚构债务，侵害了其作为公司股东的合法权益，因该事实涉及股东之间的内部法律关系，股东可以依据《公司法》第二十条规定，直接提起损害股东利益责任纠纷之诉讼维护自己的权益。

（二）实体类问题

1. 人格权纠纷相关问题

关于基于社会公共利益考量裁判问题。2018 年郑州中院报送的“田某菊诉杨某生命权纠纷案”案例认为，《侵权责任法》第 24 条是我国侵权法上关于公平分担损失的规定。其设立之基础是民法的公平原则和衡平理念。从性质上讲其不是侵权法上的又一归责原则，而是一种补偿义务。该义务因侵权而产生，故其在适用中应考虑损害结果与行为人行为之间的因果关系，否则就会造成该条款的滥用。此案被告杨某在劝阻吸烟的过程中没有采取过激行为和语言，其劝阻吸烟的行为在客观上讲，并不能造成吸烟者死亡的损害后果，二者之间不具备法律上的因果关系，故不符合《侵权责任法》第 24 条公平分担的适用条件；杨某劝阻吸烟者在公共场所吸烟是一种自觉维护社会公共秩序和公共利益的行为，一审判决判令杨某分担损失，让正当行使劝阻吸烟权利的公民承担补偿责任，既是对社会公共利益的损害，也与民法的立法宗旨相悖，不利于促进社会文明，不利于引导公众共同创造良好的公共环境，应依法予以纠正。

此案主要涉及两个方面的问题。一是要正确把握《侵权责任法》第 24 条规范的性质及其适用条件。《侵权责任法》第 24 条实际上是民法公平原则在侵权法中的体现，是现代侵权法基于现代社会生活出现的严重两极分化和对立而产生的一种衡平规则。该条款不是除过错责任原则和无过错责任原则之外的又一归责原则，也不是公平责任的一般条款，而是一项任意性规范，不具有强制性规范属性。关于《侵权责任法》第 24 条的适用条件，应包括以下六个方面：①必须受害人和行为人对损害的发生均无过错；②必须行为人客观上造成了受害人的损害，即必须有损害事实的客观存在，且该损害与行为人的行为直接相关，即具有因果关系；③必须确无真正的侵权责任人；④必须受害人损失较大且无力承受；⑤必须受害人的损失无法通过其他途径获得补偿；⑥必须考量是否破坏行为自由的基本底线，是否损及其他更大的社会利益，即必须考虑裁判的社会效果。综上分析，显然此案不符合《侵权责任法》第24条公平分担适用的具体情形。

二是关于《最高人民法院关于适用〈中华人民共和国民事诉讼法〉的解释》（以下简称《民诉法解释》）第323条第2款在此案中的适用。此案二审在一审原告田某菊启动上诉审程序、一审被告杨某没有上诉的情况下，经审理认为一审判决适用法律错误，损害社会公共利益，直接改判免除了杨某的补偿义务，这种判决方式确实涉及对我国民事诉讼法规定的当事人自由处分原则的遵守和对当事人意思自治的尊重问题。但是，从二审判决看，二审在判决时已注意到这个问题，"《最高人民法院关于适用〈中华人民共和国民事诉讼法〉的解释》第323条规定：'第二审人民法院应当围绕当事人的上诉请求进行审理。当事人没有提出请求的，不予审理，但一审判决违反法律禁止性规定，或者损害国家利益、社会公共利益、他人合法权益的除外。'本案一审判决作出后，杨某未上诉，但一审判决适用法律错误，损害社会公共利益，依法应予改判。"可见，此案二审依据《民诉法解释》第323条第2款做出的判决，同二审在实体上的考虑是一致的，即基于社会公共利益的考量。此案二审判决较好体现了司法裁判的社会价值指引作用，自2015年最高人民法院发布《关于在人民法院工作中培育和践行社会主义核心价值观的若干意见》以来，2018年9月最高人民法院又发布了《关于在司法解释中全面贯彻社会主义核心价值观的工作规划》。应该说，人民法院已经把社会主义核心价值观融入了司法审判工作中并摆在了突出位置，并且在具体工作中得到进一步细化和推进。

2. 婚姻家庭、继承纠纷相关问题

对免除部分子女赡养义务的赡养协议效力认定问题。2018年开封中院报送的"李某诉马某等赡养纠纷"案例认为，赡养协议是赡养人之间达成的协议，对赡养人具有约束力。赡养老人是子女的法定义务，赡养协议中免除部分子女赡养义务的约定，不影响其他子女自愿履行赡养义务。如果被赡养人向部分赡养人主张权利，部分赡养人不得以赡养协议的约定拒绝履行赡养义务。赡养纠纷属非必要共同诉讼，被赡养人只起诉部分子女的，法院不得依职权追加其他子女为当事人。

随着我国步入老龄化时代，赡养纠纷不断增多。在老人的多个子女就赡养问题达成赡养协议时，协议内容却常因违反法律强制性规定而无效。实务中，此类纠纷主要涉及三个方面。一是赡养协议的效力应依据《民法总则》判断。即根据《民法总则》第一百五十三条第一款规定，违反法律、行政法规的强制性规定的民事法律行为无效，但是该强制性规定不导致该民事法律行为无效的除外。《婚姻法》第二十一条规定，子女对父母有赡养扶助的义务；子女不履行赡养义务时，无劳动能力的，或生活困难的父母，有要求子女付给赡养费的权利。据此，赡养义务是一种法定义务，赡养义务人不能自行免除义务，且被赡养权利人也不能免除赡养人的法定义务。因为从权利与义务的性质看，权利与义务是相对的，权利人可以自由处分自己的权利。但是权利人却没有权利免除相对人的法定义务，否则不符合家庭伦理与道德。赡养协议约定的内容未侵害被赡养人的合法权利，则赡养协议之约定应为有效。但是，赡养协议并没有改变子女赡养父母是法定义务的属性。如上所述，法定义务不得随意免除，故免除子女赡养义务的赡养协议为无效协议。

二是关于赡养协议无效的处理。赡养是被赡养人与赡养人之间的民事法律关系，被赡养权是一种相对权，也是一种请求权，是被赡养人请求赡养人履行赡养义务的权利。被赡养人请求赡养的权利与赡养人的赡养义务是相对的。被赡养人可以对自己应享受的被赡养的权利予以放弃，但是相对应的赡养人的赡养的法定义务却不能被免除。因为赡养义务是一种长期性、持续性的义务，不同于分家析产等一次性合同义务。一次性的义务如果被免除即不存在，而持续性的义务不能免除。故当赡养义务被免除后，被赡养人可以重新要求赡养人履行赡养义务，赡养义务人仍应承担赡养义务。法律虽规定合同被认定无效应相互返还因履行合同而取得的财产，但该返还行为与赡养协议具有的特殊身份属性和伦理道德不符。因此，即使免除子女赡养义务的赡养协议被确认无效后，父母亦无须返还先前接受的赡养财物，可认定已履行的赡养协议有效。对于已尽较多赡养义务的一方子女，可酌情减轻其应承担的份额，用以平衡子女间的赡养义务。赡养协议免除其他三个子女的赡养义务的约定被确定无效后，并不影响李某某随时主张要求履行赡养义务的权利，对于被免除赡养义务的三个子女主动履行赡养义务的，李某某有承受的权利，且无须承担返还义务。

三是法院不得依职权追加其他子女为当事人。如果父母与部分子女签订赡养协议，即使该协议约定的赡养费金额已能满足父母日常生活、医疗需要的，当出现纠纷或者客观条件发生变化时，赡养权利人对所订立的协议不满意的，仍可要求部分子女履行赡养义务。

3. 物权纠纷相关问题

（1）保留所有权的标的物能否成立留置权、该留置权与保留所有权中取回权的竞合问题

2018年南阳中院报送的“N市某汽车销售服务有限公司诉被告贾某展、王某烟等人修理合同及侵权纠纷案”案例认为，除法律规定或当事人约定不得留置的动产外，债权人可以在债务人交付的第三人所有的动产上设定留置权。留置权人享有优于保留所有权人的优先效力。

在生活中比较常见现象是所有权保留的标的物为买受人所占有，买受人与第三人发生合同关系且负有债务，第三人依法而对标的物进行留置。此种情形下，第三人对标的物享有留置权。因留置权为法定担保物权，财产的所有权状况的查知不是行使留置权的先决条件。若要求留置权人在进行每一项业务活动时均须严格审查标的物的权属状况，将严重影响买受人对于所有权保留标的物的使用、收益，妨碍交易的正常开展。同时，留置权人于正常业务活动中对客户及标的物提供加工或者服务，此时若宣布其留置非法，那么第三人付出的劳动或服务就没有了相应的保障。

在所有权保留标的物上设定留置权理应赋予留置权人以优于保留所有权人的优先效力。从法律效力角度考虑，留置权设定后，可以对抗基于所有权的标的物返还请求权。留置权以对留置物的占有为其存续要件。若不赋予留置权以对抗保留所有权人的优先效力，则于保留所有权人取回标的物时，留置权实质消灭，即保留所有权消灭了留置权，形成逻辑悖论。从利益衡量角

度考虑，尤其在因加工承揽合同而产生的留置权中，加工承揽本身为产品创造了新的价值，其在标的物上因添附而增加的新价值与原价值共存互融，此时若承认保留所有权人可取回标的物，对留置权人的利益自然难称公允。从产生依据角度考虑，留置权作为法定担保物权，直接根据法律规定产生，是立法者基于社会公益或特定社会政策而做出的强制性安排，具有优先效力。而所有权保留依当事人的法律行为、基于双方合意而产生，作为法定担保物权的留置权自当优于所有权保留而受偿。

（2）分期付款所购车辆的物权设立与转让效力问题

2018 年南阳中院报送的“乔某诉 N 市某车业有限公司返还原物纠纷案”案例认为，由银行为买受人提供贷款，买受人作为抵押人、出卖人作为担保人，在标的物上设定抵押权，该种分期付款买卖情形下，买受人享有该标的物的所有权，银行享有该标的物的抵押权。银行享有的抵押权优先于买受人享有的所有权，更优先于出卖人的债权。

司法实践中，分期付款的买卖形式在房屋、汽车、家电等领域已被广泛使用，该种形式于消费者而言，可以以较小数额的首付款获得较高价位的欲购商品；对于商家而言，可以通过提高消费者的购买力而拓宽销售业务。在这种消费模式下，为了保证商品的购买人能够依约履行清偿余款的义务，往往有以下几种方式：①由出卖方保留所有权。即由买受人占有、使用标的物，但在双方约定条件（往往为余款全部付清）成就前，出卖人仍保留标的物的所有权，待条件成就后，再将标的物的所有权转移给买受人。②买受人作为抵押人、出卖人作为抵押权人，在标的物上为出卖人设定抵押权。③由银行为买受人提供贷款，买受人作为抵押人、出卖人作为担保人，在标的物上设定抵押权。本案中的分期购车采取的就是第三种形式。在买受人未按约定履行义务时，银行作为抵押权人依法享有对抵押物优先受偿的权利，出卖人强行收回标的物属于无权占有，侵犯了第三人的抵押物权。

（3）建设工程施工中挂靠方对工程款不享有物权

2018 年焦作中院报送的“田某伟诉 Z 市某银行股份有限公司等执行异议之诉纠纷案”案例认为，建筑工程款所指的是一定数量的货币，货币的占有与所有是统一的，货币占有的取得即视为所有权的取得；货币一旦交付，即发生所有权转移；货币的占有转移后，货币所有人只能要求返还一定数额的钱款，而不能要求返还原物或恢复原状。

根据《物权法》规定，权利人依法对特定的物享有直接支配和排他的权利，包括所有权、用益物权和担保物权。物权法上的特定的物，包括动产、不动产以及作为物权客体的权利。建筑工程款，其所指的是一定数量的货币，在物权法上称为种类物。在该物权实现之前，债权人享有的是相应的债权请求权，其实质仍为债权，即要求对方为一定行为即支付相应货币的请求权。当该一定数量的货币进入到债权人账户后，则成为现实的物权。由于该物权为特定的动产，根据谁持有即为权利人的原则，工程款进入谁的账户，即推定为归谁所有。

在存在挂靠关系的建设工程施工合同中，被挂靠方与发包方签订建设工程施工合同，作为合同约定的建设工程承包方，有权向合同约定的发包方要求支付工程款。最高人民法院出于保护农民工合法权益的目的，在相关司法解释中赋予实际施工人突破合同相对性原则向发包人主张工程款的权利。但该条亦做出了限定性规定，即发包人只在欠付承包人工程款范围内对实际施工人承担责任，且该条并未赋予实际施工人取代承包人合同地位的权利。因此，在建设工程款未支付给挂靠方之前，挂靠方对工程款不享有物权，不能排除另案中对该工程款的执行。

（4）以按揭付款方式购买已设定抵押房产能否涤除抵押权的问题

2018 年郑州中院报送的“李某龙诉魏某霞、某银行股份有限公司 Z 市 J 区支行等房屋买卖合同纠纷案”案例认为，出卖人怠于消灭房屋抵押权阻碍买受人权利行使的，买受人可以涤除抵押权，消除权利行使的障碍，买受人支付的相关费用可向出卖人追偿。

《物权法》第一百九十一条规定：“抵押期间，抵押人经抵押权人同意转让抵押财产的，应当将转让所得的价款向抵押权人提前清偿债务或者提存。转让的价款超过债权数额的部分归抵押人所有，不足部分由债务人清偿。抵押期间，抵押人未经抵押权人同意，不得转让抵押财产，但受让人代为清偿债务消灭抵押权的除外。”最高人民法院《关于适用担保法若干问题的解释》第六十七条规定：“未经通知或者未经抵押权人同意转让抵押物的，受让方可以代替债务人清偿全部债务，使抵押权消灭。即受让方通过行使涤除权涤除转让标的物上抵押权负担的，转让行为有效。”

司法实践中，产权明确但证照不全或者虽产权明确、证照齐全却负有权利负担的不动产，称为“所有权瑕疵不动产”。此时的不动产所有权不是清洁的物权，而是有负担的物权。就设定抵押权的房屋而言，抵押权作为一种物权具有追及效力，抵押物的转让并不必然损害抵押权人的权利。抵押权人设定抵押权的目的并不在于取得抵押物本身，而在于抵押物的价值。针对卖方怠于消灭房屋抵押权的情形，买方行使涤除权以清除房屋买卖合同的履行障碍，能够实现抵押权人、抵押人和受让人之间的利益平衡，既充分保障抵押权不受侵害，又不过分妨碍财产的自由流转，充分发挥物的效益。当然，如果抵押权人不接受买方代为清偿贷款，或者买受人无力或不同意代为清偿债务消灭抵押权，在这种情形下，买受人要求继续履行合同，办理房产过户的，存在法律上的障碍，法院不应支持。此时，法院可释明买受人变更诉讼请求，要求解除合同、出卖人承担相应的违约责任和赔偿责任。

（5）对登记在他人名下的土地承包经营权能否予以分割的问题

2018 年南阳中院报送的“杨某德、朱某普诉杨某强、方某营土地承包经营权纠纷案”案例认为，未获得土地承包经营权的当事人，不向小组要求承包土地，而以在分地时和他人作为同一号进行抓号分地，向他人主张成为该农户土地承包经营权共有人的，属于平等主体之间的民事争议，人民法院应当作为民事案件受理，对其是否属于该户土地承包经营权的共有人做出裁判。

司法实践中，在农村土地发包时，采用抓号方式比较普遍，家族中或邻居共用一个号进行抓号分地，分地者互相之间形成按份共有的用益物权。对用益物权的分割，在农村土地承包法和物权法上没有明确规定。实践中，对土地的分割，需要确定具体的地块及四周，难以处理。2003 年 1 月 3 日国土资源部令第 17 号《土地权属争议调查处理办法》第十四条第（四）项明确规定，农村土地承包经营权争议案件不属于县级以上国土资源行政主管部门和乡级人民政府受理土地权属争议的案件范围。《农村土地承包法》第五十一条规定："因土地承包经营发生纠纷的，双方当事人可以通过协商解决，也可以请求村民委员会、乡（镇）人民政府等调解解决。当事人不愿协商、调解或者协商、调解不成的，可以向农村土地承包仲裁机构申请仲裁，也可以直接向人民法院起诉。"因土地承包经营发生的纠纷包括土地承包经营权确认、转包、转让、互换、入股、抵押、出租和侵权等纠纷。这些属于法院受案范围，从这些规定中可以看出，农村土地承包法及相关法律及规章并没有赋予行政机关对农村土地承包经营权权属争议进行确权的法定职权。乡人民政府对农户土地承包经营权权属争议无权做出处理决定。法院对诉请的争议土地进行分割，能够使纠纷得以解决，打通最后一公里，维护当事人的合法权益。

4. 合同相关问题

（1）民间借贷纠纷相关问题

借贷关系之外的第三人为债权人出具借条性质的认定问题。2018 年商丘中院报送的"韩某诉贾某、李某民间借贷纠纷案"案例认为，民间借贷的出借人和借款人之外的第三人因种种原因为出借人出具了借条，因第三人与出借人之间并不存在真实的借款关系，故该第三人出具的借条应为无效，且该出具借条的行为不属于债务承担行为，对出借人要求第三人归还借款的诉讼请求，不应予以支持。

此案主要涉及两个问题。一是第三人为债权人出具借条的行为是否属于债务承担。所谓债务承担，是指在不改变债的内容的前提下，债权人、债务人通过与第三人订立转让债务的协议，将债务全部或部分移转给第三人承担的法律事实。该第三人即为债务的承受人。债务承担最显著的特点为合同中的权利义务未发生变化，仅合同主体中的债务人发生了变化。不论是免责的债务承担还是并存的债务承担，其并未失去债的同一性，并未消灭原债务，也不成立新的债务。此案第三人为债权人出具借条，虽然借款合同主体中的债务人发生了变化，由债务人变成了第三人，但是该借条形成之债却是双方通过虚构借贷关系替代原始的债务人与债权人之间的借贷关系所形成之债，致使该借贷关系失去了债的同一性。结合《合同法》第八十四条、第八十八条的规定，债务承担是在保证债权债务关系同一性的前提下债务人主体的变更，而并非构建新的债权债务关系取代原有的债权债务关系，故此案第三人为债权人出具借条的行为因其失去了债的同一性，并不符合债务承担的法定情形。

二是第三人为债权人出具借条的行为，能否构成代为清偿，即债权人能否以第三人代为清偿为由要求其承担还款责任。第三人代为清偿，也称为第三人代为履行，是指第三人与债权人、债务人之间并未达成转让债务的协议，该第三人并未成为合同当事人，只是自愿代替债务人履行债务。第三人代为清偿的本质是在没有法定和约定义务的情况下，第三人自愿做出向债权人履行债务的行为。代为清偿中的第三人只是债务履行的主体，并不是原债权债务关系的当事人。此案第三人在庭审中以借条系受胁迫所写为由拒绝还款。依据《合同法》第六十五条规定，在第三人不履行或不适当履行债务时，债务人应当对此承担违约责任。由此，即便第三人为债权人出具借条的行为是第三人代为清偿，但在第三人拒绝归还借款时，债权人仍无权要求第三人承担还款责任，而只能向原债务人主张还款责任。同时，依据《合同法》第二百一十条规定，自然人之间的借款合同为实践性合同，借款合同无论是口头形式还是书面形式，均需贷款人将借款交付给借款人后才可能生效。此案第三人虽然为债权人出具了金额为 27 万元的借条，但该借条出具后，债权人并未将借款 27 万元交付给第三人，因此，该借条及借条上所记载的还款计划并未生效。结合《最高人民法院关于审理民间借贷案件适用法律若干问题的规定》第九条规定，第三人出具借条后，债权人并未将借款支付给第三人，第三人出具借条的目的只是替代债务人借款的借条，其出具的借条因未实际交付借款，双方之间并不存在真实的借贷关系而未发生法律效力，第三人不应当承担还款责任。

民间借贷出借行为与个人合伙出资行为的区分问题。2018 年安阳中院报送的“侯某化诉贾某德民间借贷纠纷案”案例认为，区分民间借贷的出借行为与个人合伙的出资行为，应注重从主体行为、收益分配、风险承担三方面考察，双方既未签订书面合伙协议，一方又未实际参与合伙事务、既不分配利益也不承担风险的，可以认定二者是民间借贷关系，而非个人合伙。

司法实践中，因个人合伙产生纠纷进入诉讼大量存在，由于个人合伙合作形式较为松散、运作相对不规范，常有民间借贷纠纷与个人合伙纠纷界定模糊、难以区分的情形出现。正确区分民间借贷的出借行为与个人合伙的出资行为，进而认定涉案款项的性质，成为处理该类纠纷的关键。对此，应根据《民法通则》等有关法律及司法解释关于“个人合伙”的规定，有协议的结合协议内容，无协议的审查有无相对明晰的账目记录，并考察主体有无参与事务经营管理、盈利分配和责任风险承担等情形，综合考量确定。

实务中应把握好两个方面。一是关于个人合伙的书面认定。当事人主张个人合伙，应提交书面合伙协议，或者证明具备合伙其他条件且有两个以上利害关系人证明的口头合伙协议，如不能提交上述有效证据，则其应承担举证不利的后果。二是关于个人合伙的实践认定。个人合伙，因其合作组织形式较为松散、运作相对不规范、合伙人法律意识一般较低，司法实践中对其审查更应侧重于实质审查，即是否实际参与合伙事务、分配合伙事务的利益、分担合伙事务的风险等，结合举证责任分配原则，正确判定行为性质。

借条签名身份不明时共同诉讼主体的认定问题。2018 年郑州中院报送的“李某军、方某青诉张某伟、宋某芬民间借贷纠纷案”案例认为，虽然借条签名未注明其具体身份及签名行为的目的，但从自认关系内容、签名及履行过程、当事人陈述等证据材料综合分析，出借人要求共同偿还借款而进行签名的目的意思是明确的，构成对共同承担债务的承诺。

一般情况下，民间借贷纠纷案件中，被告应当是出具借条的债务人，但原告为了能够最大限度挽回金钱损失，在起诉时通常会将借条上所有签名的人都作为被告起诉，基本不会考虑被告是否适格与法律关系是否统一等问题。正如该案借条上同时存在张某伟和宋某芬的签名，两人也就理所当然地成为“共同被告”。但是，宋某芬主张其仅是见证人，此时法院不能直接依据原告的起诉认定承担责任的被告，因其还涉及被告是否适格及责任承担形式（连带责任抑或是按份责任）问题。在我国传统交易习惯中，只有身份和责任等大体相当时，名字才会并列出现；只在他人借条顶端、背面及超出一般人认为借条重要的签字区域签字的，才应当认定为见证人。因此，该案二被告在欠条上并列签字的行为应当认定为共同对债务愿意承担的意思表示，即此笔借款是共同借给两人的，还款义务也应由两人共同承担，其责任承担形式是连带责任。

受胁迫方作为抗辩方提出受胁迫的程度认定和期间限制问题。2018 年开封中院报送的“王某静诉周某杰、张某志民间借贷纠纷案”案例认为，非法限制人身自由有别于非法拘禁罪，其严重程度不足以构成刑事犯罪的，亦可构成民事胁迫行为。一方当事人出具的“担保书”系在人身自由遭受非法限制情况下所做出的非自愿行为，有违其真实意思表示，应属受胁迫行为。受胁迫方为被告的情况下，其撤销权的行使不以另行起诉或反诉为必要。且受胁迫作为保证人的免责事由之一，不受一年期间的限制。

此案涉及三个问题。一是关于非法拘禁受胁迫程度。实务中，由于非法拘禁罪对限制人身自由的程度要求很高，因此，许多非法限制人身自由的行为不足以构成非法拘禁罪，但并不意味着当然否定民事胁迫的成立，判断其是否构成民事胁迫，应根据情节轻重、危害大小、拘禁时间长短等因素综合考量认定。

二是关于受胁迫方为被告的情况下，其撤销权的行使应否以另行起诉或反诉为必要。《合同法》第五十四条规定的撤销权人有权“请求人民法院或仲裁机构变更或者撤销”，其立法本意在于要求撤销权的行使必须经过法院或者仲裁机构的审查、认定，禁止撤销权人的自行主张从而导致撤销权的滥用。但如果主张行使撤销权的一方为被告，那么纠纷本身已经进入司法程序，此时被告以受胁迫事由提出抗辩，该抗辩事由是否成立，仍需经过法院审查认定，已不再是自行主张行使撤销权，这已经实现了立法本意。此种情形下，如果再要求被告以诉的方式另行主张，既增加当事人的负担也影响案件审理效率，特别是在另行起诉的情形下，正在审理的案件还要等待撤销之诉的裁判结果，不仅不利于纠纷的解决也是对司法资源的极大浪费，甚至被恶意利用，成为拖延诉讼的手段。

三是关于期间限制。根据《合同法》第五十四条、第五十五条规定，撤销权的行使受到一年除斥期间的限制，但当受胁迫人为保证人时，根据《担保法》第三十条的规定，主合同债权人采取胁迫手段，使保证人在违背真实意思情况下提供保证的，保证人不承担民事责任。据此，受胁迫乃是保证人的免责事由之一，而这一免责事由的适用则无期间的限制。也就是说，受胁迫作为行使撤销权的事由之一，受到一年除斥期间的限制，但若受胁迫人为保证人，受胁迫本身就是保证人的免责事由之一，这一免责事由当然不受一年期间的限制。

（2）房屋买卖合同纠纷相关问题

担保型商品房买卖合同的效力认定问题。2018 年商丘中院报送的“李某伟诉 S 市某置业有限公司、王某婷确认合同有效纠纷案”案例认为，商品房买卖合同是否有效，以双方当事人的真实意思为判断标准。以担保借款为目的签订的商品房买卖合同，是双方共同做出的将借贷的真实意思隐藏在房屋买卖的表面意思表示之下的行为，应按照真实的借贷关系来定性。预售商品房买卖合同备案系行政管理的手段，仅具有债权合同公示效力，备案登记不发生物权变动，没有购买房屋真实意思的债权人将担保型商品房买卖合同备案不能产生对抗实际购房人的效力，房屋的所有权应归属于实际购房人。

随着商品房开发行业的快速发展，商品房建设过程中融资需求增大，特别是商品房未建成期间，开发商一般通过两种方式在社会上融资，一种是向实际购房人预售商品房，另一种是以支付高额利息的方式通过融资担保公司向有闲散资金的自然人借贷，从而在该领域出现了一种新的担保方式，即担保型商品房买卖合同，其表现方式为借贷双方同时签订两份合同，一份系借款合同约定双方的借贷事项，另一份为商品房买卖合同约定抵押物出卖给债权人，借款到期后由债务人回赎抵押物。这就引发担保型商品房买卖合同与实际购房签订的商品房买卖合同发生权利冲突时如何权衡，即担保型商品房买卖合同的性质与效力认定问题，主要涉及三个方面。

一是关于担保型商品房买卖合同的性质。由于担保型商品房买卖合同是双方共同做出的与真实意思表示不一致的行为，是将担保债权的意思表示隐藏在房屋买卖法律关系之下的一种伪装行为，根据《民法总则》第一百四十六条，以及《最高人民法院关于审理民间借贷案件适用法律若干问题的规定》第二十四条规定，显然其性质仅仅是债权合同，在没有办理物权公示登记手续前，并不发生物权变动的效力。

二是担保型商品房买卖合同在房管部门备案对物权变动的影响。首先，从预售登记备案的表现形式来看，担保型买卖合同的登记不同于预告登记，预售登记备案行为仅为债权合同公示，并不发生优先确定物权归属的效力。其次，从预售备案登记申请主体的意思表示方面来看，担保型买卖合同当事人之间没有买卖房屋的真实意思表示，其签订合同的目的仅仅是对借款回赎约定的一种担保方式，并不是取得房屋物权，该房屋登记备案系当事人虚假意思表示误导房管部门做出的错误备案行为，故该商品房预售合同备案登记不能取得预告登记的效力。

三是关于争议房屋物权归属的确认。此案为“非典型的一房二卖”纠纷，就表面行为来看就涉案的房屋订立了两份商品房买卖合同，原告与第三人均是买卖合同的债权人，第三人所涉及的买卖合同的债权其实质是借贷合同中的债权。由于涉案标的具有唯一性，此种情况下，应基于商品房买卖合同订立的意思表示、签订时间、合同实际履行情况、对涉案标的物的需求紧迫性等多种因素综合考量，而判断确认房屋产权的归属。

商品房买卖合同中违约责任特别约定的适用问题。2018 年开封中院报送的“田某静诉河南某置业有限公司房屋买卖合同纠纷案”案例认为，关于逾期办证时买受人退房的约定，赋予了买受人单方解除权，但并不排除继续履行合同时出卖人的违约责任。双方约定买受人不退房的，不支付违约金，并非没有约定违约金，因此不适用按银行逾期贷款利率计算违约金的规定，应从诚实信用原则和公平原则出发，联系合同上下文，酌定违约金数额。

此案主要涉及两个问题。一是享有解除权的一方选择继续履行合同时，是否排除违约方责任。根据《合同法》第九十三条规定，当事人可以约定一方解除合同的条件。解除合同的条件成就时，解除权人可以解除合同。此案双方对于出卖人延迟办证的违约责任承担方式的约定，本意即在于赋予买受人单方解除权。在出卖人出现违约行为时，买受人可自行选择是否解除合同，而不论买受人是否解除合同，均不影响出卖人违约行为的成立。此案开发商逾期办证，属于迟延履行的违约行为，在此情形下，继续履行与违约金可以并用，买受人选择继续履行合同时，并不意味着排除出卖人逾期办证赔偿违约金的责任。

二是违约金计算是否参照银行逾期贷款利率标准。《最高人民法院关于审理商品房买卖合同纠纷案件适用法律若干问题的解释》第十八条规定适用的前提是双方没有约定违约金或损失数额难以确定。此案由于出卖人原因致使逾期办证情况下，虽然双方选择退房这一并不属于违约责任的承担方式，但双方明确约定了在买受人逾期办证情况下不支付违约金，而不是没有约定违约金，自然需排除《最高人民法院关于审理商品房买卖合同纠纷案件》第十八条的适用。涉案商品房买卖合同系由出卖人一方拟定，该合同第十五条第 2 项关于“逾期办证，买受人不退房的，不支付违约金”的条款明显对买受人不公，应从诚实信用和公平原则出发，联系合同上下文，在考量违约程度的基础上，酌定出卖人按已付房价款 1% 赔偿损失。

违反“一户一宅”规定的农村宅基地房屋买卖协议是否有效问题。2018 年信阳中院报送的“张某银、吴某娥诉张某荣等农村房屋买卖合同纠纷案”案例认为，本集体经济组织内部成员之间签订房屋买卖合同，未进行权属变更登记，不符合农村宅基地“一户一宅”条件的，其宅基地房屋买卖合同并不当然无效。

农村宅基地房屋买卖合同的效力问题虽然本质上属于合同法范畴，但由于涉及宅基地使用权这一用益物权的流转，并且农村房屋买卖纠纷不属于通常意义上的房地产纠纷，因此，对其合同效力除应依据《合同法》第五十二条外，还应结合《物权法》《土地管理法》等法律、法规和国家政策有关规定予以综合评判。《土地管理法》第六十二条第一款规定：“农村村民一户只能拥有一处宅基地，其宅基地的面积不得超过省、自治区、直辖市规定的标准。”该法条确立了农村村民“一户一宅”原则。根据该规定，农村已经拥有一户宅基地的村民，不再具有向本村集体组织申请宅基地的权利。该规定的立法目的一是分配公平考量，二是防止因宅基地需求过多而侵占耕地农田，对此类仅关系当事人利益或仅为了行政管理或纪律管理需要的，一般不宜界定为效力性强制性规定。当然，相关合同的法律效力并不影响村集体经济组织行使其管理职能，如果村集体认为村民之间的买卖行为违反了本村村民自治条例或者相关管理性规定，可以依法行使其管理职能，对不符合流转条件的房屋、土地进行回收或另行处置。

格式合同违约责任条款无效后违约责任裁量标准的确定问题。2018 年郑州中院报送的“丁某诉河南某房地产开发有限公司房屋买卖合同纠纷案”案例认为，被告公司作为房地产开发商，《商品房买卖合同》系事先拟定，以供签约时重复使用，系格式合同，合同第 7 条、第 9 条规定，买方逾期付款不超过 30 日，需按日支付逾期应付款的万分之一的违约金；逾期付款超过 30 日，卖方即可要求解除合同；卖方逾期交房不超过 60 日，仅需按日支付已付房款的万分之零点一的违约金；超过 60 日，买方才有权解除合同。以上显然属于加重买受人责任的条款，违反公平原则，应归于无效。违约责任条款无效后，关于违约责任的承担问题，因被告逾期交房，原告租房居住 4 个月，支付房屋租金 4800 元，该部分被告应予赔偿。

实务中，对于格式合同中的违约责任条款因违反《合同法》第三十九条、第四十条规定归于无效后违约责任的承担问题，有两种处理思路：一种是以守约方的实际损失为准，若守约方举证证明的损失过高或有不尽合理之处，应参照归于无效的违约条款内容确定裁量标准；另一种是灵活适用《合同法》第三十九条、第四十条规定，将无效的合同条款予以调整，使之符合公平原则，以调整后的内容来确定违约责任的裁量标准，兼顾守约方实际损失。但两种思路均需考虑两个因素：合同条款内容及实际损失。该案例法院的生效裁决即属于第二种思路。

当事人是否可以诉求法院判决签订合同以及预约合同、本约合同随之带来的责任承担问题。2018 年安阳中院报送的“A 市某钢铁集团有限责任公司诉河南省某房地产开发有限公司买卖合同纠纷案”案例认为，商品房买卖预售合同是为了确保正式的商品房买卖合同的订立。由于人民法院不得以公权力判令双方履行签约行为，在双方未签订正式商品房买卖合同前提下，买方仅享有请求卖方按照商品房买卖预售合同的约定承担违约责任，而无依据本约即商品房买卖预售合同要求给付房屋的权利。

此案涉及三个问题。一是原被告签订的《协议书》及《转让协议书》是否具有房屋买卖合同的效力。由于《协议书》对房屋的数量、价款使用的是“不少于 112 套”“不低于 2800 元/平方米”等不确定的字眼，且未就购房户姓名、房屋基本状况、价款支付时间及支付方式、房屋产权登记等主要事项进行约定，根据《最高人民法院关于审理商品房买卖合同纠纷案件适用法律若干问题的解释》第五条及《商品房销售管理办法》第十六条规定，其显然不具备商品房买卖合同的形式要件，其性质应为商品房预约合同。二是法院能否以判决的方式强制当事人签订正式的商品房买卖合同。根据当事人意思自治的民法基本原则，答案显然是否定的。三是一方当事人违反预约合同的约定，对方应如何诉求承担责任。由于双方未签订正式商品房买卖合同，原告仅享有请求被告按照《协议书》及《转让协议书》的约定承担违约责任。

（3）物业服务合同纠纷相关问题

物业公司采取私力救济方式的性质认定及违约责任承担问题。2018 年安阳中院报送的“张某英诉 A 市某物业公司物业服务合同纠纷案”案例认为，物业公司利用其优势地位，对未按时缴纳物业费的业主采取断水、断电、暂停电梯服务等私力救济手段，基于维护居民日常生活必需的角度，对此种私力救济行为应采取严厉禁止态度，同时要承担相应违约责任。

此案涉及两个问题。一是业主拒交物业费时，物业公司是否可以采取暂停电梯服务等私力救济方式，即关于物业公司采取暂停电梯服务等私力救济方式性质的认定问题。在配备有电梯的高层住宅楼中，电梯服务是业主的基本生活需求，直接关系到业主的日常出行等基本生活质量。因此，物业公司采取暂停电梯服务等不文明、不人性化的私力救济方式，既是违反物业服务合同的违约行为，也是为法律所禁止的行为。二是业主未享受电梯服务除不支付电梯服务费外，主张相应减少物业费应否支持。物业公司停止电梯服务是一种违约行为，根据合同法规定的违约责任承担方式，扣除暂停电梯服务期间的电梯费用仅是弥补损失，而减少物业费则是赔偿损失，显然二者可以同时主张。

前期物业服务合同终止时间认定问题。2018 年濮阳中院报送的“P 县某小区业主委员会诉 P 县某物业管理有限公司物业服务合同纠纷案”案例认为，业主大会系业主自治性组织，业主委员会是业主大会的执行机构，业主委员会已另行与其他物业公司签订物业服务合同的，前期物业服务合同终止。

此案涉及两个问题。一是原告业主委员会是否具有该案诉讼主体资格。业主委员会是由小区业主自发选举成立的代表小区业主对小区物业进行管理的自治组织，业主委员会的成立及其成员产生等事项均属于小区业主对小区事务进行自我管理过程中行使管理权的内容，除行政主管机关基于行政管理需要外，其他组织和个人无权对其进行干预。此案被告物业公司并非小区业主，无权对小区业主委员会成立相关事宜提出异议，业主委员会可以自己的名义提起诉讼。二是此案涉物业服务合同是否为前期物业服务合同及其权利义务何时终止。判断是否属于前期物业服务合同主要以物业服务企业是否由业主大会选聘为标准，在业主大会选聘物业服务企业之前，无论是建设单位选聘，还是部分业主与建设单位共同选聘的物业服务企业，从性质上均属于前期物业服务合同的范畴。此涉案物业服务合同（协议）系在业主大会召开、成立之前签订，显然属于前期物业服务合同。在业主大会召开、成立并选举业主委员会，业主委员会另行选聘新的物业服务企业后，原物业公司的权利义务，即前期物业服务合同（协议）权利义务即自然终止。此时，小区业主委员会有权请求被告即原物业服务企业退出物业服务区域，并移交物业服务用房和相关设施。

（4）合同纠纷表见代理相关问题

表见代理与职务行为的区分。2018 年濮阳中院报送的“尤某山与张某新、河南省F县农村信用合作联社C庄信用社储蓄存款合同纠纷案”案例认为，因农村信用社内部管理问题造成的信贷员滥用职权所进行的揽存行为，并不影响储户与信用社之间存款法律关系的成立。瑕疵存单持有人对存单的取得提供了合理陈述，农村信用社仅以信用社底单记载内容与瑕疵存单记载不符为由进行抗辩的，不影响存款法律关系的成立。

表见代理是指行为人虽无代理权，但由于本人的行为，造成足以使善意第三人相信其有代理权的表象，而与善意第三人进行的、由被代理人承担法律后果的代理行为。而职务行为通常是指工作人员行使职务的行为。两者之间主要有以下区别。一是两者的权利性质不同。表见代理实质上属于无权代理的一种。而职务行为除了法定代表人、负责人的职务代表行为不要求行为人必须在权限之内，其他职务行为的认定则要求行为人必须在其职务权限之内，无权限或超越权限的行为均不能认定为职务行为。此案被告张某新原系被告信用社的职员，因被告信用社内部管理不规范等造成被告张某新可自由支取被告信用社的揽储单据，并以此单据实施向储户揽储存款的行为，该行为实质上属于在被告信用社授权下从事的民事法律行为，因此，被告张某新的揽储行为应属职务行为，而并非表见代理。

二是两者的法律意义不同。职务行为严格意义上讲并不是一种代理行为，而是代表行为，职务行为与其被代表的组织在法律意义上实属同一法律主体；而表见代理，代理人与被代理人之间的民事主体地位相对独立。

三是两者所产生的法律后果不同。表见代理产生的法律后果被代理人是应当享有追偿权的，而职务行为产生的后果则不适用追偿权。此案之所以会因被告张某新的揽储行为而产生民事纠纷，主要在于被告信用社内部对重要单据的不规范管理，信用社本身存在一定的过错，由此产生的法律后果应由被告信用社承担，其承担责任后不存在向职务行为人进行追偿的法律依据和可能性。而在表见代理中，代理人主观上明知自己没有代理权限却以被代理人的名义从事民事行为，由此造成的损失，被代理人主观上没有过错，被代理人在向善意第三人担责后，有权依据代理人的过错行为向其行使追偿权。

表见代理构成要件及代理权外观的司法认定。2018年省法院编报的

“周某民与河南某建设集团有限公司民间借贷纠纷再审案”案例认为，判定是否构成表见代理至少应具备三个要素：一是因被代理人的疏忽行为客观上造成了行为人具有代理权外观表象；二是行为人明确以被代理人名义实施代理行为；三是代理权外观形成于表见代理行为之前或同时，并导致善意第三人对行为人有代理权的合理信赖。表见代理应当具有代理权的外观要件，该外观要件在表现形式上须是行为人明确以被代理人的名义实施法律行为，与第三人形成民事法律关系；行为人非以被代理人名义实施法律行为，不具备表见代理外观要件，则不构成表见代理，而属于行为人与第三人之间的民事法律关系，只对缔约双方产生法律效力。表见代理的代理权外观的形成应当发生在行为人与第三人形成民事法律关系的当时，并且第三人善意相信行为人有代理权的合理信赖也产生于形成民事法律关系的当时。因发生争议之后而调查补充的代理权外观要件材料，如在行为人实施法律行为时并未出现且为第三人知晓，则不能作为形成表见代理的代理权外观的证据。

最高人民法院《关于当前形势下审理民商事合同纠纷案件若干问题的指导意见》第 13 条、第 14 条对表见代理的代理权外观提出了比较具体的认定要求。司法实践中，认定表见代理的权利外观时，需要根据行为人是否以被代理人名义签订合同或开展代理行为、是否存在相关身份关系、是否存在具有代理权的权利凭证、被代理人是否在合同履行中直接参与、签订合同行为是否符合双方交易习惯、相对人对于代理权外观的知晓时间点等因素予以综合判断考量。

婚姻关系存续期间，一方用另一方的身份证等证件办理信用卡是否构成表见代理。2018 年濮阳中院报送的“宋某婕诉中国 G 银行股份有限公司 P 市分行、杨某巍信用卡纠纷案”案例认为，夫妻一方以另一方名义办理信用卡的行为不构成表见代理，对另一方不产生法律效力。

该案被告杨某巍在与原告宋某婕婚姻存续期间，用原告宋某婕的身份证及其他材料到被告 G 银行办理信用卡，G 银行工作人员没有认真审查也未向原告本人核实，在 G 银行留存的相关资料上没有原告宋某婕本人的签名。并且，对于被告杨某巍代理原告宋某婕办理信用卡的行为，原告宋某婕不予追认。根据《合同法》第四十八条第一款及第四十九条的规定，显然不构成表见代理，对原告不发生法律效力，原告与被告 G 银行在案涉信用卡上没有相应的权利义务，被告工商银行应负责消除原告在其处因案涉信用卡导致的征信不良记录。

（5）合同纠纷保证期间相关问题

保证人超过保证期间还款能否行使追偿权。2018 年安阳中院编报的“王某强诉郭某亮追偿权纠纷案”案例认为，在主债务未超过诉讼时效情况下，保证人超过保证期间基于保证责任还款，并不损害和影响债务人的合法权益，客观上也没有加重债务人的义务，保证人对代为履行债务引起的损益有权向债务人追偿。

关于保证人超过保证期间履行保证责任能否向债务人行使追偿权问题，由于保证期间不是诉讼时效，也不是除斥期间，保证人的追偿权不同于债权人对保证人之保证责任请求权，债权人是否向保证人主张保证责任，并不影响保证人追偿权的行使，保证人追偿权的诉讼时效从该权利产生后并知道可以行使该权利时起算，保证合同约定或者法律规定的保证责任期间对保证人的追偿权不适用。即使在保证期间内债权人未向其他保证人主张保证责任，承担保证责任的保证人也有权向其他保证人追偿。《最高人民法院关于适用〈中华人民共和国担保法〉若干问题的解释》第三十一条“保证期间不因任何事由发生中断、中止、延长的法律后果”的规定，是对债权人向保证人主张承担保证责任的期间，不适用于承担了保证责任的连带保证人行使追偿权的情形。此案保证人对信用社于保证期间内向其主张权利未予否认，债权人多次向主债务人主张权利未果，在主债务未超过诉讼时效的情况下，保证人基于保证责任还款并不损害和影响债务人的合法权益，客观上也没有加重债务人的义务，保证人有权向债务人进行追偿。当然，对于保证人明知主债务已过法定诉讼时效仍自愿承担债务，应当根据《最高人民法院关于审理民事案件适用诉讼时效制度若干问题的规定》第二十一条之规定：“主债务诉讼时效期间届满，保证人享有主债务人的诉讼时效抗辩权。保证人未主张前述诉讼时效抗辩权，承担保证责任后向主债务人行使追偿权的，人民法院不予支持，但主债务人同意给付的情形除外。”

保证期间与诉讼时效的区别。2018 年濮阳中院报送的“Q 县农村信用合作联社诉刘某府、孔某芹等金融借款合同纠纷案”案例认为，债务人未提出诉讼时效抗辩，法院不主动审查是否超过诉讼时效；而对于保证人保证期间法院应当主动审查，做出债权人主张担保权是否超过保证期间、担保人的保证责任是否免除的判断。

保证期间为保证责任的存续期间，不同于诉讼时效。诉讼时效期间从知道或者应当知道权利被侵害时起算，以权利人的权利客观上受到了侵害并且主观上权利人知道或应该知道自己的权利受到了侵害为前提。无论一般保证还是连带保证，保证期间都是自主债务履行期届满之后的一段时间，通常情况下保证期间开始时债权人尚未要求保证人承担保证责任，也就谈不上保证人违约侵犯债权人权利的事实存在，这与诉讼时效期间是以权利人权利客观受到侵害并且主观上知晓的原理显然不符。在保证期间内，如果债权人未向保证人主张权利，保证人因此免责，不存在诉讼时效问题；如债权人向保证人主张权利，保证人的保证责任即受诉讼时效的制约。

（6）被挂靠施工企业应否承担连带责任问题

2018 年信阳中院报送的“杜某胜诉河南某建设有限公司、胡某国劳务合同纠纷案”案例认为，人民法院在处理挂靠施工类案件中，应当在不随意突破合同相对性、不随意认定代理、不以挂靠作为承担连带责任的依据的条件下综合分析案情，严格认定责任承担主体和责任承担方式，不宜随意认定由实际施工人和被挂靠企业承担连带责任。

在当前建设工程合同纠纷中，缺乏资质的实际施工人借用（挂靠）有资质的建筑施工企业名义进行施工的现象较为普遍。根据《合同法》第五十二条第（五）项和《最高人民法院关于审理建设工程施工合同纠纷案件适用法律问题的解释》第一条规定，借用企业资质挂靠在企业名下签订的建设工程施工合同应当认定为无效。由于工程建设涉及大量的对外民事行为，作为无效建设工程施工合同的承包人也即实际施工人，其对外的法律行为如买卖、租赁、借贷等，所带来的法律后果由谁承担往往产生较大争议。

实务中，对此类案件的处理应注意把握三个方面：一是实际施工人签订的买卖合同不得随意突破合同相对性。在挂靠施工中，挂靠人即实际施工人对外签订合同是其积极追求的结果，也是其自由意志的体现，被挂靠企业并无参与施工或者订立合同的意思表示，不是合同相对人，依据合同相对性不应承担合同责任。合同相对性作为各类合同规则和制度赖以建立的基础和前提，只有在法律明确规定的情况下才能突破。二是挂靠施工不是认定代理的充分条件。实践中，由于挂靠施工是实际施工人以被挂靠企业的名义对外承接建设工程以谋求高额利润的行为，与代理中行为利益归被代理人享有的模式大相径庭，因此不能简单从挂靠关系中直接推定存在代理关系。只有在客观上存在具有代理权的表象且相对人在主观上善意且无过失地相信行为人有代理权的情形下才能认定代理关系存在。三是挂靠施工不是承担连带责任的法律依据。在该类案件的处理中，研究合同相对性的突破及是否构成代理或表见代理的目的在于分清实际施工人和被挂靠企业各自应承担的相关责任。在合同没有被法律规定突破相对性或不能依法构成代理及表见代理的情形中，被挂靠企业均不应承担相关合同责任。当然，《最高人民法院关于审理建设工程施工合同纠纷案件适用法律问题的解释（二）》第四条“发包人请求出借方与借用方对建设工程质量不合格等因出借资质造成的损失承担连带赔偿责任的”等有明确法律及司法解释规定的除外。

（7）应办理抵押登记而未办理时抵押权、抵押合同的效力及抵押人对抵押权人应承担的责任问题

2018年驻马店中院报送的“Q县C投资担保有限公司诉Q县D门业有限公司、段某辉、杨某亮、黄某丽追偿权纠纷案”案例认为，未办理不动产抵押登记，以及应办理动产抵押登记而未办理的，抵押权未设立，但根据合同法的规定及《物权法》第十五条规定，抵押未登记仅为抵押权未有效设立，但并不影响抵押合同的效力。在抵押合同仍然有效的情况下，债权人可基于抵押合同向抵押人主张在抵押物价值范围内对债务承担连带清偿责任。

此案原告与被告D门业公司签订《委托担保合同》及《反担保抵押合同》后，因未就楼房等不动产及机器设备办理抵押登记，反担保抵押权未

设立；被告杨某亮、黄某丽承诺将二人所有的特定房屋抵押给原告Q县C担保公司用于反担保，但也未依法办理抵押登记。故原告主张对被告D门业公司的抵押物及被告杨某亮、黄某丽的房产优先受偿的请求，法院未予支持。但未办理抵押物登记，并不影响反担保抵押合同的效力，被告D门业公司本身就是债务人，原承诺用于抵押的公司财产和公司其他未约定用于抵押的财产均可用于清偿债务。被告杨某亮、黄某丽应在抵押房产价值范围内（以实际执行时评估价为准）承担清偿责任。被告杨某亮、黄某丽在承担反担保责任后，有权向被告D门业公司追偿。

5. 知识产权与竞争纠纷相关问题

认定“第三人”侵犯商业秘密的构成要件问题。2018年新乡中院报送的“X市H化工有限公司诉X市B精细化工有限公司、W精细化工有限公司、梁某军侵害商业秘密纠纷案”案例认为，技术信息符合特定构成要件可以认定为商业秘密，第三人通过非法手段获取其他公司的技术信息，使用该技术信息进行生产经营活动的，应当承担侵权的民事责任。

第一，关于侵权故意的界定。技术秘密的侵权主体主要包括两类，一类是根据法律规定或合同约定合法获得技术秘密的人，如原告掌握技术秘密的员工、与原告进行合同磋商或通过订立合同知悉原告技术秘密的对方当事人等；另一类是与原告同行的经营者，本案的“第三人”侵权即属于此类，其侵权的具体表现方式大都是通过跳槽职工获得原告的商业秘密。一般商业秘密侵权行为不以过错为构成要件，只要实施了针对商业秘密的法律所禁止的行为，就认定为商业秘密侵权，但在“第三人”商业秘密侵权中，根据反不正当竞争法的规定，“明知或应知”应当作为其中的一个构成要件，据此可以得出结论，“第三人”商业秘密侵权应使用过错责任原则。是否构成“明知或应知”应以“一个有通常心智的人，其在正常的注意状态下，应该意识到权利人的商业秘密的存在”作为判断标准。在该类通过跳槽职工获取他人商业秘密的案件中，判断“第三人”主观上是否具有侵权故意，要具体问题具体分析。如一个掌握原告核心技术秘密的人以技术作股投资，“第三人”的行为客观上表明就具有侵权的故意。即使不是以技术作股投资的情况下，也可以根据案件的具体情况做出综合判断，如本案中，B 公司、W 公司作为同行业的经营者，应当知道梁某军负有保密的义务，并且在案涉技术信息的具体实施中，均是参照了 H 公司的技术信息图纸，梁某军通过联系 H 公司技术信息载体的制作单位制作、H 公司原工程师帮忙操作等因素，综合案件事实可以认定“第三人”B 公司、W 公司具有侵权故意。

第二，关于相同或实质相同的界定。在案件审理之前或审理过程中，就被诉侵权技术与原告保密技术是否相同或实质相同的问题，如果已经通过合法的程序进行了司法鉴定，法院在审理该问题时可以直接依据该司法鉴定结论认定被诉侵权技术与保密技术构成相同或实质相同，除非被告能够证明该鉴定违反法定程序或鉴定内容明显与行业内常识相矛盾。如本案中原告的第一个保密点，在审理之前已经由鉴定机构出具结论认定被诉侵权技术与该保密点一致，法院可以据此鉴定结论直接认定两者之间构成相同或实质相同。

然而大部分情况下，关于被诉侵权技术与保密技术之间是否构成相同或实质相同的问题，需要法院在审理过程中根据双方当事人的相关证据及陈述自行进行判断。由于该问题涉及许多其他专业领域知识，因此在认定时法官存在很多的困难和障碍。同时，在反不正当竞争法的相关规定中，也没有对该问题进行细化的可操作性规定。因此，有必要参照专利法相关的相关规定，来综合认定该问题。例如《专利法司法解释二》第八条规定：“与说明书及附图记载的实现前款所称功能或者效果不可缺少的技术特征相比，被诉侵权技术方案的相应技术特征是以基本相同的手段，实现相同的功能，达到相同的效果，且本领域普通技术人员在被诉侵权行为发生时无须经过创造性劳动就能够联想到的，人民法院应当认定该相应技术特征与功能性特征相同或者等同。”本案中，法院在判断其他被诉侵权技术与其他保密点是否构成相同或实质相同时，就是从两者之间的具体实施手段（如同样的空塔反应器、同样的生产装置、同样的工艺流程）、实现的功能与效果等方面进行对比，最终判断两者之间构成相同或实质相同。

同时，在审理案件过程中，对相关专业问题也可以根据具体情况引入具有专门知识的人出庭，以辅助法官综合判断被诉侵权技术及保密技术之间是否构成相同或实质相同。

第三，关于合法来源的界定。依据《反不正当竞争法》第十条规定，认定“第三人”构成商业秘密侵权包含的前提是被告的技术信息来源于原告。如果被告的技术并非来源于原告，那么被告无论对该技术以何种方式进行利用都不构成侵权。商业秘密与专利权不同，专利制度是以公开换取垄断的制度，而商业秘密并不存在这样一种对价，商业秘密的权利人不公开该技术也享有该技术的权利，因此其权利也应当受到相对保护，不能排斥他人也通过独立创造就同一技术合法自主享有权利，《最高人民法院关于审理不正当竞争民事案件应用法律若干问题的解释》就做出了类似的规定，例如“通过自行开发研制或者反向工程等方式获得的商业秘密”，不应当认定为侵犯商业秘密的行为，因此，在确认原告的技术信息属于商业秘密的前提下，被告也可以提出抗辩，但此时的举证责任在被告即“第三人”，如果被告不能提出证据证明其使用的技术信息具有合法来源，也不能做出合理解释说明的情况下，应当认定被告即“第三人”侵犯商业秘密成立。

6. 劳动争议、人事争议相关问题

事业编制人员能否与其他单位构成双重劳动关系问题。2018 年驻马店中院报送的“胡某诉 S 县 D 物业服务有限公司劳动争议纠纷案”案例认为，根据《事业单位登记管理暂行条例》对事业单位的定性，所有事业编制人员不宜再与其他单位建立劳动关系。

双重劳动关系是指一个劳动者同一时期内与两个或两个以上用人单位建立的劳动关系，该劳动关系可能是劳动合同关系，也可能是事实劳动关系，双重劳动关系中的每个关系都应符合劳动关系的构成要件。此案原告是某管理所正式在编（事业编制）人员，既不属于非全日制用工的劳动者，也不属于企业停薪留职人员、未达到法定退休年龄的内退人员、下岗待岗人员以及企业经营性停产放长假人员。原告未办理退休手续的情况下，在与其事业编制单位保持劳动关系的同时，又应聘到被告 S 县 D 物业服务有限公司，根据《公务员法》第五十三条、第一百零六条规定精神，不应再与其他单位建立劳动关系，即其不具备法律规定的可以再与其他用人单位建立劳动关系的主体资格。

7. 保险纠纷相关问题

(1) 互联网保险合同的认定问题

2018 年许昌中院报送的“王某诉中国 R 保险股份有限公司 Q 市分公司保险合同案”案例认为，互联网保险合同中只要投保人缴纳了保费，保险公司出具了电子保险凭证时，保险合同成立，在该保险合同不存在违法情形的情况下，保险合同就具有了法律效力。在发生保险事故时，只要保险公司不能提供充分证据证明对免责条款已做出足以引起投保人注意的提示，并对该条款的内容以书面或者口头形式向投保人做出明确说明，使投保人知悉相应的法律后果时，保险公司的免责条款就不产生法律效力，保险公司就应依据保险合同承担保险赔偿责任。

本案虽然属于人身保险合同纠纷案件，但因系网络投保，是保险公司的新型经营方式，是经营业务的拓展，这对保险公司和投保人都是一种尝试，该案件的审理极具典型价值和意义。

第一，合同的有效性。按照合同法的理论，所谓合同的成立，是指合同因符合一定的要件而客观存在，其具体表现就是将要约人单方面的意思表示转化为双方一致的意思表示。本案中，保险公司在互联网上开展保险业务，投保事项做了详细明确地约定，对不特定的上网人员进行说明，可认为是一种要约邀请，任何人在看到该保险事项，依约缴纳了保费后，可认为是投保人向保险公司做出了订立保险合同的要约，保险公司在审核后向被保险人出具电子保险凭证时，可认为是保险公司做出了承诺，此时保险合同成立，在该保险合同不存在违法情形的情况下，保险合同就具有了法律效力。被保险人任某欣在被告知能投意外险的情况下，依约缴纳了保费并委托他人代为投保，并未违反最大诚信原则，保险人与投保人之间成立了合法有效的保险合同关系。

第二，保险公司是否符合免责情形，是否应支持保险公司的免责主张。《中华人民共和国保险法》第 17 条第 2 款规定：“对保险合同中免除保险人责任的条款，保险人在订立合同时应当在投保单、保险单或者其他保险凭证上做出足以引起投保人注意的提示，并对该条款的内容以书面或者口头形式向投保人做出明确说明；未做提示或者明确说明的，该条款不产生效力。”

本案中，保险公司认为被保险人从事职业并非保险公司所承保职业，被保险人从事超出本保险产品计划保障职业等级出险，不应当承担保险责任。本院认为保险公司依据“利益条款”第九条职业或工种变更条款约定，属于减轻和免除保险人责任的情形，保险公司陈述承保职业及相应职业分类综合表达了保险人免于赔偿的情形，相应的条款实质上是一种免除保险人责任的条款，排除了被保险人依法获得赔偿的主要权利，保险人以格式条款的形式提供的，并不具有平等协商性，保险公司作为保险人应负提示和说明义务，但保险公司不能提供充分证据证明对免责条款已做出足以引起投保人注意的提示，并对该条款的内容以书面或者口头形式向投保人做出明确说明，使投保人知悉相应的法律后果，因此该免责条款不产生法律效力，相应的，也就不能支持保险公司要求的免责主张。

值得注意的是，本案保险合同的成立是通过网络形式所签订，且投保人支付60元保费，保险金额为100000元，与所承保金额相差较大，这可以说明保险公司在推广该意外伤害保险方面的诚意，同时也需要投保人在填写相关事项时做到真实可信，这样才能有效地保护自身的合法权益，实现双方的共赢。

（2）无证驾驶及终局赔偿责任的认定问题

2018年商丘中院报送的“中国R财产保险股份有限公司S市分公司A交运集团虞城公共交通有限公司保险合同纠纷案”案例认为，驾驶人员的证载准驾车型与机动车行驶证车辆类型不符，应认定为无证驾驶，未取得相应驾驶资格的侵权人在交强险责任限额范围内应承担终局赔偿责任。

第一，驾驶人员的证载准驾车型与机动车行驶证车辆类型不符，应认定为无证驾驶。

关于涉案事故车辆驾驶员是否属于无证驾驶的问题，首先，事故车辆行驶证与机动车保险报案记录（代抄单）能够相互印证，事故车辆车身长度为6.395米，车辆类型为：大型普通客车，核定载客人数26人。据此，事故车辆应当认定为大型普通客车。被上诉人虽主张按照建设部行业标准

《城市客车分等级技术要求与配置》（CJ/T162－2002）规定，事故车辆车身长度为6.395米的电动汽车，属于车辆长度大于3.5米且小于或等于7米的小型城市客车，但该分类标准仅系对市区城市客车和城郊城市客车进行的分类，并非机动车准驾车型的分类，故该分类标准不能否定行驶证记载的车辆类型和核载人数。其次，公安部《机动车驾驶证申领和使用规定》附件1《准驾车型及代号》对A1和A2驾驶证的准驾车型做了明确规定，A1驾驶证可以驾驶包括大型载客汽车在内的所有城市公共汽车，A2驾驶证的准驾车型除重型、中型全挂和半挂汽车列车外，还包括了B1、B2、C1、C2、C3、C4、M驾驶证的准驾车型，而其中B1驾驶证的准驾车型为中型载客汽车（含核载10人以上、19人以下的城市公共汽车），根据事故车辆行驶证及保单记载，事故车辆类型为大型普通客车，核载人数为26人，显然属于A1准驾车型范围。据此，肇事司机持A2驾驶证驾驶该车应属无证驾驶。另外，事故认定书仅是认定事实的证据之一，并非必要唯一的证据，Y县公安局交通警察大队第2016071901号道路事故认定书，虽未认定肇事司机武某忠为无证驾驶，但不能否定武某忠持有证件与准驾车型不符的事实。综上，肇事司机应认定为无证驾驶。

第二，未取得相应驾驶资格的侵权人在交强险责任限额范围内应承担终局赔偿责任。

本案中，被保险人的司机武某忠无证驾驶涉案车辆发生交通事故，被上诉人作为侵权人应在交强险责任限额范围内承担赔偿责任。《最高人民法院关于审理道路交通事故损害赔偿案件适用法律若干问题的解释》第十八条之规定，有下列情形之一导致第三人人身损害，当事人请求保险公司在交强险责任限额范围内予以赔偿，人民法院应予支持：驾驶人未取得驾驶资格或者未取得相应驾驶资格的；保险公司在赔偿范围内向侵权人主张追偿权的，人民法院应予支持。该条文已明确了未取得相应驾驶资格的侵权人在交强险责任限额范围内承担终局赔偿责任，即使保险公司因受害人的请求在其交强险责任限额范围内承担赔偿后，仍可在其赔偿范围内向侵权人主张追偿权。因被上诉人向第三人已履行完毕赔付义务，上诉人不应再承担赔偿责任。

8. 侵权责任纠纷相关问题

（1）关于居住权的保护问题

2018 年郑州中院报送的“张某一诉张某锋侵权责任纠纷案”案例认为，虽然涉案房产的所有权人为被告张某锋，但原告张某一与张某锋的父亲张某松于 2006 年 9 月 28 日结婚后，即成为张某锋的家庭成员，张某一与张某锋的父亲张某松一直在该处房屋居住，而张某锋并未在该房屋居住。自 2016 年 8 月 17 日张某松因病去世后，除张某一至今居住的一楼东卧室、客厅及厨房、卫生间等共用房间外，张某锋已将该处房产的其他房间对外进行出租，另外，张某一在两次婚姻关系中均没有生育子女，也没有其他住所，为了保障原告张某一的基本生活需要，根据法律规定，并结合本案案情，现张某一的丈夫死亡，张某一作为家庭成员应当赋予其在该处房产享有居住权。

关于“居住权”的保护，尽管《物权法》没有将“居住权”作为用益物权的类型予以规定，但在现实个案中出现了需要对居住权予以保护的情形。“张某一诉张某锋侵权责任纠纷案”案例即是在所有权与居住权冲突时对居住权进行保护的典型案例。国外立法有关于居住权的规定。我国在制定《物权法》时，对于是否要规定居住权曾有不同意见。《物权法（草案）》征求意见稿和第四次审议稿曾规定有居住权，是指居住权人对他人所有的住房及附属设施享有的占有、使用的权利，设立居住权可以根据遗嘱或者遗赠，也可以按照法律规定。最终通过的《物权法》没有规定居住权。主要考虑到，从一些国家的法律规定居住权的社会背景看，主要是由于这些国家的妇女当时没有继承权，法律通过设定居住权，以解决妇女在丈夫去世后的居住问题。我国男女享有平等的继承权，《物权法》没有必要对居住权作规定。我国基于家庭关系的居住问题适用《婚姻法》有关抚养、赡养等规定，基于租赁关系的居住问题适用《合同法》等有关法律的规定。原草案规定的居住权适用面很窄，大多发生在亲属朋友之间，一旦发生纠纷，按照公平原则，通过当事人协商或者法院审判解决居住问题更为妥当。

（2）多辆车发生交通事故致第三人损害的责任承担（连带责任适用的

界限）问题

2018年新乡中院报送的“郭某珍等人诉R财险公司机动车交通事故责任纠纷案”案例认为，本案所涉事故是两辆机动车相撞导致第三人宋某死亡，适用多辆机动车发生交通事故造成第三人损害的情形。该事故虽然经过交警部门的处理，已经对双方的责任进行了划分，但是结合事故发生的经过，本次事故发生时应作为一个整体，分析本案所涉事故发生的经过、形成的原因。宋某的死亡虽然是因豫GA2850、豫GF851挂重型罐式半挂车所致，但豫GA2850、豫GF851挂重型罐式半挂车的失控是因与豫GDK710号轿车相撞所致，两辆机动车在本案所涉事故中导致宋某死亡的作用力即责任无法详加区分，本案所涉事故符合我国侵权责任法规定的共同危险行为，侵权人之间承担连带责任。

在道路交通事故中，多车相撞，共同造成第三人损害的案件数量越来越多。不少多辆机动车发生交通事故的案件中，各个机动车的加害行为对于事故产生的原因力难以区分，亦无法区分各自的过错程度。这类纠纷中，多个机动车侵权人的责任如何承担是审判实践中的难点问题。根据《最高人民法院关于审理道路交通事故损害赔偿案件适用法律若干问题的解释》（以下简称《道交损害赔偿解释》）第十三条的规定，多辆机动车发生交通事故造成第三人损害，当事人请求多个侵权人承担赔偿责任的，人民法院应当区分不同情况，依照侵权责任法第十条、第十一条或者第十二条的规定，确定侵权人应当承担连带责任或者按份责任。《侵权责任法》第八条规定“二人以上共同实施侵权行为，造成他人损害的，应当承担连带责任”，第十条规定“二人以上实施危及他人人身、财产安全的行为，其中一人或者数人的行为造成他人损害，能够确定具体侵权人的，由侵权人承担责任；不能确定具体侵权人的，行为人承担连带责任”，第十一条规定“二人以上分别实施侵权行为造成同一损害，每个人的侵权行为都足以造成全部损害的，行为人承担连带责任”，第十二条规定“二人以上分别实施侵权行为造成同一损害，能够确定责任大小的，各自承担相应的责任；难以确定责任大小的，平均承担赔偿责任”。

根据上述规定，两人以上实施侵权行为，分为共同实施与分别实施。共同实施是指有两个以上的侵权人相互之间有意思联络的侵权行为，按《侵权责任法》第八条规定各侵权人承担连带责任。分别实施是指没有意思联络，其责任类型根据《侵权责任法》第十条、第十一条和第十二条的规定，包括以下四种类型：①不能确定损害是由哪个侵权人的行为造成，各侵权人承担连带责任；②损害是由两个以上的侵权人的分别侵权行为结合造成，但能够区分责任大小，侵权人各自承担相应的责任；③损害是由两个以上的侵权人的分别侵权行为结合造成，不能区分各自责任大小的，平均承担赔偿责任；④损害是由两个以上的侵权人的分别侵权行为结合造成，但每一个行为均足以造成全部损害的，行为人之间承担连带责任。

尽管上述法律和司法解释就多辆车交通事故致第三人损害的责任承担问题做出了规定，但审判实践中，因多辆车交通事故致第三人损害的具体情形复杂，究竟应当适用《侵权责任法》第十条、十一条、十二条中的哪一条规定，侵权人应当承担连带责任还是按份责任，仍然是难题。在“郭某珍等人诉R财险公司机动车交通事故责任纠纷”一案中，王某鸣驾驶的轿车与郭某孝驾驶的挂重型罐式半挂车相撞。事故发生后，半挂车失控后驶入公路西侧时与宋某驾驶电动自行车相撞。宋某经抢救无效死亡。交警部门做出的交通事故认定书认定：王某鸣负该事故的主要责任；郭某孝负该事故的次要责任；宋某无责任。一审、二审判决均认定王某鸣与郭某孝承担连带责任，但适用法律不同。一审判决适用的是《侵权责任法》第十条关于共同危险行为的规定，而二审法院适用的是《最高人民法院关于审理人身损害赔偿案件适用法律若干问题的解释》第三条第一款的规定：“二人以上共同故意或者共同过失致人损害，或者虽无共同故意、共同过失，但其侵害行为直接结合发生同一损害后果的，构成共同侵权，应当按照民法通则第一百三十条规定承担连带责任。”本案出现法律适用上的分歧，主要因为本案事实与《侵权责任法》第十条、十一条、十二条规定的法律要件事实均不完全吻合，让法官感到困惑。本案情形与人身损害赔偿司法解释第三条第一款规定的侵权行为

“直接结合”的共同侵权更为接近。所谓“直接结合”是指数个行为结合程度非常紧密，对加害结果而言，各自的原因力和加害部分无法区分。虽然这种结合具有偶然的因素，但是其紧密程度使数个行为凝结为一个共同的加害行为共同对受害人产生了损害。但是《侵权责任法》对共同侵权和连带责任的问题采取了与以往司法解释不同的观点。《侵权责任法》以有无意思联络为标准，对多数人侵权的分类体系进行了完全的立法重构。在此基本分类的基础上，《侵权责任法》第十一条与第十二条规定按照多数人行为与损害结果间不同的因果关系联系方式，对无意思联络的数人侵权进行了次级划分，规定了不同的责任承担方式。《侵权责任法》事实上已将无意思联络的数人侵权排除在共同侵权范围之外。那么，《人身损害赔偿司法解释》的上述条款还能否适用，如何协调审判实务中的既有做法与现行立法规定之间的矛盾？都是需要思考的问题。为确保司法裁判的既有标准与法律适用相统一，并给被侵权人以充分的救济，以平衡侵权人和被侵权人之间的利益，审判实务中可以借鉴德国侵权法中的做法，将共同危险行为中“不能确定侵权人”的情形解释为包括“加害人不明”及“加害范围不明”；而将《侵权责任法》第十二条规定的“二人以上分别实施侵权行为造成同一损害……难以确定责任大小”的情形，限制为原因力不可分而难以确定责任份额以外的其他情形。确保数行为相互结合发生同一损害后果而其原因力不可分的行为能够作为危险行为处理，使行为人承担连带责任。诸如本案的情形，在适用《人身损害赔偿解释》第三条第一款因与立法冲突存在障碍的情况下，可以考虑适用《侵权责任法》第十条关于共同危险行为的规定。

（3）道路交通事故责任纠纷中受害人自身特殊体质情况下侵权人的损害赔偿责任

2018 年商丘中院报送的“赵某华等诉贾某斌、中国 R 财产保险股份有限公司 H 市分公司机动车交通事故责任纠纷案”案例认为，案涉证据证明王某芝死亡与交通事故的发生存在直接的因果关系。王某芝虽患有肝硬化、糖尿病等疾病，对损害后果的发生有一定影响，但并非法律规定的过错，其体质状况对损害后果的影响不属于可以减轻侵权人责任的法定情形，也不应成为免除或者减轻保险公司保险责任的理由。

实践中，在交通事故的受害人没有过错的情况下，其自身的特殊体质状况对损害后果的影响是否属于可以减轻侵权人责任的法定情形，并非一个新的问题。最高人民法院第24号指导案例公布后，该问题基本得以解决。但是对于受害人有骨质疏松、颈椎病等退行性病变或恶性肿瘤、高血压等原有疾病能否归为特殊体质，能否减轻侵权人的责任，当事人仍有争议。根据《中华人民共和国侵权责任法》第二十六条“被侵权人对损害的发生也有过错的，可以减轻侵权人的责任”和《中华人民共和国道路交通安全法》第七十六条第一款第（二）项“机动车与非机动车驾驶人、行人之间发生交通事故，非机动车驾驶人、行人没有过错的，由机动车一方承担赔偿责任；有证据证明非机动车驾驶人、行人有过错的，根据过错程度适当减轻机动车一方的赔偿责任”的规定，受害人个人体质状况并非侵权责任法等法律规定的受害人对损失的发生或扩大存在过错的情形。因此，在受害人对交通事故的发生没有过错的情况下，受害人的特殊体质问题不属于法定应当扣减的事由，不能减轻侵权人的责任。

（4）第三方支付过程中各方法律关系及责任认定问题

2018年安阳中院报送的“安某峰诉Z（中国）网络技术有限公司、中国N银行股份有限公司A县支行侵权责任纠纷案”案例认为，Z公司服务过程中不存在过错，不予支持原告要求Z公司赔偿的请求。

随着网络技术的日臻成熟，互联网移动支付迅猛发展，以支付宝、财付通（微信支付）为代表的第三方支付给人们生活带来极大便利，但与此同时，网络移动支付安全问题也日益严峻。由于移动支付客户众多，个体安全防范意识千差万别，个体用户信息泄露导致账户资金被移转的案例时有发生。此案原告安某峰在自己所有的redmi note4x手机下载并注册支付宝软件，并将自己的某银行卡绑定至支付宝。2017年9月11日，安某峰到N银行A县支行办理业务时，经查询在2017年8月29日起至2017年9月10日期间Z公司软件绑定的银行卡向北京W网络科技有限公司陆续支付款项共计617元。支付的款项为游戏“迷你世界迷你币”“英雄之刃－战队赛开启－钻石”。安某峰通过Z支付时需输入密码或短信息验证。其支付上述款项时手机属性类型为安某峰所有的redmi note4x，连接方式为WiFi，WiFi名称为安某峰家中安装的TP－LinkF84E。通过Z公司转账北京W网络科技有限公司的款项是用原告自己手机设备并且在原告家中安装的WiFi设备下进行。原告提供的证据不能证明Z公司服务过程中存在过错的行为，故不予支持原告要求Z公司赔偿617元的请求。

此类纠纷中付款方与第三方支付平台之间系委托关系，第三方支付平台对付款方账户资金安全及交易环境负保障义务，第三方支付平台已证明付款方在自己移动终端机网络接入环境下进行的支付交易，应认定第三方支付平台在交易中不存在过错。

（5）噪声污染侵权责任方式及其修复性功能的体现问题

2018年郑州中院报送的“胡某强等诉中国L网络通信有限公司河南省分公司等环境污染责任纠纷案”案例认为，环境资源案件要充分体现恢复性司法理念，凡有可能采取措施恢复原状的，应在判令污染者承担赔偿责任的同时，责令污染者通过整改、修复、更换等方式恢复原状。为督促整改，对持续性损害还可判令污染者继续承担赔偿责任。

根据《中华人民共和国环境保护法》第四十一条，《环境噪声污染防治法》第二条、第六十一条，《侵权责任法》第二条、第七条、第十五条、第六十五条规定，环境噪声污染侵权责任的构成要件是：第一，环境噪声的存在；第二，损害事实的发生；第三，噪声排放超出限制属于环境污染的违法行为；若设备噪声排放超过国家规定的噪声排放限值，即构成违法；第四，损害事实与噪声污染之间存在因果关系。

关于责任方式的问题。无论污染环境还是破坏生态行为，都应当体现环境资源案件的特殊性之一即恢复性功能。环境资源民事审判不但要解决当事人之间的民事权益争议，还要修复环境或生态的状态与功能。环境恢复责任在环境资源案件责任方式中具有重要地位。此案胡某强等三原告认为其所居住的地下室抽水设备运行时产生的振动和噪声影响了其正常生活，不仅超出人体健康接受程度，而且超出法定环境噪声排放标准。要求各被告停止侵害、排除妨碍、消除危险，拆除噪声设备，例如无法拆除则更换无害性静音设备；并赔偿经济损失及精神损失至噪声排除之日。法院围绕是否构成侵权；是否进行整改，减轻或消除环境噪声的损害；持续性损害是否继续承担赔偿责任等进行了审理。一审没有支持整改和继续承担赔偿责任的请求；二审重点对是否应进行整改、持续性损害是否继续承担赔偿责任等问题进行了纠正。二审法院为进一步有效监督联通公司对抽水设备整改到位，减轻或消除环境噪声的损害，增加判决："L公司于判决生效后90日内完成对本案所涉抽水设备的噪声治理，达到《声环境质量标准》（GB3096－2008）所规定的环境噪声最高限制以下。逾期未达标准，按每日50元对胡某强、陈某、胡某、程某进行补偿。"案涉设备从原告入住即存在，设备产生的噪声损害一直持续，一方面需要管理人尽快整改达标，另一方面除了对原告既有损失予以赔偿外，对整改达标前的损失继续予以赔偿，防止因管理人的意愿、责任及能力因素导致噪声污染迟迟不能有效解决，体现了环境污染案件的恢复性功能。

B.17

河南法院2018年度刑事案例分析报告

河南省高级人民法院课题组*

摘　要： 案例指导制度是中国特色社会主义司法制度的重要组成部分，随着案例指导制度的深入实施，案例在总结审判经验、指导审判实践、规范法官自由裁量、维护司法公正、宣传法制、促进立法等方面的作用日益显现。2019年初，河南省高级人民法院抽调省法院相关业务庭室和部分中级人民法院、基层法院的调研骨干力量组成撰写小组，对刑事案例编报工作中第三方支付方式下盗窃罪与诈骗罪的区分、刑事案件中电动三轮车属性认定、交通肇事逃逸情节对商业三者险赔付问题的影响、刑法上因果关系的认定的法律适用问题进行了概括总结，形成了刑事案例分析报告。后依托省法院与郑州大学联合成立的“中国司法案例研究中心”，召开了刑事案例分析研讨会，在充分听取专家学者建议的基础上对报告进行修订完善，并形成最终成果，并提出了进一步转变司法理念，持续强化人权保障意识、加强对“骗婚型”诈骗犯罪的防范和治理、加强对新型支付方式下侵财性犯罪案件的调研指导方面的建议。希望本报告在为河南省司法审判和理论研究提供参考的同时，能进一步提升河南省的案例工作指导水平。

关键词： 刑事案例　法律适用　案例分析

---

* 课题组组长：王韶华，河南省高级人民法院党组成员、副院长；课题组成员：刘太键，河南省高级人民法院审监庭副庭长；刘迪，河南省三门峡市中级人民法院研究室副主任；张汉元，河南省柘城县人民法院陈青集人民法庭庭长；吴霄霄，河南省商城县人民法院法官助理。

一 刑事案例编报基本情况

2018年，全省各级法院共编报各类刑事案例138篇，占全省全年编报案例总数的23%，为刑事司法实践提供了较好的参考价值（见表1，图1）。

表1 刑事案例编报情况

项目	案例编报总数	刑事案例编报数	其他案例编报数
数量统计(件)	597	138	459
所占比例(%)	100	23	77

资料来源：作者根据全省法院2018年编报刑事案例类型数据整理而成。

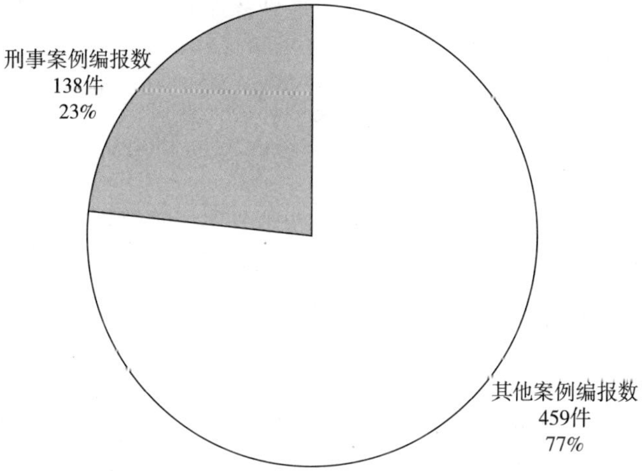

图1 刑事案例编报数与其他案例编报数占比

资料来源：作者根据全省法院2018年编报刑事案例类型数据整理而成。

结合《刑法分则》涉及的罪名来看，除第一章危害国家安全罪、第七章危害国防利益罪、第十章军人违反职责罪之外，其他章节的罪名在所编报案例中均有涉及。与往年不同的是，所涉案件不仅包括了常见多发的侵犯人身权利、财产权利等暴力型犯罪，而且涉及危害公共安全、网络安全、食品安全领域、环境资源保护等类罪名。这反映出，一方面，随着经济社会发展，各种新情况、新类型的犯罪层出不穷，法院受理案件的结构日趋复杂化；另一方面，也反映出法官在撰写案例时，不仅专注于常见罪名的案件，而且侧重于对新类型案件的分析研究。

二　刑事案例编报反映出的法律适用问题

（一）程序类问题

1. 刑事附带民事环境公益诉讼中一体化解决惩罚犯罪与生态修复相关问题

裁判之观点：刑事附带民事环境公益诉讼案件中，法院应当把修复环境一并作为审理重点，根据第三方制定的《林地恢复方案》，判决被告人在承担刑事责任的同时，按照方案将涉案土地恢复原状，一体化解决犯罪惩处与生态修复问题。

索引案例中，检察机关提起附带民事环境公益诉讼，并委托第三方制定《林地修复方案》，要求被告人按照方案将被破坏的林地恢复原状。审理过程中，被告人朱某秀承诺按照现行国家标准对涉案林地进行恢复，并自愿交纳 85 万元作为林地恢复的保证金。为保证被告人依法履行恢复原状义务，公益诉讼机关函请法院对被告人名下 85 万元银行存款进行保全。人民法院依法裁定将被告人朱某秀银行存款 85 万元予以冻结。人民法院在刑事审判中，充分发挥环境资源保护联动协调机制的作用，既严厉打击了涉环境资源刑事犯罪，又最大程度地发挥了司法机关在环境资源保护方面的作用，依法实现保护、改善、修复生态环境的效果。

案例索引

一审：河南省中牟县人民法院（2017）豫 0122 刑初 1112 号（2017 年 12 月 20 日）

（二）刑事实体类问题

1. 关于诈骗犯罪相关问题

（1）网络电信诈骗犯罪中帮助取款行为的认定

裁判之观点：在网络电信诈骗犯罪中，对于主观上明知是诈骗赃款，予以帮助支取，帮助诈骗团伙完成诈骗犯罪的行为，应当认定为诈骗犯罪的共犯，以诈骗罪定罪量刑。

在网络电信诈骗犯罪中，对于帮助诈骗团伙取款的行为认定，在司法实践中存在争议，有的认为应当认定为掩饰、隐瞒犯罪所得罪，理由是被告人没有以非法占有为目的，虚构事实，隐瞒真相，主观上没有实施诈骗犯罪的共同故意，客观上没有参与实施诈骗犯罪行为，而仅仅是参与取款获得提成费，即帮助将犯罪所得赃款取出交给上线，符合掩饰、隐瞒犯罪所得罪的构成。有的认为应当认定为诈骗罪共犯，理由是在网络电信诈骗犯罪中，由于其诈骗行为的隐秘性、严密性，各个团伙成员相互之间并不熟知，且在犯罪联络中保持单线联系，各个犯罪环节的犯罪行为主要靠诈骗团伙首要分子组织实施，各个环节犯罪成员各司其职，相互配合完成诈骗犯罪行为。帮助诈骗团伙取款行为是为诈骗团伙提供帮助，是诈骗犯罪中的一个环节，只是分工不同，系共同犯罪行为，应当认定为诈骗罪。

索引案例中，被告人密某英、余某华在接受犯罪团伙交给的取款任务之后，花2000元借用同村一个痴呆村民段某霞的身份证，购买了武汉市J陶瓷制品经营部、武汉市Q百货商场、武汉市江岸区X电器三家POS机，并以段某霞身份证办理了三张关联银行卡，为帮助取款做准备，因此被告人密某英、余某华在主观上具有与诈骗团伙合谋犯罪的共同故意。被告人密某英、余某华在明知武汉市J陶瓷制品经营部、武汉市Q百货商场、武汉市江岸区X电器没有从事任何经营行为，却有大量款项进入其账户的情况下，仍然帮助诈骗团伙取款并交给其上线获得提成款，客观上实施了诈骗共同犯罪的行为，为诈骗团伙诈骗犯罪完成提供帮助，系共同犯罪，因此应当以诈骗罪认定。

案例索引

一审：河南省南阳市卧龙区人民法院（2017）豫1303刑初629号（2017年12月20日）

二审：河南省南阳市中级人民法院（2018）豫13刑终60号（2018年3

月8日）

（2）电信网络诈骗罪犯罪数额的认定

裁判之观点：电信网络诈骗犯罪案件中，确因被害人人数众多等客观条件限制，无法逐一收集被害人陈述的，可以结合已收集的被害人陈述及经查证属实的银行交易记录、第三方支付结算账户交易记录、通话记录、电子证据等证据，综合认定被害人人数及诈骗资金数额。

索引案例中，被告人李某展为实施诈骗犯罪，专门成立郑州H技术有限公司。被告人李某展确立了公司的诈骗方法、运营模式、部门设置、诈骗分成比例、奖励方法、层级关系。被告人李某展管理公司、参与培训工作人员、负责客服部等，通过网络招收所谓的工作人员，其中包括被告人宋某博等人，上述被告人经李某展以及所属团队培训后，通过QQ、微信等聊天交友工具，使用女性的身份和虚假的姓名，按照被告人李某展事先拟订好的实施诈骗时应对各种可能问题的标准参考答语——话术，向聊天对象谎称郑州H科技有限公司能帮助开办淘宝网店，有数百款淘宝热销货源，帮助给货源，不需要加盟开网店人进货，如果有顾客在店里下单，只需要把顾客的订单信息发给公司客服，公司帮忙将货发到买家手中。同时公司专门安排专业网店指导老师全程指导，加盟开网店人只需投入很少时间就会赚钱，并推出三种不同服务标准服务套餐，分别收费1080元、1480元、1980元，三种套餐除了都承诺上述服务以外，还承诺对客户的网店进行推广，保证客户的网店一定有访问量和销量。以此骗取聊天对象信任，使他们向李某展银行账户、支付宝账户汇款购买服务套餐。被告人李某展将收到被害人的每一笔汇款按照事先约定的比例与业务员、业务主管、业务经理分成。被告人李某展及其团伙的被告人均未按照事先的承诺为被害人进行任何真正的、有价值的服务，而是对被害人进行敷衍、欺骗、拖延。案发后，经认定，以被告人李某展为首的犯罪团伙共诈骗张某森等2837名被害人4096059元，部分用于购买车辆和房产。在确定案件犯罪数额时，虽然仅有部分被害人的陈述，但是法院在认定未被取证的被害人人数及犯罪数额时，综合被告人银行交易明细、在案扣押的加盟合同、QQ聊天记录、支付宝转账记录等共性的客观证据及在案部分被害人陈述，对被告人的犯罪数额进行综合认定，做到罪责刑相适应。

案例索引

一审：河南省新密市人民法院（2017）豫0183刑初54号（2017年12月11日）

二审：河南省郑州市中级人民法院（2018）豫01刑终198号（2018年2月28日）

（3）诈骗犯罪中提供POS机刷卡套现，帮助转移财物行为的定性问题

裁判之观点：行为人为实施诈骗的犯罪嫌疑人提供POS机刷卡套现，帮助转移财物行为的定性问题，是应定诈骗罪还是掩饰、隐瞒犯罪所得罪，应根据参与诈骗行为的时间综合认定。如果在诈骗行为既遂前就已加入犯罪行为，宜认定为诈骗共犯，而行为人若在诈骗行为既遂后实施掩饰、隐瞒犯罪行为，则宜以掩饰、隐瞒犯罪所得、犯罪所得收益罪进行认定。

对于事前与诈骗犯罪分子通谋，实施掩饰、隐瞒犯罪所得、犯罪所得收益的，主观上明知诈骗犯罪内容、危害后果而与其通谋，形成共同的犯罪故意，客观上对诈骗犯罪分子实施犯罪予以配合，掩饰、隐瞒行为就成了诈骗犯罪的共同犯罪行为的组成部分，应当以共犯论处。如果掩饰、隐瞒犯罪所得的行为是事后的行为，则系罪后又罪的行为，“掩饰、隐瞒犯罪所得”中的“犯罪”指的是既遂犯罪，该行为发生在诈骗犯罪完成后，该犯罪行为只能以掩饰、隐瞒犯罪所得罪定罪处罚。

索引案例中，被告人曹某伙同他人，明知他人实施诈骗，为获取高额利润，组织被告人程某等人，采取为涉嫌诈骗犯罪的他人提供POS机设备并进行转账、取现等方法帮助他人将犯罪所得的钱款套现，后交给涉嫌诈骗的嫌疑人。其行为构成掩饰、隐瞒犯罪所得罪。

案例索引

一审：河南省清丰县人民法院（2017）豫0922刑初477号（2017年12月29日）

二审：河南省濮阳市中级人民法院（2018）豫09刑终36号（2018年3

月 15 日）

（4）案发前已支付的利息是否从诈骗数额中扣除

裁判之观点：在借贷型诈骗犯罪中，案发前以利息名义给付的钱款应折抵未付的本金，以确定最终的诈骗数额。

根据《最高人民法院关于审理非法集资刑事案件具体法律若干问题的解释》第五条第三款规定，行为人为实施集资诈骗活动而支付的利息，本金未归还可予折抵本金。《最高人民法院、最高人民检察院、公安部关于办理非法集资刑事案件适用法律若干问题的意见》第五条第一款规定，集资参与人本金尚未归还的，所支付的回报可予折抵本金。根据上述司法解释的规定，对于本金未还清的，集资诈骗罪的诈骗数额是所借本金扣除已还本金及已付所有利息后的数额；而对于本金已还清的，案发前所付利息应当作为违法所得予以追缴。在对借贷型诈骗罪犯罪数额的认定上，在此类犯罪的相关法律或司法解释未就案发前已付利息对诈骗数额产生何种影响做出具体规定之前，可以参照上述规定，将案发前已付利息折抵未付的本金，以确定最终的诈骗数额。

索引案例中，被告人刘某超于 2014 年 3 月至 2015 年 3 月期间，虚构修建洗浴中心、资金周转困难等理由，隐瞒个人真实资金状况，以 2.5 分至 3 分不等的月息，先后分别向李某建、李某晓、张某军等九人借款共计 105.4 万元。后刘某超支付李某建、李某晓、张某军、严某会四人利息共计 14.4 万元。刘某超将所得款项余款用于购买彩票和偿还其所欠他人债务的本息，致使李某建等九人共计损失 91 万元。被告人刘某超虚构事实理由，取得被害人的信任，被害人主动将本金交给被告人，此时被告人已完成了其诈骗行为，犯罪目的已经实现。在犯罪目的实现后，被告人却陆续支付了部分利息，其主观上不具有非法占有全部所骗款项的故意。故可将已支付利息认为是其以利息的形式支付部分款项的行为。在借贷型诈骗中被告人给付被害人的利息实际上是减少了被害人的损失，而诈骗数额是以被害人实际损失数额为准，因此案发前支付的利息应折抵未还本金以确定最终的诈骗数额，从而体现罪刑相适应的原则。

案例索引

一审：河南省郏县人民法院（2016）豫0425刑初92号（2017年4月11日）

（5）对日常生活中“骗婚”行为的定性

裁判之观点： 被告人为非法获取他人财物，实施“骗婚”行为，应该定性为诈骗犯罪。

“骗婚”行为的逻辑结构符合诈骗犯罪的构成要件，具体表现为：行为人以非法所有为目的实施欺诈行为→被害人产生错误认识→被害人基于错误认识处分财产→行为人取得财产→被害人受到财产上的损失。

索引案例中，被告人邓某英在每次得到钱财后即迅速逃离现场，其目的并非真正为他人介绍对象或与他人共同生活，明显具有以虚构事实、隐瞒真相的方法从而达到非法占有钱财的目的，其骗取数额较大财物的行为，应以诈骗罪追究刑事责任。

案例索引

一审：河南省柘城县人民法院（2017）豫1424刑初982号（2017年11月25日）

（6）为骗取银行贷款而骗取担保的行为认定

裁判之观点： 行为人为骗取银行贷款而实施了骗取担保公司担保的行为，银行向担保公司追偿损失，担保公司代为偿还贷款而遭受损失，行为人构成合同诈骗罪。

行为人表面上是骗取金融机构的贷款，实际上侵害的是担保公司的财产权益，犯罪对象并非银行贷款而是保证人的财产。主观上具有概括的非法占有他人财物的犯罪故意，财物的来源可能是金融机构，也可能是担保公司，根据刑法犯罪构成主客观相一致的原则，应定为合同诈骗罪。

索引案例中，被告人王某峰表面上骗取的财物直接来源于银行的贷款，实则骗取的是担保公司的担保权益，犯罪对象应为担保公司。被告人直接骗取银行贷款的犯罪行为，虽然在刑法上获得否定性评价，但并不当然导致贷款合同和担保合同的无效。被告人王某峰实施诈骗行为前，即开始与同案犯预谋骗取贷款，均没有提到如何偿还贷款，主观上就没有还款意图；从被告人王某峰和同案犯诈骗后得到的财物，也没有用于贷款公司的正常生产经营；在银行贷款到期之后，更没有积极偿还贷款，而是以变更联系方式、住址等方式进行逃脱银行和担保公司的追偿。综合看来，被告人王某峰具有非法占有他人财物的目的。在其被告知需提供担保后，从其积极骗取担保公司担保权益，交纳保证金、抵押物和提供虚假的反担保等一系列行为可知，被告人此时主观上具有明确地诈骗担保公司担保的故意，但在骗取担保进而骗取银行贷款后，谁能成为最后的损失方，被告人并不确定，但是主观上却放任这种结果的发生。从犯罪构成来看，行为人主观上具有概括的非法占有他人财物的犯罪故意和不确定的犯罪对象，并以银行贷款需要担保为名，伙同他人虚构事实、隐瞒真相，实施了骗取担保公司财产的行为，客观上造成了担保公司利益受损，侵犯了社会市场秩序的法益，按照刑法理论主客观相一致的原则，应对被告人王某峰的犯罪事实认定为合同诈骗罪。

案例索引

一审：河南省安阳市龙安区人民法院（2018）豫0506刑初87号（2018年6月8日）

二审：河南省安阳市中级人民法院（2018）豫05刑终419号（2018年8月22日）

2. 关于“立功”的认定

裁判之观点：被告人劝说、陪同其他案件犯罪嫌疑人投案，应认定为立功。

索引案例中，被告人田某峰因涉嫌行贿犯罪经检察机关通知到案接受调查。田某峰到案后，协助检察机关寻找其他涉嫌行贿人员杨某卫的下落。之后田某峰陪同另一涉嫌行贿犯罪的嫌疑人杨某卫到检察机关接受调查，检察机关对杨某卫涉嫌行贿犯罪立案侦查。被告人田某峰协助侦查机关寻找其他案件犯罪嫌疑人，并陪同其到案的行为，是否属于立功，法律和司法解释没有明确的规定。实践中对此行为认定为立功表现，具有积极意义。

首先，认定劝说、陪同其他案件犯罪嫌疑人投案为立功表现符合立法本意。1998年《最高人民法院关于处理自首和立功具体应用法律若干问题的解释》对立功的构成做了具体规定，包括以下五种：犯罪分子到案后检举、揭发包括同案犯在内的共同犯罪以外的其他犯罪，经查证属实的；提供侦破其他案件重要线索，经查证属实的；阻止他人犯罪活动的；协助抓捕包括同案人在内的其他犯罪嫌疑人的；具有其他有利于国家和社会的突出表现的。上述五种情形，都体现了对被告人或犯罪嫌疑人提供侦破案件线索等有利于司法机关工作的积极司法评价，以此鼓励行为人做出有益于社会的行为。

其次，劝说、陪同犯罪嫌疑人投案相比“协助司法机关抓捕其他犯罪嫌疑人（包括同案犯）”更具有效性。司法解释中明确规定“协助司法机关抓捕其他犯罪嫌疑人（包括同案犯）”为立功表现，而劝说、陪同犯罪嫌疑人投案的行为与该行为相比，社会效果更好。劝说他人投案且被劝说人听从劝说主动投案，这与司法机关及其相关人员有组织有准备地对犯罪嫌疑人采取强制抓捕是完全不同的。劝说、陪同犯罪嫌疑人投案，显然比协助司法机关抓捕其他犯罪嫌疑人节省司法资源，提高办案效率，有利于及时对其他犯罪嫌疑人做出刑罚处罚，维护法治的尊严。因此，当然应认定为立功。

案例索引

一审：河南省三门峡市湖滨区人民法院（2017）豫1202刑初529号（2017年12月27日）

3. 减刑的适用条件

裁判之观点：职务犯不积极退赃，不履行财产刑，狱内消费较高，依法不予减刑。罪犯减刑应当审查罪犯在执行期间的改造表现，还应当考察犯罪的性质和具体情节、社会危害程度、原判刑罚及生效裁判中财产刑判决的履行情况等因素，对于确有履行能力而不履行生效裁判中财产刑处罚的罪犯，综合考虑其是否确有悔改表现，应依法从严掌握。

索引案件中，罪犯王某祥犯贪污罪、挪用公款罪被判处有期徒刑十九年，剥夺政治权利五年，并处没收个人财产20万元，系“三类犯”中的职务犯罪，财产刑执行情况在减刑时是着重考量的因素，其服刑至今尚有150万余元的犯罪所得未追缴，没收个人财产20万元未积极履行，未能积极消除犯罪行为带来的社会负面影响。根据罪犯狱内消费清单查实，其2016年度月均消费达728.65元，明显高于同监区其他罪犯平均消费水平，存在狱内高消费现象。同时经过庭审多次告知后，其亦不能提供相关证据证实赃款去向、无法追回的原因、无法退赔及履行判决的合理理由等。故综合全案证据评判，证明其对原审判决所涉及的财产刑判项有一定履行能力而不履行，确有悔改表现的证据尚不充分，本次对其不予减刑。

案例索引

一审：河南省商丘市中级人民法院（2017）豫14刑更378号（2017年6月7日）

4. 附加刑未执行完毕前再犯新罪应如何处理

裁判之观点：主刑执行完毕后，执行附加刑剥夺政治权利期间再犯新罪应当数罪并罚，罚金刑尚未执行完毕前再犯新罪不应数罪并罚。

《最高人民法院关于在执行附加刑剥夺政治权利期间犯新罪应如何处理的批复》（法释〔2009〕10号）（以下简称《批复》）明确了在执行附加刑剥夺政治权利期间犯新罪的处理。对判处有期徒刑并处剥夺政治权利的罪犯，主刑已执行完毕，在执行附加刑剥夺政治权利期间又犯新罪，如果所犯新罪无须附加剥夺政治权利的，依照刑法第七十一条的规定数罪并罚。对判处有期徒刑的罪犯，主刑已执行完毕，在执行附加刑剥夺政治权利期间又犯新罪，如果所犯新罪也剥夺政治权利的，依照刑法第五十五条、第五十七条、第七十一条的规定并罚。全国人大常委会法制工作委员会《关于对被告人在罚金刑执行完毕前又犯新罪的罚金应否与未执行完毕的罚金适用数罪并罚问题的答复意见》（法工办复〔2017〕2号）明确，刑法第七十一条中的“刑罚执行完毕以前”应是指主刑执行完毕以前。如果被告人主刑已执行完毕，只是罚金刑尚未执行完毕的，根据刑法第五十三条的规定，人民法院在任何时候发现有可以执行的财产，应当随时追缴。

索引案例中，被告人张某巧于2017年再次犯盗窃罪时，被判处有期徒刑七个月，并处罚金人民币1500元。但其之前犯罪被判处的剥夺政治权利的附加刑尚未执行完毕。经一审检察机关提起抗诉，二审法院依法改判原审被告人张某巧犯盗窃罪，判处有期徒刑七个月，并处罚金人民币 1500 元，与汤阴县人民法院（1990）汤法刑判字第 86 号刑事判决及安阳市中级人民法院（2006）安刑初字第 17 号刑事判决判处的原审被告人张某巧尚未执行完毕的剥夺政治权利的附加刑进行并罚，决定执行有期徒刑七个月，并处罚金人民币 1500 元，剥夺政治权利四年八个月零二十日。

案例索引

一审：河南省汤阴县人民法院（2018）豫 0523 刑初 252 号（2018 年 6 月 14 日）

二审：河南省安阳市中级人民法院（2018）豫 05 刑终 427 号（2018 年 9 月 19 日）

5. 借用他人信用卡恶意透支行为的定性问题

裁判之观点：对于借用他人信用卡恶意透支行为的性质判定，应当正确划分属于“冒用型”信用卡诈骗还是“恶意透支型”信用卡诈骗。

准确界定上述两种犯罪情形，关系到被告人是否构成犯罪、量刑档次，是遵循罪责性相一致原则的需要。

索引案例中，被告人王某是在朋友南某同意的情况下借得其信用卡进行透支消费的，且在发卡行催收时，王某向申领人南某和发卡行主动表明承担还款义务，故不应认定为“冒用他人信用卡，数额巨大”的情形。被告人王某在自身信用存在瑕疵，不能正常办理信用卡的情况下，借用朋友南某的信用卡，恶意透支后申请办理的账单分期还款业务，逾期后经催收超过规定期限仍未归还透支款，应认定为“恶意透支型信用卡诈骗，数额较大”的情形。

案例索引

一审：河南省濮阳市华龙区人民法院（2017）豫 0902 刑初 838 号（2017 年 10 月 26 日）

二审：河南省濮阳市中级人民法院（2017）豫 09 刑终 289 号（2017 年 12 月 18 日）

6. 关于职务犯罪有关问题

（1）贪污案件中关于国有公司性质的认定

裁判之观点：企业注册登记中的资金来源与实际出资不符的，应根据实际出资情况确定企业的性质。企业实际出资情况不清楚的，可以综合工商注册、分配形式、经营管理等因素确定企业的性质。

最高人民法院、最高人民检察院《关于办理国家出资企业中职务犯罪案件具体应用法律若干问题的意见》第七条规定：本意见所称“国家出资企业”，包括国家出资的国有独资公司、国有独资企业，以及国有资本控股公司、国有资本参股公司。是否属于国家出资企业不清楚的，应遵循“谁投资、谁拥有产权”的原则进行界定。

索引案例中，关于L公司的性质，在公司成立时，B县农村公路管理所为了响应省交通养护系统体制改革，以该所的名义成立了L公司，以公路管理所的办公楼房、机器设备等实物以及买某从公路管理所支取的8万元现金作为注册资本，但股东并未实际出资。后来，魏某新增资本200万元注入路美公司，之后该200万元注册资金被转出。在人员组成上，L公司第一任董事长是时任公路管理所所长韩某，股东、董事、监事等管理人员都是公路管理所班子成员。在韩某调离公路管理所后，L公司董事长一职由魏某担任，此时公司的股东、董事、监事等管理人员仍由公路管理所班子成员担任。L公司并无员工，日常工作也由公路管理所人员兼职，且公司的股东不分红，股东、董事、监事的工资由公路管理所发放。在公司资产上，L公司的办公地点一直在公路管理所内，公司资金来源于财政拨款。魏某注入的200万元资金，只是在公司的账上过了一下，然后就以各种名义支出，并未实际用于公司的经营活动。L公司的财务不独立，会计与公路管理所的会计混同，开支也混在一起。在魏某调任B县交通局副局长后，其通过县交通局办公室将L公司的档案、车辆等转交给了农村公路管理所办公室。在养护资质上，L公司的主要业务来源于公路管理所的公路养护等工程，该公司成立时所需的人员资质也均是从公路管理所借用的。L公司公路养护资质的获得，依托于公路管理所。综上，L公司符合国有公司的性质，魏某作为国家工作人员，利用职务之便，采取虚列购买水泥及民工工资等费用的手段，非法占有公共财产，其行为符合贪污罪的构成要件。

案例索引

一审：河南省郏县人民法院（2016）豫0425刑初255号（2017年1月24日）

二审：河南省平顶山市中级人民法院（2016）豫04刑终107号（2017年3月31日）

（2）国有企业改制情形下挪用型犯罪的定性

裁判之观点：国有企业改制获得批复后，新公司尚未注册成立前，原任国有企业领导职务的犯罪主体已不具备国家工作人员身份，涉案款项不宜认定为公款。其利用新公司董事长的职务便利，挪用本单位资金借贷给他人，数额较大、超过三个月未还的行为应以挪用资金罪定罪量刑。

挪用公款罪与挪用资金罪作为两种主要的挪用型犯罪，二者的区别主要在于主体与对象上的差别。

索引案例中，被告人缑某志原为国有企业A市汽车大修厂（以下简称大修厂）厂长，后在大修厂改制后任新公司董事长，其将安置职工剩余的370万元资金借给他人使用时，大修厂改制已完成，与原所属单位市交通局已脱离关系，国企性质已经发生变更。370万元应当作为新成立公司的资产，而非公款性质，应属于尚未注册成立公司承接的资产债务。被告人缑某志作为新公司的董事长，在进行犯罪行为时已非代表国企领导行使职权，而是利用其民营企业领导的职务便利，且涉案款项作为尚未注册成立公司的资金也不具备公款性质，其挪用本单位资金借贷给他人，数额较大、超过三个月未还，其行为符合挪用资金罪的构成要件，应以挪用资金罪定罪处罚。

案例索引

一审：河南省安阳市龙安区人民法院（2017）豫0506刑初226号（2017年8月31日）

二审：河南省安阳市中级人民法院（2017）豫05刑终308号（2017年12月27日）

（3）单位聘用人员挪用公款行为认定

裁判之观点：国有单位聘用人员利用其职务上的便利挪用公款（账外资金）数额较大，从事营利活动，构成挪用公款罪。

首先，认定是否为挪用公款犯罪的主体，一要看行为人是否实际上在依法从事某种公务；二是看行为人实际所从事的公务对于他的“挪用行为”有无决定性影响。至于编制、公务员身份等人事行政管理方面的因素，与行为人能否成为挪用公款罪的主体没有必然联系。索引案例中，被告人王某玉在 H 市采煤沉陷综合治理工作办公室长期工作，虽系聘用人员，但其受相关领导指派管理该单位的账外资金，对被告人应认定为国家工作人员。

其次，准确理解刑法规定的“受国有单位委托管理、经营国有财产的人员”中的“委托”两字的含义。因为长期受聘于国有单位的人员，与聘用单位建立了相对固定的劳动关系，已经形成了管理与被管理的隶属关系，他们从事的工作属于国有单位长期、持续、反复地从事分配或指派。最高人民法院 2003 年下发的《全国法院审理经济犯罪案件工作座谈会纪要》（以下简称《纪要》）规定：“受委托管理、经营国有财产”是指“因承包、租赁、临时聘用等管理、经营国有财产。”由此可见，“承包、租赁、临时聘用”是“委托”的主要方式。

最后，公款的特征之一是财产所有权系公有。本案涉案资金虽系 H 市采煤沉陷综合治理工作办公室的账外资金，并由被告人王某玉保管，但并不影响其公款的性质，该资金的使用亦有 H 市采煤沉陷综合治理工作办公室的使用规定，被告人王某玉利用其管理账外资金的便利条件，擅自将 101 万元的资金用于转存定期存款、购买股票、基金等营利活动，应按挪用公款定罪处罚。

案例索引

一审：河南省淇县人民法院（2017）豫 0622 刑初 325 号（2017 年 10 月 30 日）

7. 抢劫承兑汇票未能贴现行为的认定问题

裁判之观点：抢劫数额巨大的承兑汇票，因行为人意志以外的原因未能贴现的，应认定为抢劫数额巨大且未遂。

首先，依据《关于审理抢劫、抢夺刑事案件适用法律若干问题的意见》第十条规定“刑法第二百六十三条规定的八种处罚情节中除‘抢劫致人重伤、死亡的’这一结果加重情节之外，其余七种处罚情节同样存在既遂、未遂问题，其中属抢劫未遂的，应当根据刑法关于加重情节的法定刑规定，结合未遂犯的处理原则量刑”。抢劫数额巨大的承兑汇票的行为也存在既遂、未遂的问题。

其次，抢劫记名、可挂失的有价支付凭证的，由于有价支付凭证的财产权益实现特点决定，不能把是否取得凭证作为区别既遂未遂的标准。因为行为人抢劫这种有价证券后，并不意味着已经获得了对凭证所记载财产的完全控制，行为人还必须去相关机构兑付财产，实际非法获取财产实现抢劫犯罪的目的，才构成抢劫既遂。承兑汇票作为一种记名、可挂失有价支付凭证，在贴现以前，其票面数额只具有财产权利上的象征意义，仅仅抢劫承兑汇票并不能实现对其财产所有人的财产权益的侵犯。

最后，抢劫罪既侵犯财产权利又侵犯人身权利，具备劫取财物或者造成他人轻伤以上后果两者之一的，均属抢劫既遂；既未劫取财物，又未造成他人人身伤害后果的，属抢劫未遂。抢劫行为人劫取记名、可挂失的承兑汇票后，在冒名贴现时被人发觉或在行为人冒领以前义务人挂失或在劫取承兑汇票后立马被人抓获等原因，导致行为人没能最终控制承兑汇票中记载的钱财，若没有造成被害人轻伤以上后果，就属于因意志以外的原因而未能具备既遂的全部要件，应构成未遂；如果抢劫承兑汇票后顺利贴现的则构成犯罪既遂。索引案例中，被告人李某刚、李某伟把他人的数额巨大的承兑汇票抢到手仅仅是完成了抢劫行为的一部分，并没有实现非法占有他人财产的目的，且没有造成被害人轻伤以上后果，应同时认定为抢劫数额巨大和未遂。

案例索引

一审：河南省沁阳市人民法院（2017）豫0882刑初1935号（2017年12月28日）

二审：河南省焦作市中级人民法院（2018）豫08刑终85号（2018年4

月23日）

8. 涉交通安全犯罪相关问题

（1）发生事故后拨打报警电话后离开现场的，是否构成肇事后逃逸

裁判之观点：被告人驾车发生交通事故后，拨打报警电话，在侦查人员电话告知其在现场等待时，被告人将手机关掉弃车离开现场，构成肇事后逃逸。

在判断被告人是否构成交通肇事逃逸时，应当从以下几方面入手：是否有积极抢救伤者的行为；是否有立即报警的行为；是否有不顾他人劝阻驾车逃跑、弃车逃跑、编造谎言企图蒙混过关的行为；是否具有隐瞒证据、破坏现场等行为等。索引案例中，被告人常某强在肇事后虽有立即停车、报警的行为，但在交警人员未到达之前且明确告诉其不要离开现场的情况下仍然离开事故现场，主观上具有逃逸的故意，客观上有逃离现场的行为，属于肇事后逃逸。

案例索引

一审：河南省南乐县人民法院（2017）豫0923刑初200号（2017年8月20日）。

（2）交通肇事逃逸行为在量刑中如何评价的问题

裁判之观点：交通肇事逃逸行为不可以作为入罪要件和加重处罚情节予以双重评价。

禁止重复评价原则，是指在定罪量刑时禁止对同一犯罪事实进行两次以上的法律评价。索引案例中，既然被告人侯某朋驾车逃逸行为已用作认定其承担交通事故全部责任的根据，即已作为其负刑事责任的入罪要件，在量刑时就不能再评价为“交通肇事后逃逸”这一加重处罚情节，只构成交通肇事罪的基本犯，应适用三年以下有期徒刑或拘役的法定刑。

案例索引

一审：河南省新蔡县人民法院（2018）豫1729刑初301号（2018年6月28日）

（3）交通肇事案件中“自首”的认定

裁判之观点：交通肇事犯罪被告人受伤就医被采取取保候审强制措施，伤愈后归案接受讯问，不应视为自首。

自首成立的条件包括：犯罪以后自动投案；如实供述自己的罪行。索引案例中，被告人张某因伤不能被羁押，被公安机关采取取保候审强制措施。案件审理中，经人民法院决定，公安机关对被告人张某执行逮捕时，公安民警多次到张某家中执行均未见到张某，后经做张某家属的思想工作，张某在其父亲的陪同下到义马市公安局交警大队归案，于当日执行逮捕。被告人张某的行为并不符合自动投案的条件，不应视为自首。

案例索引

一审：河南省义马市人民法院（2016）豫1281刑初6号（2018年5月10日）

9. 代替他人考试驾驶证的行为的认定

裁判之观点：行为人代替他人参加法律规定的国家考试的行为，构成代替考试罪。

2015年11月1日起正式实施的《刑法修正案（九）》正式将代替考试行为入刑，在刑法第二百八十四条后新增加一条，规定代替他人或让他人代替自己参加法律规定的国家考试的行为，将受到法律的制裁。法律规定的国家考试，如职称考试、驾驶证考试、研究生入学考试、高考、司法国家统一法律资格考试、会计师资格考试、公务员考试等。代替考试罪是典型的对向犯，刑法同时处罚考生和“枪手”双方行为人，且定罪和法定刑都相同。组织考试作弊罪指的是在法律规定的国家考试中，组织作弊的，为他人提供作弊器材或者其他帮助的，向他人非法出售或者提供试题、答案的，以及代替他人或者让他人代替自己参加考试等破坏考试秩序的行为规定为犯罪。

索引案例中，被告人刘某意在被告人刘某余的组织下，代替他人参加机动车驾驶人科目一至科目四的考试，刘某意构成代替考试罪，而刘某余构成了组织考试作弊罪，二人的犯罪事实清楚，证据确实、充分，应当分别以代替考试罪和组织考试作弊罪追究其刑事责任。

案例索引

一审：河南省柘城县人民法院（2018）豫1424刑初17号（2018年2月5日）

三　法律适用方面值得研究的问题

课题组通过对2018年度全省三级人民法院编报的刑事案例中挑选出的138篇精品案例进行综合分析，发现一些值得进一步研究的问题。

（一）第三方支付方式下盗窃罪与诈骗罪的区分问题

盗窃罪的行为是窃取他人占有的财物，窃取是指违反被害人的意志，将他人占有的财物转移为自己或者第三者（单位）占有。诈骗罪是指以非法占有为目的，使用欺骗方法，骗取数额较大的公私财物的行为。然而，不管是盗窃罪还是诈骗罪，其犯罪的方式都是通过不正当手段转移财物，转移手段都具有一定的隐蔽性。随着当前社会交易手段、金融方式丰富发展，为各类侵财类犯罪也披上了“变色衣”“隐形罩”，这一问题在盗窃罪与诈骗罪的区分中尤为凸显。例如，“刘某巍、刘某强诈骗案”，对于POS机刷卡套现后秘密撤销交易行为的认定，审理中出现分歧。被告人取得被害人信任后，利用被害人的POS机刷信用卡套现，取得被害人的钱款，在被害人不知情的情况下，再通过秘密操作POS机撤销该笔业务，后由被害人代还信用卡。从本案情况看，利用POS机刷卡消费是涉及POS机商户、银联卡持有者、银联中心三方的交易关系，在审理该类案件过程中应当分析交易规则，才能对犯罪行为准确定性。

（二）刑事案件中电动三轮车属性认定问题

电动三轮车是否属于机动车，对有些刑事案件的定性至关重要。根据现阶段法律法规规定，如果认定电动三轮车是非机动车，则应推定其他机动车辆负全部责任，应承担全部赔偿责任；如果认定电动三轮车是机动车，则应推定电动三轮车和其他机动车辆负同等责任，双方应对总的经济损失各半承担。故电动三轮车是否属于机动车对案件的处理结果非常关键，甚至会对当事人的权利义务产生迥然不同的结果。例如，在“吕某棉危险驾驶案”中，被告人吕某棉醉酒后（案发时血液中乙醇含量为223.38mg/100ml）驾驶电动三轮车上路行驶，且发生交通事故，造成本人及乘车人受伤且承担事故的同等责任。此案中，对于电动三轮车属性的认定直接影响被告人的定罪量刑。由于我国目前的电动三轮车结构简单、质量不稳定、安全系数达不到应有的标准，其生产未获得国家的认可，销售和上路行驶缺少合法的依据，因此对于电动三轮车的属性并无明确的法律规定。然而近年来，电动三轮车主醉驾或与其他车辆及行人发生交通肇事案件不断增多，造成的经济损失也较大。鉴于此，一是建议国务院有关部门对电动三轮车是否属于机动车做出明确规定。二是在有关规定出台以前，建议最高人民法院通过司法解释进一步明确，对电动三轮车是否可以参照机动车处理。

（三）交通肇事逃逸情节对商业三者险赔付问题的影响

在刑事附带民事诉讼中，交通肇事逃逸后是否可理赔商业险的问题在审判实践中存在分歧。解决这一争议焦点应首要解决两个问题：一是“商业三者险”中关于交通肇事逃逸免责的条款是否有效，二是交警部门依据肇事逃逸行为做出的事故认定书能否成为保险人免责的事由。在“李某其交通肇事案”中，被告人李某其违反交通运输管理法规，发生重大交通事故，致一人死亡，负事故的全部责任，且交通肇事后逃逸，其行为已构成交通肇事罪。附带民事被告人人寿财险公司委托代理人提出，由于被告人李某其交通肇事后逃逸，保险公司不应承担赔偿责任的意见。法院生效裁判认为，保险公司未提交证据证实保险公司在与李某其签订保险合同时尽到了免责条款的提示和说明义务，且无证据证实由于被告人逃逸行为扩大了损害赔偿责任，保险人以肇事逃逸为由免除自己的全部责任，违反了保险法的立法宗旨和公平、诚实原则，故对此意见不予采信。因此，对于商业三者险肇事逃逸免责条款效力的认定，应当结合具体案情综合考虑，而不能武断地认定免责条款全部有效或者全部无效。对于一般交通肇事罪可根据案情及是否因逃逸对第三者造成更大损失来具体问题具体分析，但是对于酒驾、毒驾、无证驾驶等性质严重的交通肇事逃逸，则应当支持保险公司的免责主张。

（四）刑法上因果关系的认定

刑法上的因果关系是被告人承担刑事责任的客观基础，直接影响罪与非罪的认定。在“王某某过失致人死亡案”中，被告人王某某和被害人任某某互不认识，但于2017年4月12日下午2时许同在邻居家喝酒。被告人酒后离开时，被害人一手抓住被告人的衣服领子，一手用手指指向被告人的鼻子并辱骂被告人，被告人一气之下，用双拳向前推打被害人胸口，推打开后，被害人又上前拉扯被告人再次用双拳推打被害人胸口，脚踢被害人腿部，被告人转身要走，被害人再次上前拉扯，被告人背对着被害人，用右胳膊向后挥打被害人头部后离开，16时许被害人被同村的左某某和季某某接回其父亲家中休息。当天20时许，被害人死亡。鉴定意见为：被害人符合酒精中毒、争吵、情绪激动、轻微外伤等因素的诱发、促进作用导致的严重的冠心病发作猝死。

审理过程中，对于被告人的行为与被害人的死亡结果之间是否具有刑法上的因果关系，存在两种不同的意见：第一种意见认为，本案系意外事件，被告人的行为不构成犯罪。被告人和被害人案发前互不认识，没有矛盾，本案被告人系在遭到被害人多次纠缠后与被害人发生推打，在推打过程中实施了用手推打被害人胸口，后为了摆脱被害人的再次拉扯用右胳膊向后挥打被害人头部的行为，只是一种排除妨害的行为，上述行为不具有刑法上的“伤害故意”。依据鉴定意见，被害人任某某符合酒精中毒、争吵、情绪激动、轻微外伤等因素的诱发、促进作用导致的严重冠心病发作猝死，被告人的行为只是其中一个因素，而被害人患有冠心病和死亡的后果是被告人不可能预见到的，被害人的死亡结果是多因一果导致的，无法确认被告人的行为和被害人死亡结果之间具有刑法上的因果关系，故不存在被告人承担刑事责任的客观基础。

第二种意见认为，被告人的行为构成过失致人死亡罪。被告人的行为结合其他因素即酒精中毒、情绪激动等因素共同诱发、促进导致被害人严重冠心病发作猝死，其行为对被害人死亡结果的发生起了一定作用，故应肯定其行为和被害人死亡结果之间的因果关系，结合被告人主观上不存在伤害的故意，被告人虽然不希望被害人死亡结果的发生，主观上也缺乏对被害人伤害或致死的故意，但案发当时被告人和被害人均系醉酒状态，双方因醉酒导致自控能力降低以及预见能力降低，被告人应当预见自己的行为可能造成被害人伤亡，但其主观上因为疏忽大意而没有预见，客观上造成了被害人死亡的结果，且被告人的行为与被害人的死亡结果之间存在一定的因果关系，故被告人构成过失致对被害人死亡的结果存在过失，根据刑法主客观相一致的原则，应认定为过失致人死亡罪。

四　加强刑事审判工作的几点建议

（一）进一步转变司法理念，持续强化人权保障意识

以 2018 年收集的刑事案例为样本分析，不难发现，人权保障意识在河南省刑事法官中明显得到体现。例如，“吴某产杀人案”中，法官对于证据的审慎质证与运用；“李某刚抢劫案”中，法官关于犯罪形态的综合认定；“李某其交通肇事案”中，法官对有关交通肇事案件中商业险赔付问题的论证等，都显示了法官人权保障意识的增强。尊重和保障人权是我国宪法确定的一项重要原则，通过完善证据、辩护、侦查措施、强制措施、审判程序等具体制度进一步加强司法人权的实际保障，充分反映了我国刑事司法惩罚犯罪与保障人权内在统一的一贯立场。刑事审判法官应当持续强化人权保障意识，在审判工作中既要依法保障被告人诉讼权利，又要切实维护被害人合法权益，充分保障辩护律师依法履行职责。

（二）加强对“骗婚型”诈骗犯罪的防范和治理

近年来，在农村地区因“骗婚”而引发的纠纷不断发生，严重影响到农村社会的稳定，应当引起社会关注与重视。2018 年度收集的 138 篇刑事案例中有 2 篇涉及“骗婚型”犯罪，该类案件具有以下特点：一是犯罪主

体作案团伙化，分工明确，相互配合；二是犯罪手段多样化且更具隐蔽性；三是犯罪后果严重，社会影响深远。受农村乡风民俗影响，加上当下“天价”礼金压力，农村大龄青年及贫穷、病残和文化水平较低的弱势群体往往成为犯罪对象，一旦上当受骗，人财两空，不少家庭因“婚”致贫，承受精神和经济双重压力，对农村社会稳定造成恶劣影响。该类矛盾应当引起重视，并建议采取相关措施：一是加强法制宣传工作，通过各大媒体、网络平台披露典型婚姻诈骗案例，提高群众预防犯罪的能力，增强群众自我保护和收集证据的意识；二是政法部门强力配合，加大骗婚案件的查处力度；三是民政部门强化农村人口管理，严格婚姻登记审核把关；四是基层政府以及村民组织，合力建设本区域的婚恋网络平台，严把入口关，实现单身青年信息共享，解决每年只有春节放假的几天时间匆忙相亲的情况，提高婚姻的成功率。希望发挥社会力量，积极发展农村经济，深入推进美丽乡村建设，坚持“两个文明”一起抓，提倡移风易俗。

（三）加强对新型支付方式下侵财性犯罪案件的调研指导

随着互联网的普及以及我国电子商务的迅速发展，第三方支付方式应运而生，并且成为日常生活中无可替代的主流模式，尤为显著的代表是微信与支付宝。第三方支付在提供便民、快捷服务的同时，其新型技术手段在财产流转过程中易造成法律关系认定的模糊，进而加大了审判实务中事实认定中的难度。也即在事实层面上，第三方支付平台的交易结构、法律关系及所涉法益难以准确厘定，在法理层面上，尤其是对利用第三方支付设备取财行为的定性不准。而实践中涉及新型支付方式的侵财性犯罪类型多样、数量繁多，如侵犯第三方支付账户内余额、侵犯第三方支付账户所绑定的银行卡内资金、侵犯第三方支付所关联信贷资金、侵犯第三方支付所关联理财产品以及注册第三方支付账户并绑定银行卡非法取财等行为。对此类案件如何定罪处罚，在理论界与司法实务界均存在诸多争议，因此，应当加强对新型支付方式下侵财性犯罪的调研与指导工作，进一步规范此类案件的审判，统一裁判思路和标准。

B.18

河南法院2018年度行政案例分析报告

河南省高级人民法院课题组*

摘　要：　案例指导制度是中国特色社会主义司法制度的重要组成部分，随着案例指导制度的深入实施，案例在总结审判经验、指导审判实践、规范法官自由裁量、维护司法公正、宣传法制、促进立法等方面的作用日益显现。2019年初，河南省高级人民法院抽调省高院相关业务庭室和部分中级人民法院、基层法院的调研骨干力量组成撰写小组，对行政案例编报工作中反映出来的行政协议类、行政处罚类、行政许可类法律适用问题进行了概括总结，形成了行政案例分析报告。后依托省高院与郑州大学联合成立的“中国司法案例研究中心”，召开了行政案例分析研讨会，在充分听取专家学者建议的基础上对报告进行修订完善，并形成最终成果。希望本报告在为河南省司法审判和理论研究提供参考的同时，能进一步提升河南省的案例工作指导水平。

关键词：　行政案例　法律适用　案例分析

一　基本情况

2018年，全省各级法院针对行政审判中的典型问题认真开展行政案例工作，全省全年共编报行政案例56篇（不含重复报送的案例），与上年度

---

* 课题组组长：王韶华，河南省高级人民法院党组成员、副院长；课题组成员：王松，河南省高级人民法院行政庭副庭长；郭宇凌，河南省高级人民法院研究室法官助理；任昌辉，河南省信阳市中级人民法院研究室副主任；尹思嘉，河南省中牟县人民法院行政庭法官助理。

相比，数量基本持平，其中行政确认类18篇，仍然是数量最多的，出现了身份认定和残疾人就业保障金基数认定这两类新的行政确认类型；行政给付类和行政协议类分别为7篇和4篇，数量增长明显，出现了廉租房行政合同这一新的行政协议类型，对工伤待遇先行支付问题和冒用他人身份一方工伤待遇行政给付问题有所涉及；信息公开类6篇，与上年度数量基本持平；行政处罚、行政许可、行政征收、行政强制、行政不作为和行政赔偿类分别为3篇、1篇、1篇、2篇、4篇和3篇，数量有所减少，出现了强制戒毒这一新的行政强制类型，对公安机关在刑事侦查过程中因失职造成被排除犯罪嫌

表1　2018年度全省法院编报行政案例总体数量及类型分析

类型	行政协议	行政处罚	行政许可	行政确认	信息公开	行政征收	行政给付	行政强制	行政裁决	行政不作为	行政赔偿	其他类型	合计
数量(篇)	4	3	1	18	6	1	7	2	2	4	3	5	56
比例(%)	7.1	5.4	1.8	32.1	10.7	1.8	12.5	3.6	3.6	7.1	5.4	8.9	100

资料来源：作者根据全省法院2018年编报行政案例类型数据整理而成。

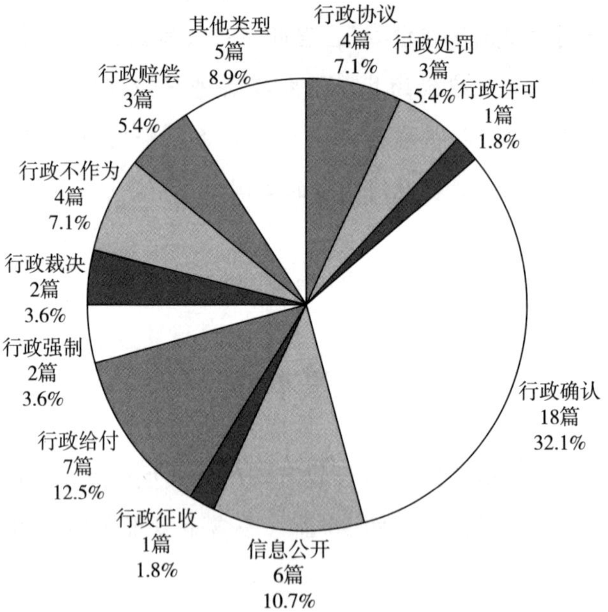

图1　2018年度全省法院编报行政案例总体数量及类型分析占比

资料来源：作者根据全省法院2018年编报行政案例类型数据整理而成。

疑的精神异常的智障人失踪问题有所涉及；其他类型行政案例5篇（见表1，图1），较上年度数量有所增加，其中两篇案例对行政机关不予备案行为和委托鉴定的阶段性行政行为的可诉性问题有所涉及。

表2　2018年度全省法院编报行政确认案例数量及类型分析

类型	工伤认定	房屋登记	土地登记	身份认定	残疾人就业保障金基数认定	合计
数量(篇)	11	3	2	1	1	18

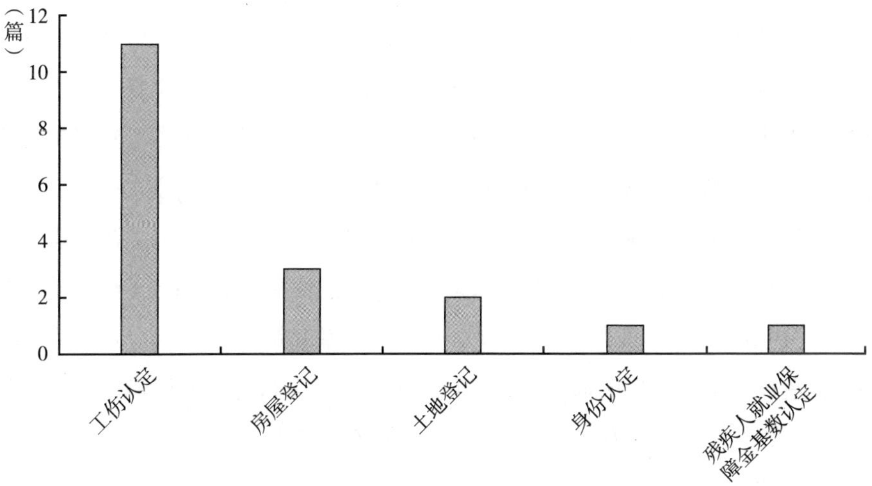

图2　2018年度全省法院编报行政确认案例数量及类型分析

二　典型法律适用问题分析

（一）行政协议类

行政机关作为出让方与作为受让方的行政相对人按照协议价格出让国有土地，后因市场行情发生变化，土地交易价格上涨，行政机关主张按市场价格出让国有土地，人民法院是否应当支持行政机关的主张？

省高院行政庭报送的“Z市甲置业有限公司诉Z市国土资源局履行国有

土地出让协议纠纷案”认为，诚实信用原则是现代法治社会的基本原则。行政协议需要行政机关和行政相对人秉承诚实信用的原则切实履行协议义务，尤其是行政机关一方应当作为诚信履则的典范，充分发挥示范作用，确保行政协议的有效履行。本案中，在协议内容对出让价格有明确约定的情况下，应当以双方协议的价格为准。本案与南阳中院报送的“N 市 L 房地产开发有限公司诉 D 市国土资源局国有土地使用权出让合同纠纷案”有相似之处，都是国有土地使用权出让合同纠纷，都是被告方违约，不同的是前者是土地出让价格争议，后者是被告方未按约定交付土地；前者判决被告方按约定的协议价格出让土地，后者是判决被告方向原告方支付违约金。

民营经济是社会主义市场经济的重要组成部分，为我国社会主义市场经济发展做出了重要贡献。近年来，国家非常重视民营经济发展，专门出台指导性文件，强调要重视民营企业作用，不断为民营经济营造更好发展环境。为充分发挥司法机关服务保障民营企业发展职能作用，切实为民营企业和民营企业家创新创业营造良好法治环境，最高人民法院、省高院（与省检察院联合）分别出台了《最高人民法院关于充分发挥审判职能作用为企业家创新创业营造良好法治环境的通知》《关于充分发挥司法职能服务保障民营企业发展的 30 条意见》等相关文件，强调要“妥善认定政府与企业签订的合同效力，对有关政府违反承诺，特别是仅因政府换届、领导人员更替等原因违约、毁约的，依法支持企业的合理诉求”。针对地方政府的违约毁约行为，应依法判决政府有关部门承担责任，有利于规范地方政府在招商引资中的不规范行为，严格兑现其依法做出的承诺，对于推动地方政府守信践诺和依法行政，保护企业家合法生产经营权益，促进经济持续平稳健康发展具有积极意义。本案在保护民营企业方面具有典型性，对审理类似案件具有借鉴意义。

（二）行政处罚类

原有停车泊位被政府停车管理部门取消，但未对原有划线进行实际清除，亦未设置禁停标志，民众在此停泊车辆，是否应当被认定违法而受到行政处罚？

洛阳市涧西区法院报送的“莫某洛诉 L 市公安局交警支队金谷交巡大

队交通违章处罚案”认为，政府停车管理部门对停车泊位进行调整，应当在原停车泊位采取清除原有划线，或者设置禁停标志等为广大民众易于知晓的方式向社会予以公告明示，仅在报纸、网络上发布公告，而不对原有标识进行实际调整的，不能认定其尽到了完全的公告义务和行政职责。在此情形下，如果原有标识足以使普通民众产生误解，使其基于日常生活经验而认为该处是许可的停车泊位并停泊车辆，交通管理部门就不应认定公民违法停车并对其进行行政处罚。

行政机关因其行政行为的权威性而为行政相对人所信赖，行政相对人基于对行政机关的信赖而做出一定的行为，行政机关应当依法保护行政相对人对其的信赖，这就是信赖利益保护原则的价值所在。信赖保护原则对于规范行政机关依法行政，推进诚信政府建设，维护法律秩序和社会秩序的稳定，保护行政相对人合法利益都具有十分重要的意义。本案中，由于政府停车管理部门的原因未能对停车泊位完全调整到位，原告在原停车泊位停车而受到被告的行政处罚明显不当，人民法院依法撤销了被告对原告做出的行政处罚决定，既体现了对原告信赖利益的保护，也体现了对行政机关执法行为的规范和监督。

（二）行政许可类

由于非考生本人的客观原因致使其未能在司法行政管理部门规定的时间内提交学历证书及学历验证材料，司法行政管理部门对考生申领法律职业资格证书的申请做出的不予受理决定是否合法？

安阳中院报送的“赵某刚诉 A 市司法局法律职业资格审核案”认为，根据《国家司法考试实施办法》的相关规定，司法局对考生提交的领取《法律职业资格证书》的申请材料具有初审职能，对于考生的申请，司法局经过初审后可以做出三种处理行为，即报省司法厅复审、将材料退回申请人并限期补齐、做出不予受理的书面决定。而做出不予受理书面决定的法律要件是“申领人提交的申请材料不真实或申领人员不符合资格授予条件”。根据该实施办法第十八条第一款规定，考生参加国家司法考试成绩合格，且不具有该办法第十六条规定的因故意犯罪受过刑事处罚、曾被国家机关开除公职或者曾被吊销律师执业证、公证员执业证、被处以二年内不得报名参加国家司法考试期限未满，或者被处以终身不得报名参加国家司法考试这三种报名无效的情形，则具备申请授予法律职业资格的条件。

本案中，原告已在法定的期间内提交法律职业资格申请，但由于其所在军队院校改革延期发放毕业证这一客观原因使其无法在被告规定的时间内提交相关毕业证书，导致被告不能通过常规方式对原告的申请进行及时审核并上报，但其逾期提交学历证书及学历验证材料并非其本人过错，这一情况不属于该实施办法规定的依法不予受理的情形，被告在没有否认原告提交材料的真实性，也没有否认该原告符合资格授予条件的情况下，其做出的《暂不授予法律职业资格通知书》既不符合法律法规规定，也有悖常理，应予撤销。

行政机关在做出行政行为时，除了应当严格依照相关法律法规的一般规定之外，在不违背相关法律精神和法律原则的前提下，还应当积极履行法定职责，适当考虑某些特殊情况，尽最大可能维护行政相对人的合法权益，而不应当将不能申请法律资格的责任推给行政相对人，要求其承担不利的法律后果。生效判决通过明确责任的承担主体，要求被告重新做出行政行为，这既是人民法院依法审查行政机关行政行为合法性的职责所在，也是对“司法为民”精神的具体阐述和生动体现，值得肯定和借鉴。

（四）行政确认类

职工因公外出期间因不明原因死亡，在排除《工伤保险条例》认定工伤条款和视同工伤条款规定的情形后，人力资源和社会保障部门是否能将其认定为工伤？

三门峡义马法院报送的“河南J水泥有限公司诉S市X区人力资源和社会保障局工伤认定案”认为，职工因公外出期间死亡原因不明，用人单位或者社会保障部门提供的证据不能排除非工作原因导致死亡的，工伤保险行政部门在认定是否存在《工伤保险条例》第十四条第（六）项“本人主要责任”、第十六条第（二）项“醉酒或者吸毒”、第（三）项“自残或者自杀”等情形时，应当以有权机构出具的事故责任认定书、结论性意见和人民法院生效裁判等法律文书为依据。在没有足够的证据证明原告职工的死亡不符合《工伤保险条例》第十四、第十五条认定工伤条款和视同工伤条款的相关规定，应当依法认定为工伤。

本案中，在面对职工因公外出期间因不明原因死亡这一情形，被告在没有事实和证据的前提下，对职工的死因做出了对原告和第三人的不利推定，而生效判决做出了有利推定，有效地保障了职工合法权益，彰显了《工伤保险条例》依法保护弱势群体的立法精神。

值得注意的是，本案被诉行政行为系被告在经过法院两次撤销其不予工伤认定决定后，依据同一事实和理由第三次做出的不予工伤认定决定，该行为明显违反了《行政诉讼法》第七十一条关于“人民法院判决被告重新做出行政行为的，被告不得以同一的事实和理由做出与原行政行为基本相同的行政行为”的规定。由于被告的不作为和乱作为，造成了原告因同一事项多次起诉，这既影响了第三人合法权益的实现，也造成了不必要的司法资源浪费。同时，应当提到的是，此类案件法院若直接责令被告做出内容确定的行政行为，则比起判决其重新做出行政行为，能够更加直接有效，更能从实质上解决争议，减轻当事人诉累，真正实现案结事了。

职工开始参加工作时在原企业系干部身份，但在与原企业解除劳动关系后实现了自主择业，其后来的身份如何认定，退休年龄和退休条件如何办理？

职工身份问题与其切身利益息息相关，直接关系着其是否达到退休年龄、是否符合退休条件等问题的认定。在原来的经济体制下，职工按照身份分为干部和工人两大类，两种身份的职工在工资待遇等方面差别很大。随着经济体制改革的深入推进，职工因企业破产改制下岗，或者在辞职后自主择业，由干部身份转为工人身份后，其在面临退休时是否还应当受到其原所在企业干部身份的限制，在实践中存在争议。

郑州中院报送的“吴某华诉Z市人力资源和社会保障局、H省人力资源和社会保障厅劳动和社会保障行政管理案”认为，根据《劳动部关于贯彻执行〈中华人民共和国劳动法〉若干问题的意见》第四十六条、第七十五条关于职工“在企业内录干、聘干问题”和“退休年龄和条件”的有关规定，大学生在毕业后进入企业工作时虽然是干部身份，但是在实行劳动合同制后与企业解除劳动关系，实现了自主择业，那么其在现单位办理退休手续时，应当按照现单位、现岗位的退休年龄和条件办理，而不应当再受制于其在原企业时的干部身份。

本案中，原告从1995年开始已经不再享受干部身份所对应的相关劳动待遇，其在申请办理退休审批手续时，却被告知还应按照原来的干部身份需要再多劳动、多做贡献、多缴纳社保费后才能办理退休手续、享受退休待遇，明显有失公平。生效判决撤销了Z市人社局就原告申请退休做出的告知书及H省人社厅做出的复议决定，责令H省人社局重新做出行政行为，切实维护了劳动者的合法权益，对处理类似劳动争议具有借鉴意义。

在审理涉公司类行政登记案件中，如何判定登记机关在审查过程中是否已经尽到审查注意义务？如何审查登记机关登记行为的合法性？

漯河中院报送的“J环保科技有限公司诉W县国土资源局土地行政登记案”一案中，第三人Z区农村信用社与第三人刘某山签订最高额个人借款合同，原告以其名下的国有土地使用权作担保与第三人刘某山签订最高额抵押合同，并向被告申请办理抵押登记，被告向第三人Z区信用社颁发了涉案土地使用权他项权证，第三人Z区信用社向第三人刘某山发放了借款，但在借款到期后第三人刘某山未依约偿还借款本息，第三人Z区信用社提起民事诉讼，法院判决原告承担抵押担保责任。

涉公司类行政登记行为都具有公示性质，在公司内外会产生不同的法律后果，判断登记机关是否尽到审查注意义务应注意区分登记行为的对内性和对外性。公司对内权利处分和对外责任承担的法律后果不同，登记机关的审查注意义务也不相同。行政诉讼中应根据公司登记行为的类别，依法审查行政机关行政登记行为的合法性。

例如，公司法定代表人和股权变更登记问题，主要是公司内部组织架构的变更，其侧重点就在于对内。行政登记机关在审查此类型登记时，应当根据《公司登记管理条例》《企业法人法定代表人登记管理办法》的相关规定，就原法定代表人和新任法定代表人是否签字、是否到场、是否经过股东会决议等公司内部行为进行审查。如果仅仅凭公司盖有公章就办理变更登记，那么就没有尽到审查注意义务。而公司对外提供担保的抵押登记问题，其侧重点就在于对外。由于对外担保时公司是以其整体作为独立的民事主体对外发生关系的，行政登记机关在审查抵押登记时只需重点审查是否有借款合同和抵押合同、借款合同和抵押合同是否加盖有效印章及当时法定代表人的签字，即对公司的人格进行整体审查即可，无须审查公司股东会决议的合法性。

本案中，原告股东会决议是公司内部决议，是否合法不是被告办理抵押登记需要审查的对象，原告依据该决议与善意第三人形成的民事法律关系不受影响。原告内部法定代表人的变更和股权转让行为不能对抗善意第三人，不能否定主债权合同和抵押合同的效力。原告与第三人刘某山签订的最高额抵押合同书上既有原告的公章，又有当时法定代表人的签名，完全符合公司作为法人对外进行民事活动的法律规定。因此，生效判决认定被告向第三人Z区农村信用社颁发涉案土地使用权他项权证的行政登记行为合法，判决驳回了原告的诉讼请求。

（五）行政征收类

行政机关根据其委托的中介机构提供的测绘结果对同一房屋先后做出两次面积不一致的公示，在房屋所有人对公示面积提出异议的情况下，行政机关采用了不利于房屋所有人的公示面积进行房屋价值评估并据此做出的房屋征收补偿决定是否合法？

三门峡中院报送的“王某柱诉H区人民政府撤销房屋征收决定案”认为，被告H区人民政府在房屋征收中，委托中介机构对原告房屋进行了测绘，并根据测绘结果对原告房屋进行了两次公示，但两次公示的房屋面积相差较大。原告王某柱提出异议，但对被告入户测量却不予配合。在此情形下，被告并没有对原告房屋进行复测、做出复测报告并将复测报告告知原告，而是采用了不利于原告的公示面积进行房屋价值评估。在确定房屋面积的整个过程中，被告并未遵循《国有土地上房屋征收与补偿条例》第三条规定的房屋征收与补偿应当遵循民主、程序正当、结果公开原则，程序上明显存在瑕疵。评估报告亦因没有合法确定的、唯一不变的房屋面积为依据而失去了合法公正的基础，故被告据此做出的房屋征收补偿决定书应予撤销。

依法行政是建设法治政府的必然要求，正当程序原则是行政机关应当遵循的一项基本原则，这一原则要求行政机关做出任何行政行为，特别是做出对行政相对人不利的行政行为时，必须听取相对人的陈述和申辩，依法保障行政相对人的知情权、参与权和申辩权。同时，行政相对人也有义务配合行政机关开展工作，但是当其拒不配合时，行政机关应当依法采取更为慎重妥当的方式进行处理，防止社会矛盾激化。人民法院在审理此类案件时，既要从维护城市和社会发展的大局出发支持行政机关依法行政，又要在具体的个案中维护行政相对人的合法权益，努力实现政治效果、法律效果和社会效果的有机统一。

（六）行政给付类

职工工伤伤情经过多次鉴定，伤残程度评定差别较大，在争议各方对每次伤残评定内容不能进行合理解释的情况下，应当如何认定伤残程度进而确定工伤待遇？

济源中院报送的“崔某平诉 M 市社会保险医疗中心工伤保险待遇行政给付案”一案中，原告在工作期间发生事故受伤，被认定为工伤，其后经过三次鉴定，鉴定结果分别为九级、九级、四级伤残。按照《工伤保险条例》《河南省工伤保险条例》相关规定，四级与九级伤残鉴定所享受的工伤待遇差别较大。并且，如果四级鉴定属于复查鉴定，已经支付的一次性伤残补助金就不再调整。本案原告的伤情经多次鉴定，伤残程度差别较大，在争议各方对每次伤残评定内容不能进行合理解释，也不能提供证据证明四级伤残属于复查鉴定的情况下，应当从劳动法保护弱者的角度出发，按照伤残程度最重者来确定伤残程度、享受工伤待遇，即按四级伤残享受工伤待遇。

本案经过一审、二审，最终以调解的方式结案，按照最重的鉴定等级确定原告的伤残等级，使劳动者的合法权益受到了最大的保护，体现了以人为本、保护弱者的现代司法理念，彰显了人民法院让人民群众在每一个司法案件中都感受到公平正义的使命与担当。

附　录

Appendix

B.19
2019年度河南十大法治热点

河南省社会科学院课题组*

摘　要： 党的十八大以来，全面依法治国被纳入“四个全面”战略布局。新时代，河南继续推进全面依法治省，在科学立法、严格执法、公正司法、全民守法等方面稳步推进。但是，当前依法防范和化解各类风险与矛盾的任务依然很重，司法公信力仍有待进一步提升。本文分析解读了2019年河南发生的10大法治热点事件或案例，以此来带动全省各项事业依法进行，为决胜全面小康让中原更加出彩提供有力法治保障。

关键词： 依法治省　法治热点　法治河南

* 河南省社会科学院课题组组长：周立；副组长：张林海、李宏伟；执笔：栗阳，河南省社会科学院法学研究所助理研究员。

2019年，河南进一步贯彻落实党的十八届四中全会关于全面依法治国的决定，在落实上下功夫，在制度设计上找突破，全省依法治省、建设法治河南取得明显成效。但是，问题依然存在，全省法治意识还有待提高，法治建设仍有待加强，不依法办事、背离法治精神、损害公平正义的情况还时有发生。河南省社会科学院课题组依据百度、360新闻搜索，以及国内主流媒体对法治热点事件及热点案例的报道，着重关注民生热点，同时参考省内有关法律部门及高校、科研院所法学专家的意见，精选出有典型意义的十大法治热点，并进行法理分析。通过解读其法治意义，为在全省推动法治理念、法治思维深入人心，为贯彻落实省委十届九次全会精神，推动依法治省向纵深发展，提供有益的借鉴。

一 “20年后打老师案”宣判——法治社会禁止私立报复、同态复仇

（一）热点概况

2019年7月10日，“20年后打老师案”在河南省洛阳市栾川县人民法院一审宣判。殴打老师的被告人常某，以犯寻衅滋事罪被判处有期徒刑1年6个月。常某当庭表示不服一审判决要继续上诉，其母亲认为给常某判的太重，当场痛哭流涕。一个月后，该案二审在洛阳市中级人民法院宣判，裁定驳回上诉，维持原判①。本案的详情要上溯到2018年7月，常某在路上偶遇20年前上初中时候殴打过自己的班主任张老师。于是拦下老师，边骂边打，连扇张老师多个耳光，并让同伴拍下了打老师的视频。2018年12月，此视频在网络传播，短时间内点击量6亿人次，引发了社会广泛关注。随后，当地教育部门发文对常某打老师的行为进行了声讨。之后，常某因涉嫌寻衅滋事罪被捕。在侦查取证阶段，被打的张老师在教学中

① 李晓波：《20年后拦路打老师案判了》，大河报大河客户端，2019年7月10日。

曾经暴力对待学生的行为被多名学生和家长证实。被告所在村有 150 名乡亲亲笔签名，担保被告确实是一位尊老爱幼、扶危济困、品行良好的好青年，打老师主要是因为老师 20 年前对被告的殴打给被告留下了难以抹平的创伤。

（二）法理分析

该案之所以存在这么大的争议，是因为传统观念和现代法治精神存在冲突。以牙还牙、以眼还眼的同态复仇，是古代原始、野蛮时期的私力救济方式，早被现代文明社会和现代法制所禁止。然而，传统观念很难被清除，“君子报仇十年不晚”的复仇观念在今天依然还有其存在的土壤。现代法治社会禁止人们采用侵害肢体的私力救济方式维权，在法治社会，一切非法的暴力行为都应该被谴责。不管 20 年前张老师如何殴打体罚过常某，20 年后常某在大街上肆意殴打、辱骂张老师并录制视频传播的行为，都应该依法受到惩处。常某及其家人，包括一部分网友，不断强调因为张老师 20 年前用暴力方式惩戒过常某才导致了常某在 20 年后殴打张老师。这种说法在情理上值得同情，在量刑上应当据此考虑酌情减轻处罚，但是不影响依法追究常某打老师的法律责任。

此案是学生打老师，因此不可避免涉及尊师重教的道德问题、伦理问题。此案判决对于弘扬尊师重教的中华民族优秀文化传统起到了很好的示范作用。同时，我们应该认识到，某行为引发社会舆情，甚至构成了公共事件，也不能因此改变对该行为的法律定性，更不能因此不顾法律规定从重打击。严格依法办案在任何时候都应当是司法的底线。近年来，在一些地方的维稳压力之下，寻衅滋事罪有口袋化趋势，对此应当高度警惕。无论是功利的维稳心态，还是短期的工具思维，对国家法治都是一种伤害。常某的行为不能被放大为常某挑衅整个教师群体。同样，即使张老师在之前的教学中确有暴力行为，也不能因此扩大到对整个教师群体的否定。法院在审理任何案件时，都应当以法律为准绳，以行为和事实为依据，尽量排除网络和其他媒体的干扰，以及社会公众的舆论压力。

二 固始33吨井盖被村民哄抢派出所不立案——“法不责众”执法思维不可取

（一）热点概况

2019 年 8 月 1 日晚，河南省固始县，一辆货车侧翻。司机受伤去医院治疗，所载的 33 吨井盖被附近村民哄抢一空。货主到现场后制止抢井盖的行为不起作用，打 110 报警后，去派出所报案做了笔录。第二天去询问案件进度时，民警告诉他说，这个事儿构不成案件，不予立案。因为井盖无人看护不是哄抢，只属于侵占，当面抢才是抢。而且每人拿走的几个井盖数额很小，够不上法律规定的数额。民警还说，侵占是自诉案件，不归警察管，货主只能去法院起诉。对于警察的说法，货主并不认同。他认为自己的 33 吨井盖大约价值十几万元，这么大价值的东西被抢走，显然构成案件。过后，涉事民警被停职检查，公安机关已追回部分被抢的井盖。

（二）法理分析

此案暴露出部分基层执法人员抱着“法不责众”的“和稀泥”执法思维处理案件，把公安民警变成了“大事化小小事化了”的和事佬，片面追求维稳，甚至有地方保护主义倾向。本案中，警方未经过深入调查和慎重研究就做出“不予立案”的决定，实属简单仓促，未尽到法定职责。并且，本案中民警的执法能力和法律思维明显不足，对侵占、抢夺、抢劫、聚众哄抢等有相似之处的侵财类犯罪行为辨别不清。

本案中涉事民警说村民的行为构成侵占是不符合法律规定的。刑法中的侵占行为是指对代管物、遗忘物、埋藏物的侵占，本案行为显然不是侵占。抢劫则需要使用暴力，抢夺需要趁其不备抢走财物。因此，本案行为也不构成抢劫和抢夺。本案中，村民的行为倒是有可能构成刑法中的聚众哄抢罪。对于是否构成本罪，学术界存在争议。有学者认为不构成该罪，因为聚众需要有人在中间进行组织，张罗着大家一起去哄抢。有的学者认为构成本罪，因为“聚众哄抢”应该被看作一种行为方式，不能将其割裂成“聚众”和“哄抢”两个行为。因此，没有首要分子不妨碍成立本罪。总之，加强公安执法的规范化，提升执法能力、严格执法、为民执法是目前我国行政执法需要提升的重点①。

三　淇县瓜农抓贼倒赔300元——某些基层执法人员不作为乱作为亟须纠正

（一）热点概况

2019 年 7 月，河南省鹤壁市淇县瓜农庞某家的西瓜屡遭偷窃。7 月 29 日，两名女子开着电动三轮车到庞某的瓜地偷了五六十斤西瓜。庞某追赶中用手拽电动车，致使一女子摔倒，双膝擦伤。报警后，民警以西瓜价值小，盗窃情节显著轻微，对两名女子进行了批评教育。通过调解，民警让庞某赔偿受伤女子 300 元。该事件经媒体报道后，引发公众热议，对公安民警的处理提出异议。随后，淇县公安局民警对两名女子进行了教育和训诫，两名女子认识到自己的错误，退还了之前赔偿的 300 元。同时，民警协助瓜农庞某设置标语警示偷瓜行为。2019 年 8 月，淇县公安局又根据调查情况，依法对偷瓜人做出行政拘留 3 日的处罚决定；停止涉事派出所责任民警执行职务，依纪依规做出处理。另据报道，瓜农庞某的西瓜屡遭成群结队偷窃，西瓜地旁边的玉米地，居然被偷瓜贼踩出了一条路。庞某多次报警，但警方都以盗窃数额不多，不予追究不了了之。

（二）法理分析

本案中，民警的处理结果不合理不合法，不符合人民朴素的正义观。偷

① 邓定勇：《“法不责众”执法模式当休矣——对“村民哄抢井盖”事件的法理思考》，《民主与法制时报》2019 年 8 月 15 日。

瓜者不但不用承担责任，反让被盗者赔了300元。这严重伤害了瓜农的情感，也伤害了社会公众对正义的期待。两名女子偷瓜的行为属于盗窃，盗窃数额达到法定标准，不仅是违反了道德规范，还触犯了法律，应该依法对其进行处罚。瓜农庞某的阻拦行为属于正当防卫，虽然导致了偷瓜贼受伤，也无须承担法律责任。因此，民警判令庞某赔偿300元，是乱作为、乱执法。

另外，法治社会竟然让瓜农对偷瓜贼无可奈何，而警方对此不作为，不能保护人民群众的财产安全。尽管当地派出所民警帮庞某设置醒目标语警示偷瓜行为，但是，提醒劝诫不足以发挥作用的时候需要严格执法，维护瓜农的合法权益不受侵害，而非不作为。

四　河南永城豪车司机醉驾致2死4伤——漠视生命目无法纪的恶性刑事案件

（一）热点概况

2019年7月3日晚，河南商丘永城发生了一起严重的醉驾交通事故。谭某驾驶玛莎拉蒂高档轿车追尾一辆正常等候红绿灯的轿车，猛烈的冲击导致被追尾轿车上的两名乘客当场死亡，被追尾轿车的司机和谭某以及谭某车上的两名乘客共4人，被追尾造成的起火严重烧伤，住进重症监护室。本次事故中有2人死亡，4人受到重伤。对谭某进行酒精测试，其体内酒精浓度为每100ml血液中酒精含量167mg，属于醉驾。从现场目击人员所拍摄的视频可以看到，谭某驾驶的玛莎拉蒂车速非常快，没有追尾时曾经剐蹭他车，并被人拦住强制熄火。但是，驾驶员谭某在醉酒情况下，又发动车辆冲向前车。谭某超速驾驶和醉驾是造成本次事故的原因。最终犯罪嫌疑人以危险方法危害公共安全罪被提起公诉[①]。

① 北京青年报：《河南永城女子醉酒驾车致2死4伤续：伤者仍在重症监护室》，网易新闻，http：//news.163.com/19/0706/13/EJDFE0C70001875P.html，访问日期：2019年7月6日。

（二）法理分析

酒驾、超速驾驶、豪车、富二代，这起恶性刑事案件集齐了所有敏感字眼，十分具有典型意义，对人们有警示作用。酒驾在我们这个酒文化盛行的国度，曾经是一大公害，2011 年 5 月 1 日，《中华人民共和国刑法修正案（八）》（以下简称《刑法修正案（八）》）正式实施后，其中将醉驾作为犯罪行为追究刑事责任。该修正案规定的醉驾标准是：驾驶员血液中的酒精含量大于或者等于 80 毫克/100 毫升，而本案中驾驶员谭某的血液酒精含量大大超过了刑法所规定的标准，是醉酒驾车无疑。

醉酒驾车不是结果犯，无须造成不良后果就可以成立危险驾驶罪。《刑法修正案（八）》规定，有醉驾行为，同时构成其他犯罪的，依照处罚较重的规定定罪处罚。本案中谭某醉驾危害了不特定社会公众的生命健康权，故检察机关以危险方法危害公共安全罪对其提起公诉。以危险方法危害公共安全罪最高可以判处死刑。本案提醒我们，在全面推进依法治国的今天，法律之威高高扬起，却仍有少数人目无法纪，视法律为儿戏，必定要付出沉重的代价。同时，犯罪嫌疑人才二十出头的年纪，开豪车如此嚣张地无视他人的生命财产安全，这已经不仅仅是单纯法治的问题，我们的道德教育也该适时反省了。

五　洛阳75名荐股“美女”被刑拘
——严厉打击反虚假信息诈骗

（一）热点概况

2019 年 4 月 29 日，洛阳市反虚假信息诈骗中心经过严密部署和周密安排，捣毁了一个特大虚假股票网络投资交易平台，75 名假冒“美女”的犯罪嫌疑人被逮捕，收缴了大量作案工具，其中电脑 88 台、手机 100 多部、银行卡数百张、作案用轿车 9 台。该网络诈骗集团注册了一家科技有限公司为幌子，租住在公司附近一别墅内进行诈骗。业务员经过培训后上岗，申请交友软件账号，把自己包装成美女，以此作诱饵加男子为好友，以荐股的名义实施诈骗。

（二）法理分析

河南省反虚假信息诈骗中心成立于2015年12月1日。此后，各地市纷纷成立了反虚假信息诈骗中心，抽调专业技术警力运用现代信息技术，成立专业的侦破小组，专门侦办利用互联网通信技术进行诈骗的违法犯罪案件。公安机关、通信运营商和银行三家机构联合协作，以110指挥中心为依托，合署办公，对涉嫌虚假信息诈骗的行为予以快速阻断和拦截，对涉案的问题银行账户进行快速止付，每年为人民群众挽回数额巨大的经济损失。

虚假信息诈骗是以非法占有为目的，利用互联网进行的一种新型犯罪，采用虚假信息，让被害人上当，以此骗取数额较大的公私财物。这种犯罪利用互联网信息技术实施，因此比传统犯罪更具有隐蔽性，侦破难度大、办案成本也较高。这类案件犯罪嫌疑人和受害人不直接接触，仅通过通信工具进行联系，证据不好固定。犯罪嫌疑人的信息隐蔽，不为受害人知晓。当财物被侵害后，受害人根本就找不到犯罪嫌疑人，甚至对犯罪嫌疑人的有效信息一无所知。此类案件的作案目标广泛，危害巨大。受害人包括不同地域、不同社会阶层的各类人员。一旦被骗，倾家荡产的不在少数。严重危害了人民群众的财产安全，影响社会稳定。因此，成立专业侦办队伍依法打击确有必要。

六　河南出台《河南省法律援助资金管理办法》——扶弱济困彰显社会公平

（一）热点概况

2019年5月，河南省司法厅与省财政厅联合印发了《河南省法律援助资金管理办法》（以下简称《管理办法》），进一步完善了河南法律援助资金管理和补贴发放制度，促进了全省法律援助事业持续健康发展。《管理办法》对法律援助经费监督管理责任进行了详细规定，明确了各级财政和司法行政部门的职责，确保对法律援助资金独立核算、专账管理。并对法律援助工作进行绩效评价，把评价结果作为下一步法律援助资金分配的重要依据。对绩效好的资金给予增加，绩效差的资金予以减少，以此提高法律援助资金使用效益①。

（二）法理分析

《河南省法律援助资金管理办法》的出台是社会主义核心价值观融入法治建设的实践。近年来，河南司法部门坚持依法治国和以德治国相结合的理念，积极运用法治思维和法治方法开展工作，推动自由、平等、公正、法治的社会主义核心价值观融入法治建设。《河南法律援助资金管理办法》的出台，为加强弱势群体合法权益平等保护提供了资金保障，有助于社会文明、和谐，有助于形成平等、公正的良好社会关系和社会氛围，有助于提高司法公信力，用司法公正引领社会公正。

《河南法律援助资金管理办法》在司法部指导意见的基础上实现了几个方面的突破，例如进一步明确了法律援助补贴发放对象和明确法律援助补贴可以支付给个人；进一步扩大了法律援助资金的使用范围，原来只能支付办案补贴，现在扩大为除了支付办案补贴外，还可以支付值班律师法律帮助补贴、法律咨询补贴等。法律援助案件补贴标准也由原来的成本费包干，改为可以由直接费用、基本劳务费构成。其中，直接费用依据差旅费、邮电费、印刷费、调查取证费、翻译费、公证费、鉴定费等确定，基本劳务费依据日平均工资和服务天数等确定。总之，《河南法律援助资金管理办法》更加贴合法律援助工作实际，体现了河南省司法机关干事创业的务实作风和担当精神。

① 《河南省出台〈法律援助资金管理办法〉规范资金管理和补贴发放》，河南省政府法制网，http：//www.hnsft.gov.cn/sitesources/hnsft/page _ pc/fzzx/fzrd/articlef52e55e39bda4bce94b8b5702ed1b603.html，访问日期：2019 年 5 月 20 日。

七　河南升级律师调查令——律师调查取证权得到进一步保障

（一）热点概况

2019年4月26日，河南省高级人民法院和省司法厅、省律师协会，联合发布了《关于在民事诉讼和民事执行中实行律师调查令的若干规定》。自此，律师调查令制度在全省推行，为律师调查取证提供了法律支持。律师调查令可用于调查人民法院认为适合以调查令调查的与案件待证事实有关的证据，以及有关被执行人的实际履行能力、利害关系人的财产情况、被执行人是否违反限制消费令、是否违反限制出境措施等相关证据、信息或财产状况等。该规定中列举了11种可以使用调查令的情况，被执行人为自然人身份的基本身份信息，包括户籍登记、身份证登记、护照及其他出入境证件信息、相片、婚姻登记、征信记录、手机号码、微信、QQ、微博、支付宝、网络虚拟账号信息等。

（二）法理分析

律师调查令是民事诉讼或民事执行中，由法院签发给代理律师的一种规范性法律文件，赋予律师向有关单位或者个人调查、收集证据的权力。调查令的适用范围和具体申请、签发程序受民事诉讼法调整。实行律师调查令制度，能够有效保障律师的调查权得以行使，有利于增强律师的职业尊荣感，提升律师参与法治建设的积极性。作为法律职业共同体一分子的律师，其行使职权的过程一直存在障碍。尽管律师法第35条规定："律师自行调查取证的，凭律师执业证书和律师事务所证明，可以向有关单位或者个人调查与承办法律事务有关的情况。"但是，在实际工作中，法律没有明文规定被调查人对律师调查取证不提供协助有何不利后果，因此律师通常遭到无理拒绝。法院进行调查取证，相关个人或者单位相对来说还是比较配合的。但是律师不是国家权力机关的工作人员，其调查取证往往被国家机关或者银行等部门以涉密为由拒绝配合。推行律师调查令制度，大大增强了律师调查取证的能力，相当于大大提高了律师所代理的当事人的举证能力，对于维护司法公正和当事人合法权益具有重要意义。

另外，律师调查令制度也能够节约法院的司法成本，缓解法院案多人少的矛盾，提升调查的精确度。并且，推行律师调查令制度还有助于保持法官的中立性，避免法官提前接触证据、先入为主，最大限度地保证审判的客观公正。在民事执行中推行律师调查令制度，也有助于查清被执行人个人信息和财产信息，有助于解决执行难问题。

八 《河南省社会信用条例（草案）》提请审议——法治助推社会诚信体系建设

（一）热点概况

2019 年 5 月 28 日，《河南省社会信用条例（草案）》首次提请省人大常委会审议，河南即将实现对社会诚信的立法保护。2019 年 9 月 23 日，《河南省社会信用条例（草案）》在第十三届省人大常委会第十二次会议上提请进行二审。二审特别明确了社会公众普遍高度关注的逾期缴纳水、电、燃气、暖气、物业费等不作为实施失信联合惩戒的依据。还明确了轻微违法行为，以及主动消除影响地受到行政处罚的信息，也不列入公共信用信息目录。另外，草案明确规定了几类列入失信联合惩戒对象名单的行为，主要有：严重扰乱社会公共秩序等妨碍社会治理的严重失信行为；严重违背教育和科研诚信的考试作弊行为；通过各种方式，诋毁、破坏他人声誉、信誉，造成严重后果的行为；伪造公文、证件、印章等方式提供虚假材料骗取行政许可、行政奖励、行政给付、社会保障等严重失信行为①。

① 李点：《〈河南省社会信用条例（草案）〉提请二审》，《河南日报》2019 年 9 月 24 日。

（二）法理分析

2014年，国务院印发了《社会信用体系建设规划纲要（2014～2020年）》，从国家层面对社会信用体系的构建进行了顶层设计。在此基础上，全国各地也积极探索信用体系建设。《河南省社会信用条例（草案）》的提请审议表明，河南通过立法的方式构筑社会诚信体系，体现了用法治的思维和法律的方法提升治理体系和治理能力的现代化。诚信是社会主义核心价值观的重要内容，也是发展和完善社会主义市场经济的重要基石。社会诚信体系包括政务诚信、商务诚信、社会诚信和司法公信。因此，社会诚信体系建设是一项系统工程，需要制度化、规范化和长效化。法治手段无疑是构建社会诚信体系的最好方法。通过法治手段建立褒奖诚信、惩戒失信的制度，需要通过立法建立统一的征信平台和失信行为的认定标准，要完善市场惩戒、行业惩戒、法律惩戒等失信惩戒制度。同时，要注重建立和完善信用修复制度，还要保护好公民个人信息和国家信息安全。

九　河南警方2019“雷霆1号”行动告捷——扫黑除恶维护社会安全稳定

（一）热点概况

2019年1月31日起，河南公安机关启动了为期16天的“雷霆1号”扫黑除恶行动。全省各地公安机关充分利用春节契机，通过大量人员集中返乡、走亲访友的时间，抓捕潜逃已久的嫌犯。本次扫黑除恶行动共打掉涉黑犯罪团伙5个、涉恶犯罪团伙27个，抓获涉黑涉恶犯罪嫌疑人227人，破获各类刑事案件479起，查封、扣押、冻结涉案资产1.53亿元。其中，开封打掉了垄断客运市场的周某涉黑团伙和把持基层政权的“村霸”冉某涉黑团伙；信阳打掉了垄断工程项目的孙某涉黑团伙；安阳打掉了利用家族势力强揽工程、暴力讨债的侯某涉黑团伙；商丘打掉了利用宗族势力称霸一方的丁某涉黑团伙；郑州打掉了垄断铝黏土运输行业的甄某涉恶团伙；平顶山打掉了暴力非法采砂的苏某涉恶团伙。在本次行动中，商丘市公安局抓获了公安部目标逃犯16人，开封、鹤壁、周口各抓获公安部目标逃犯3人。

（二）法理分析

河南省公安厅深入贯彻落实中央关于开展扫黑除恶专项斗争的精神，通过开展“雷霆行动”，深挖隐藏较深的黑恶势力，有效保障了人民安居乐业、社会和谐有序、国家长治久安。通过扫黑除恶专项斗争，全省人民的获得感、幸福感和安全感得到增强，法治的人民性得以体现。目前，针对涉黑涉恶问题新动向，要把打击黑恶势力犯罪和反腐败、基层“拍蝇”结合起来，把扫黑除恶和加强基层组织建设结合起来，聚焦车站等重点区域、工程承包等重点行业，打击重点始终对准群众反映最强烈、最深恶痛绝的各类黑恶势力违法犯罪。

2018年1月，中共中央、国务院发布《关于开展扫黑除恶专项斗争的通知》。开展扫黑除恶专项斗争是党中央、国务院做出的重大决策部署，是巩固党的执政根基的重要举措，事关人心向背和社会主义事业成败。黑恶势力作为和谐社会的一个巨大毒瘤，不仅严重危害人民群众的生命财产安全，而且也影响到整个社会的繁荣稳定，人们无不对其咬牙切齿、恨之入骨。在扫黑除恶的同时要坚持以审判为中心的刑事诉讼制度改革，重事实、重证据、重程序，严禁刑讯逼供，防止冤假错案，力争把每一起案件都办成铁案①。

十　黄河流域生态保护法治研究会成立——推动依法保障沿黄地区生态环境和高质量发展

（一）热点概况

2019年10月25日，开封市法学会在黄河水利职业技术学院主持召开

① 李丽静：《河南扫黑除恶首战告捷：16天抓获227人》，新华社，2019年3月3日。

黄河流域生态保护法治研究会成立大会[1]。该研究会由开封市法学会牵头，以黄河水利职业技术学院为依托成立，目的是贯彻落实习近平总书记在“黄河流域生态保护和高质量发展座谈会”上的有关要求，推动依法保障沿黄地区生态环境和高质量发展。

（二）法理分析

黄河流域生态保护法治研究会的成立充分整合了河南环境资源保护法学人才和学术资源，加强了学术界同黄河水利委员会、黄河河务局等实务部门的联系与对接。该研究会将开展黄河流域环境资源的相关法学研究、黄河生态保护专业人才培养、黄河文化传承和交流活动等，以此推进黄河流域生态保护与治理，保障黄河长治久安，促进黄河流域高质量发展。

河南是黄河流域中下游重要省份，毛泽东同志从1952年到1971年的19年间曾多次亲临中原视察黄河，并写下“一定要把黄河的事情办好”的题词。几十年来，河南积累了治理黄河的专门人才和经验，但却没有一个合适的平台去整合理论和实务界的资源。黄河流域生态保护法治研究会的成立解决了这一问题，通过这个平台，可以深入研究、梳理黄河流域生态保护相关法律法规，借鉴长江、淮河等流域治理的经验，查漏补缺，为黄河流域生态保护把脉问诊、开出良方，牢牢坚持“绿水青山就是金山银山”的理念，进一步把黄河治理成造福人民的幸福河。

---

① 童浩麟：《黄河流域生态保护法治研究会成立》，河南日报客户端，2019年10月25日。

Abstract

Since the 18th National Congress of the Communist Party of China, under the guidance of Xi Jinping's new era of socialism with Chinese characteristics, the Party Central Committee and the State Council have made a series of major arrangements for intellectual property rights, leading the development of intellectual property rights to achieve great development, great improvement, and great leap. It has got great achievements recognized by the world. At the same time, in order to promote high-quality development and create a good business environment, Henan province constantly innovate intellectual property protection mechanisms. At the macro level, the protection of intellectual property rights in legislation, law enforcement and judiciary is continuously strengthened. And at the specific aspects such as trademarks, patents, copyright and the protection of geographical indications and agricultural intellectual property rights, a series of protection measures have also been adopted, which have achieved remarkable results, laying a good foundation for the construction of intellectual property rights and optimizing the business environment. All these aspects has greatly promoted the modernization of government governance from science and technology and wisdom. For this, the theme of the "Henan Rule of Law Development Report (2020)" was determined as "rule of law in Henan province and protecting intellectual property rights", thereby summarizing and recording the important process of Henan province in the new era how to insist the "two most" arguments put forward by General Secretary Xi Jinping, what is "intellectual property protection is the most important content to improve the system of property rights protection, and it is also the biggest incentive to improve China's economic competitiveness", and strengthen the rule of law for intellectual property rights from the aspects of legislation, law enforcement, judicature and law-abiding.

The "Henan Legal Development Report (2020)" is divided into five parts, namely, the general report, topical articles, thematic articles, case articles, and appendix. The general report, with the theme of "The Status and Countermeasures of Henan Intellectual Property Rights Protection", this paper analyzes the overall situation of Henan intellectual property rights protection, and introduces the achievements and existing problems of Henan intellectual property rights protection in recent years. It puts forward countermeasures and suggestions from the aspects of legislation, law enforcement, justice and law-abiding. The topical articles includes a total of four reports, which mainly take in-depth analysis on hot issues such as "innovation-driven", "trial process" and "court building". The thematic articles consists of seven reports, mainly analysis the "quick rights protection" and other topics in detail. The case report includes a total of six reports, including three analysis reports presented in specific cases, and three typical cases of the Henan Higher People's Court, these rich examples and rigorous arguments reflect the book with unique practical guidance Appendix includes Henan top ten rule of law hotpots. Although the five parts of the report have different focuses, they all reflect the firm position and clear attitude of strictly protecting intellectual property rights according to law, highlighting significance of the rule of law to protect the entire chain of intellectual property in creation, application, protection and management.

Premier Li Keqiang once stressed that protecting intellectual property rights is to protect innovative fires. To promote innovation, China must increase its protection of intellectual property rights. To build a stage for innovation-driven development, Henan must also strengthen the rule of law for intellectual property rights. In the new era of comprehensively advancing the rule of law, Henan will pay more attention to the role legal thinking in the field of intellectual property protection, based on the national policies and laws and regulations in the field of intellectual property protection, Henan will be guided by the provincial policy and local legislation, focusing on strengthening the protection of intellectual property rights from the whole process of legislation, law enforcement, judiciary and law-abiding, and driving the province to form a strong atmosphere of protection and innovation, and move towards intellectual property under the comprehensive protection of the rule of law to promote the high-quality development of Henan.

Keywords: Henan; Legal Construction; Ruling Province by Law; Intellectual Property Production; Legal Production.

Contents

I General Report

Abstract: Strengthening legal guarantee of intellectual property rights is an important part of promoting the rule of law in Henan and an important way to enhance the core competitiveness of Henan Province. It is conducive to creating a good business environment for enterprises, mobilizing the enthusiasm of the public for innovation, and improving the overall image of Henan. In recent years, Henan's intellectual property rights protection has been continuously strengthened, and its effectiveness has been obvious, but there are also some problems. In order to promote the construction of a strong intellectual property province and create a good legal business environment, Henan should further improve and strengthen the rule of law for intellectual property rights in the areas of legislation, law enforcement, justice and law-abiding on the basis of past achievements. So as to contribute more wisdom to make the strategic goals of the province come true as early as possible.

Keywords: Rule of Law in Henan; Intellectual Property Protection; Strong province of Intellectual Property

Ⅱ Topical Reports

Abstract: The innovation-driven development strategy has achieved remarkable results with the support of the Henan Provincial Party Committee and the provincial government. However, compared with the developed regions, there are still factors-driven mode, insufficient innovation drive, lack of independent innovation capability, and SME financing. The channel is not smooth, the R&D investment is insufficient, the enterprise as the main body of market innovation is not fully established, the lack of innovative talents, the environment supporting innovation needs to be further optimized, etc. , and propose countermeasures against the above problems.

Keywords: Henan; Innovation-driven Development; Intellectual Property

Abstract: With the development of society, agricultural intellectual property rights are of great significance to the development of agriculture. Henan Province has made certain achievements in promoting the development and protection of agricultural intellectual property rights, but there are still problems such as insufficient legal awareness, inadequate legal system, imperfect management system, poor use of agricultural intellectual property, insufficient talents, and insufficient incentives. In response to the problems existing in the development of agricultural intellectual property in Henan Province, corresponding suggestions were put forward.

Keywords: Henan Province; Agricultural Intellectual Property Rights; Legal Protection

B. 4 Analysis and Suggestions on the Supervision Status and Problems of Henan Copyright *Jiao Yanna* / 051

Abstract: General Secretary Xi Jinping emphasized that it is necessary to attach great importance to the protection of intellectual property rights from a strategic perspective. we must strengthen the protection of intellectual property rights, increase the cost of infringement, and deter tort violations of law. Strengthening the supervision of online copyright law enforcement and cracking down on illegal activities online are important measures to safeguard ideological security, carry out online public opinion struggles, promote intellectual property protection, and crack down on infringement and counterfeiting. At present, the copyright law enforcement supervision in Henan needs to solve the regulatory problems under the challenges and opportunities, so as to lay a good foundation for the strategy of strengthening the intellectual property rights.

Keywords: Copyright Regulation; Innovation-driven; Regulatory Model

B. 5 Analysis on the Current Situation and Counter Measures of Geographical Indication Protection in Henan Province *Zhang Jiwen*, *Li Ying* / 058

Abstract: Geographical indication is an effective way to promote agricultural industrialization and enhance product market competitiveness. In recent years, Henan province has achieved satisfactory results in the protection of geographical indications: steady growth in the quantity and quality of geographical indications, normalization of judicial and administrative protection of geographical indications, and gradual improvement in the cultivation, declaration and application of geographical indications. However, on the other hand, we still have shortcomings, such as unbalanced and inadequate development of geographical indications in Henan province, insufficient efforts in brand construction of geographical indications, lack of awareness of the protection of geographical indications, and imperfect market supervision system of geographical indications. In the future, Henan province should strengthen the survey of regional characteristics and fully exploit the resources of geographical indications, enhance the recognition of geographical indications, enhance the influence of geographical indications, strengthen the protection and supervision, and combat the counterfeiting of geographical indications.

Keywords: Geographical Indication; Certified Trademark; Geographical Indications of Agricultural Products; Brand Construction

Ⅲ Thematic Articles

Abstract: From the perspective of Zhengzhou (Creative Industry) Intellectual Property Rapid Rights Protection Center in China, the article focuses on the development achievements and problems encountered since its construction and operation, and simultaneously analyzes the current status of other domestic fast-track centers and explores the benign operation mechanism of the fast-dimensional centerthe that be suitable to local characteristics, providing strategic research for the operation of the domestic rapid rights protection center through practical experience and conclusions. So that it can better play its service functions and help regional economic development.

Keywords: Intellectual Property Protection; Rapid Rights Protection; Creative Industries; Design

Abstract: This paper briefly illustrates and compares the characteristics and applied-range upon the five kinds of technical fact ascertained mechanisms in Chinese intellectual property trials (Entrusted judicial expertise, litigation with expert-assistants'participatation, technical investigator system, technical consultation and the trial which allow professional jurors to participate in) . In order to realize the judicature leading in tech-fact identification and materialize the court trial, the "Expert Jury System" should be recommended and practised in intellectual property trial, besides, the "judge-led fact identification" should be adhered to avoid the transfer of judicial authority. Based on the principle of judicial openness, the "covert technical investigation opinions " should be interpreted as the "private cross-examination and debate", however, the technical investigation opinions which were adopted should be revealed to the public in the judicial documents.

Keywords: Intellectual Property Trial; Technical Fact; Technical Investigation; Expert-jury

Abstract: Since its establishment, China's intellectual property courts have been increasing year by year in case number and case subject, and following precedent and other reform explorations are also cutting-edge. However, there are still some problems worthy of further discussion, such as case type, organization scale and jurisdiction. In the future, it is necessary to enhance interpretation and improve mechanism for the recognition of new types of cases, deepen the exploration of establishment standards and scale of intellectual property court, and further implement relevant reforms for the expansion and optimization of jurisdiction of intellectual property court.

Keywords: Intellectual Property Court; Intellectual Proverty Court Construction; Revolution of Intellectual Prorerty Court

B.9 Research on Construction Path of Characteristic Universities' Intellectual Property Colleges in Henan under the Background of Strong Province Construction

Li Jianwei, Wu Ruige and Zhang Jiandong / 117

Abstract: The demand for intellectual property talents in the construction of strong intellectual property provinces in Henan Province is unprecedentedly urgent. However, the graduates of intellectual property colleges and universities, which are the main channels for talent training, are not as "hot" as the social expectations and planning of the school. This paper draws on the model of foreign colleges and universities' intellectual property colleges, and proposes that according to the actual needs of Henan society, combined with the regional economy and industrial characteristics, find out countermeasures for the construction of characteristic intellectual property colleges in Henan universities, clarify the orientation and the concept of running schools, and strengthen the construction of intellectual property teachers, give full play to the tripartite action of universities, governments and enterprises, and create a distinctive intellectual property college in Henan, providing strong talent support for the construction of a strong intellectual property province.

Keywords: Strong Intellectual Property Province; Talent Cultivation; Characteristic College

Abstract: The construction of the IPR operation system is a systematic project, and it is a worldwide task to promote the transfer and transformation of IPR achievements. Based on the formulation of rules for the design of intellectual property systems, the role of human beings, and the importance of finance as the core, we will deeply analyze the crux of our problems and put forward constructive suggestions and suggestions on this basis.

Keywords: Intellectual Property Operations; Intellectual Proverty System; Intellectual Proverty Concept

Abstract: The public sector has a fairly high monopoly to its information. The value-added reuse of the public sector information depends on the the following factors: fair access, free access , low price access and high quality access. The policy selection and rule design of intellectual property of public sector information in China should aim at solving the conflict between the monopolization of public sector information and the demand for value-added reuse. The intellectual property protection of public sector information in China mainly involves three forms: copyright protection, quasi-copyright protection and anti-unfair competition law protection. The protection of public sector information equals to the protection of common information, that strengthens the monopoly position of public sector information providers. Therefore, it is necessary to formulate a unified macro policy on intellectual property rights of public sector information according to the demand of value-added reuse of public sector information. In terms of initial property right design, it is necessary to weaken the copyright protection of public information, restrict the quasi-copyright protection and exclude the protection of anti-unfair competition law, that reduce the cost of public sector information access. In terms of public sector information trading, it is necessary to change the current individual trading mechanism and design a new public sector information licensing mechanism based on Creative Commons license.

Keywords: Public Sector Information; Value-added Reuse; Fair Access; Creative Commons License

Abstract: In recent years, the Henan Provincial Intellectual Property Office emancipated the mind, forged ahead, took the special action of law enforcement, continued to strengthen the patent administrative law enforcement work, continuously improved the law enforcement ability, deepened the intellectual property rights assistance work, and made the protection of property rights in Henan has shown a steady and positive trend.

Keywords: Strong Intellectual Property Province; Administrative Law Enforcement; Patent Protection

Ⅳ Case Articles

Abstract: On September 6, 2019, the Beijing Intellectual Property Court sued Songcheng Performing Arts Development Services Co., Ltd. against Kaifeng

Tokyo Art Center Co. , Ltd. , Kaifeng Yicheng Song Yun Culture Development Co. , Ltd. , and Beijing Microdream Creation Network Technology Co. , Ltd. . Infringement of trademark rights and improper disputes. The court ruled that Kaifeng and Kaifeng violated the trademark rights of Songcheng Performing Arts Development Services Co. , Ltd. , immediately stopped the infringement, apologized, and compensated for losses. At this point, nearly three years of trademark lawsuits have come to an end, leaving us to continue thinking about how mainland provinces can strengthen intellectual property protection. As a large province in the Mainland, in recent years, the development of various private enterprises has been strong and significant, but the province still has a large gap with coastal and southern developed provinces in terms of intellectual property protection. Based on this case, this paper tries to analyze the existing problems and causes of trademark rights protection in Henan province, and puts forward corresponding countermeasures and suggestions.

Keywords: Trademark Infringement; Reasonable Use; Trademark Rights Protection

Abstract: The infringer in the registered brand, the well-known trademark approximation with and across categories use after registration, deliberately false propaganda in the process of marketing at the same time, cause confused with the well-known trademark, inducing consumers mistake, its trademark infringement and unfair competition behavior were identified after the court of first instance verdict, one of the defendants appeal, the second is upheld. The infringement ACTS involved in this case include similar registered trademarks, expanding the scope of use of registered trademarks, false publicity and unfair competition.

Keywords: Registered Trademark; Near Name Brands; False Publicity

B. 15 Analysis of Patent Infringement Cases of Utility Models

Zhao Zheng / 201

Abstract: This case is utility model patent infringement dispute. The patented product is the muffler device for local ventilator used in coal mine. The disputed parts are called ring filter and round muffler, with different names and different materials, and the defendant argues with "prior art". The court of first instance held that the infringement was not established, ruling that the plaintiff lost the lawsuit, while the court of second instance held that the infringement was established. The two trial courts have the same determination of the objective facts, but the difference lies in the understanding and application of the law and the judgment of the nature of the facts.

Keywords: Patent Infringement; Utility Models; Right Ask; Existing Technology

B. 16 Study Report on Civil Cases of Henan High People's Court (2018)

Research Group of Henan High People's Court / 211

Abstract: Practice proves that the case guidance system is an important judicial reform measure that follows the law of judicial work, and the guiding case and judicial interpretation are two complementary channels to guide the trial work and safeguard judicial justice. At the beginning of 2019, the Henan Provincial High Court transferred the key research forces of the relevant business chambers of the provincial courts and some of the middle courts and grassroots courts to form a writing team. Based on the 2018 case analysis reports reported by the various middle courts, a civil case analysis report was formed. After relying on the "China Judicial Case Research Center" jointly established by the Provincial Court and Zhengzhou University, a civil case analysis seminar was held, and the report was revised and improved on the basis of full listening to the suggestions of experts and scholars, and the final results were formed. It is hoped that this report can promote the improvement of case guidance in our province as a whole while providing reference for judicial trial and theoretical research.

Keywords: Civil Cases; Legal Application; Case Analysis

B. 17 Study Report on Criminal Cases of Henan High People's Court (2018)

Abstract: Practice proves that the case guidance system is an important judicial reform measure that follows the law of judicial work, and the guiding case and judicial interpretation are two complementary channels to guide the trial work and safeguard judicial justice. At the beginning of 2019, the Henan Provincial High Court transferred the key research forces of the relevant business chambers of the provincial courts and some of the middle courts and grassroots courts to form a writing team. Based on the 2018case analysis reports reported by the various middle courts, a criminal case analysis report was formed. After relying on the "China Judicial Case Research Center" jointly established by the Provincial Court and Zhengzhou University, a criminal case analysis seminar was held, and the report was revised and improved on the basis of full listening to the suggestions of experts and scholars, and the final results were formed. It is hoped that this report can promote the improvement of case guidance in our province as a whole while providing reference for judicial trial and theoretical research.

Keywords: Criminal Cases; Legal Application; Case Analysis

B. 18 Study Report on Administrative Cases of Henan High People's Court (2018)

Research Group of Henan High People's Court / 275

Abstract: Practice proves that the case guidance system is an important judicial reform measure that follows the law of judicial work, and the guiding case and judicial interpretation are two complementary channels to guide the trial work and safeguard judicial justice. At the beginning of 2019, the Henan Provincial High Court transferred the key research forces of the relevant business chambers of the provincial courts and some of the middle courts and grassroots courts to form a writing team. Based on the 2018 case analysis reports reported by the various middle courts, an administrative case analysis report was formed. After relying on the "China Judicial Case Research Center" jointly established by the Provincial Court and Zhengzhou University, an administrative case analysis seminar was held, and the report was revised and improved on the basis of full listening to the suggestions of experts and scholars, and the final results were formed. It is hoped that this report can promote the improvement of case guidance in our province as a whole while providing reference for judicial trial and theoretical research.

Keywords: Administrative Cases; Legal Application; Case Analysis

V Appendix

B. 19 Top Ten Hotspots of Rule of Law in Henan Province in 2019

Subject Group of Henan Academy of Social Sciences / 286

Abstract: Since the 18th National Congress of the Communist Party of China, the comprehensive rule of law has been included in the "four comprehensive" strategic layout. In the new era, Henan continues to promote the comprehensive administration of the province in accordance with the law, and steadily advances in scientific legislation, strict law enforcement, fair justice, and law-abiding of the whole people. However, the task of preventing and resolving all kinds of risks and contradictions in accordance with the law is still very important, and the judicial credibility still needs to be further improved. This paper analyzes and interprets the top 10 hot events or cases of rule of law in Henan Province in 2019, so as to drive all undertakings of the province to carry out according to law, and provide a strong legal guarantee for winning a comprehensive well-off society and making Henan Province more brilliant.

Keywords: Rule of Law in Province ; Rule of Law Hotspots; Rule of Law in Henan

皮 书

智库报告的主要形式
同一主题智库报告的聚合

皮书定义

皮书是对中国与世界发展状况和热点问题进行年度监测，以专业的角度、专家的视野和实证研究方法，针对某一领域或区域现状与发展态势展开分析和预测，具备前沿性、原创性、实证性、连续性、时效性等特点的公开出版物，由一系列权威研究报告组成。

皮书作者

皮书系列报告作者以国内外一流研究机构、知名高校等重点智库的研究人员为主，多为相关领域一流专家学者，他们的观点代表了当下学界对中国与世界的现实和未来最高水平的解读与分析。截至 2020 年，皮书研创机构有近千家，报告作者累计超过 7 万人。

皮书荣誉

皮书系列已成为社会科学文献出版社的著名图书品牌和中国社会科学院的知名学术品牌。2016 年皮书系列正式列入“十三五”国家重点出版规划项目；2013~2020 年，重点皮书列入中国社会科学院承担的国家哲学社会科学创新工程项目。

中国皮书网

（网址：www.pishu.cn）

发布皮书研创资讯，传播皮书精彩内容
引领皮书出版潮流，打造皮书服务平台

栏目设置

◆ **关于皮书**

何谓皮书、皮书分类、皮书大事记、
皮书荣誉、皮书出版第一人、皮书编辑部

◆ **最新资讯**

通知公告、新闻动态、媒体聚焦、
网站专题、视频直播、下载专区

◆ **皮书研创**

皮书规范、皮书选题、皮书出版、
皮书研究、研创团队

◆ **皮书评奖评价**

指标体系、皮书评价、皮书评奖

◆ **互动专区**

皮书说、社科数托邦、皮书微博、留言板

所获荣誉

◆ 2008 年、2011 年、2014 年，中国皮书网均在全国新闻出版业网站荣誉评选中获得“最具商业价值网站”称号；

◆ 2012 年，获得“出版业网站百强”称号。

网库合一

2014年，中国皮书网与皮书数据库端口合一，实现资源共享。

S 基本子库
SUB DATABASE

中国社会发展数据库（下设 12 个子库）

整合国内外中国社会发展研究成果，汇聚独家统计数据、深度分析报告，涉及社会、人口、政治、教育、法律等 12 个领域，为了解中国社会发展动态、跟踪社会核心热点、分析社会发展趋势提供一站式资源搜索和数据服务。

中国经济发展数据库（下设 12 个子库）

围绕国内外中国经济发展主题研究报告、学术资讯、基础数据等资料构建，内容涵盖宏观经济、农业经济、工业经济、产业经济等 12 个重点经济领域，为实时掌控经济运行态势、把握经济发展规律、洞察经济形势、进行经济决策提供参考和依据。

中国行业发展数据库（下设 17 个子库）

以中国国民经济行业分类为依据，覆盖金融业、旅游、医疗卫生、交通运输、能源矿产等 100 多个行业，跟踪分析国民经济相关行业市场运行状况和政策导向，汇集行业发展前沿资讯，为投资、从业及各种经济决策提供理论基础和实践指导。

中国区域发展数据库（下设 6 个子库）

对中国特定区域内的经济、社会、文化等领域现状与发展情况进行深度分析和预测，研究层级至县及县以下行政区，涉及地区、区域经济体、城市、农村等不同维度，为地方经济社会宏观态势研究、发展经验研究、案例分析提供数据服务。

中国文化传媒数据库（下设 18 个子库）

汇聚文化传媒领域专家观点、热点资讯，梳理国内外中国文化发展相关学术研究成果、一手统计数据，涵盖文化产业、新闻传播、电影娱乐、文学艺术、群众文化等 18 个重点研究领域。为文化传媒研究提供相关数据、研究报告和综合分析服务。

世界经济与国际关系数据库（下设 6 个子库）

立足“皮书系列”世界经济、国际关系相关学术资源，整合世界经济、国际政治、世界文化与科技、全球性问题、国际组织与国际法、区域研究 6 大领域研究成果，为世界经济与国际关系研究提供全方位数据分析，为决策和形势研判提供参考。

法律声明